粮食狼烟

白海军◎著

中国出版集团 東方出版中心

CONTENTS 目录

PREFACE 前言

19世纪晚期墨西哥总统波菲里奥·迪亚斯(Porfirio Diaz)曾经有过一个著名的哀叹:“可怜的墨西哥啊!你离上帝如此之远,而离美国又如此之近。”如今,也许这句感叹已经蔓延到了全世界——当全世界都被美国的粮食战略逼迫得恐慌不已的时候,他们一定也会有同样的感叹。

美国前国务卿基辛格曾经说过:“谁控制了石油,就控制了所有国家;谁控制了粮食,就控制了人类;谁控制了货币,就控制了全球经济。”曾有美国学者说:“粮食是美国的一种真正的政治货币。”“粮食贸易是美国帝国的重要组成部分和重要支柱。”对于美国的粮食战略威力,过去世界上大部分人都没有什么切身体会,但在2006至2010年经历了两次粮食危机后,人们才赫然发现,原来美国不仅控制了石油,而且已经控制了全球粮食!至今,世界上许多地方还处在通货膨胀中,这其中粮食价格上涨是主要因素之一。

实际上,美国运用粮食武器已经有百年历史。早在第一次世界大战时期,美国就利用农业大国的地位为欧洲交战双方提供粮食,借此不但大发战争横财,而且有意将粮食供给作为影响战争走向的工具。此后,美国在利用粮食影响国际局势、打击对手方面手法越来越娴熟。“二战”后,美国更是把石油、黄金、美元和粮食共同作为打击苏联和东方社会主义集团的四大武器,对苏联曾长期实施粮食和石油控制战略。

美国之所以能以一国之力操控全球粮食、石油、黄金、美元,是因为美国拥有雄厚的实力,美国学者威廉·恩道尔在其《粮食危机》一书中引用冷战大师乔治·凯南写于1948年的一段话说:“我们拥有世界50%的财富,但人口只占世界的6.3%。亚洲人民与我们之间的差距尤其显著。在这种情况下,我们不能成为忌妒和仇恨的目标。下一时期我们的真正任务是设计一种在不危及我们国家安全的情况下允许我们保持这种差距的关系模式。为了做到这一点,我们不得不摆脱所有的多愁善感和白日做梦,把注意力集中在我们国家最直接的每一个目标上面。我们不能自欺欺人,在世界各地干那些毫不利己、乐善好施的事情,这对我们来说太奢侈了。”([美]威廉·恩道尔:《粮食危机》,知识产权出版社)

其中的“设计一种……关系模式”,这种模式实际上就包含了未来的粮食战略,只不过当时还不清楚美苏冷战模式以及美国保持这种“差距”的模式究竟是怎样的。另外,美国的粮食战略也并不是一蹴而就、由某个大师设计出来的,而是由第一次世界大战、第二次世界大战以及战后25年的经验,逐渐积累和总结出来的,直到1972年才形成系统的、长远的粮食战略,并在1973年借石油危机进行了第一次全球大演练,美国以及粮食巨头们获益匪浅,也由此验证了粮食战略是成熟的,并且在将来必将获得成功。

出于这种战略,美国把对全球的粮食供给、援助作为其全球大战略的一部分。例如,在粮食援助方面,20世纪80年代,美国学者斯特林·沃特曼和小拉尔夫·卡明斯就曾出版了《世界粮食问题——挑战和战略》一书,其中明确说:“大量的美国粮食援助给予了那些对美国有明显政治利益的国家。”“美国以粮食援助作为外交政策的工具。”“援助力量受到短期政治考虑的严重影响。每年美国对低收入国家的经济援助总额只有40亿美元,其中差不多15亿是粮食援助。余额的40%以上给了两个国家,埃及和以色列,对其他需要帮助的多数国家,相对来说是所剩无几了。”显而易见,以色列和埃及是美国中东战略的关键组成部分,美国实际上是把粮食援助转变为政治手段。

当然,美国的粮食战略不限于此,其有更宏大的野心,那就是基辛格所说的,通过掌握全球粮食,操控全球人类。

第1章 不祥的预兆

2007至2008年，粮食危机与金融危机几乎同时发生，只不过人们被巨大的金融危机吓住了，过多的注意力集中在金融危机上，但实际上，粮食危机的危害很可能与金融危机不相上下，甚至更长远、更实质。

两次粮食危机

从 2006 年下半年至 2010 年，如此短的时间里先后爆发两次粮食危机。

2008 年 3 月份，国际大米价格一路飙升，随之各种粮食作物价格不断上涨，终于在 6 月份粮食价格指数(由小麦、玉米、植物油、乳制品、糖、肉等一揽子农产品构成)创下历史最高点——213.5 点，由此导致一场世界性粮食危机。

这场粮食危机不仅仅出现于一些粮食紧缺国家，甚至像泰国这样的全球第一大米出产国也出现了粮食危机，这不禁让人们困惑不解：在没有大规模战争、经济持续繁荣的今天，为什么突然出现了久违了的全球性粮食危机呢？对中国人而言更是如此，刚刚解决温饱的中国人以为从此以后饿肚子就是历史名词了，因而粮食在此之前成为最被忽视的一环。

本来，直到 20 世纪初，世界粮食价格一直维持缓慢的下跌趋势。从 21 世纪初开始，粮食价格就在持续攀升，在石油、铜、铁矿石、黄金价格高涨的同时，粮食价格也从 2006 年下半年开始出人意料地大幅上涨，并于 2008 年中期达到顶峰。全球 20 多个国家因为粮食问题发生了动荡。

“将来可能发生的事情反映到了今天的价格上。”2008 年油价飙升时，国际石油公司的负责人曾这样表示。

2009 年同 2006 年相比，世界粮价整体上涨了 83%。到 2010 年，世界粮食市场上小麦、大豆、玉米和大米的价格比 2009 年又分别上升了 137.5%、79.2%、34.6%和 66.6%。并且，世界粮价上涨的趋势短期内难以逆转。

2007 至 2008 年，粮食危机与金融危机几乎同时发生，只不过人们被巨大的金融危机吓住了，过多的注意力集中在金融危机上，但实际上，粮食危机的危害很可能与金融危机不相上下，甚至更长远、更实质。由于粮食是人类生活的必需品和经济的基础，因此世界性的粮食危机可以深刻地影响全球经济。而在 2007 至 2008 年粮食危机之后，2009 至 2010 年又爆发了第二次粮食危机。美国金融风暴之后，大幅下挫的国际商品市场价格从2010年开始急剧上涨。联合国粮农组织的食品价格指数2011年3月虽有所降低，但仍然比去年同期上涨37%，超出2008年时的高位。粮农组织在2010年11月发表的《粮食展望报告》中指出，10月的世界主要粮食价格指数比上年同期上涨了25%，已逼近2008年6月"粮食危机"时创下的历史最高纪录。如果把2002至2004年的世界主要粮食价格平均值设定为100，那么10月份的粮价指数已升至197。2011年1月4日，联合国粮农组织(FAO)发布的《粮食价格监测报告》显示，1月前两周，美国小麦报每公吨330美元，同比上涨50%，尽管这一价格水平仍低于2008年"粮食危机"时创下的482美元的纪录。2011年2月，联合国粮农组织宣布，包括若干主要粮食作物的价格指数2010年12月时已经打破了历史纪录，2011年1月份则再创新高。2010年粮食涨价幅度为30%。世界银行预计，高企的粮价和粮食市场高度不稳定问题至少将延续到2015年。

如此短的时间里先后爆发两次粮食危机，说明粮食正在以大宗商品的形式被投资者大肆炒作。正因为如此，二十国集团(G20)史无前例地召开了第一次农业部长会议，商讨应对粮食危机。世界银行行长罗伯特·佐利克说："我们正处在一个粮食价格波动极大的时期，这对最脆弱的国家构成了现实的威胁，可能造成无法弥补的损害。"——佐利克的话说得已经很明白，世界即将掀起粮食巨浪，为防止那些最脆弱的国家无辜崩溃，必须要为他们提供一些保险，虽然从他们身上捞不到多少利益，但如果他们崩溃会给世界带来更大、更多的损害，这是资本投机家们所不希望看到的。

无论怎样，正如国际乐施会的贡萨洛·凡胡尔所说："这一切让专家得出一个结论，那就是粮食(和其他原材料)的低价时代已经结束了。"

● 投机产生危机

全球著名投资专家乔治·索罗斯曾说："波动幅度扩大是商品期货

成为机构投资者投机对象资产的结果。”

那么,究竟是何原因导致了这两场全球粮食危机呢?

诸如汽车与人争粮、气候变暖、各国粮食政策以及城市化进程等,其实都长期存在,也的确影响全球农业,但并不是两次粮食危机的主因,我们应该弄清粮食危机的真正原因——为什么全球粮食增产,反而爆发粮食危机?其实,想想也简单,这个地球上,一定是有人干坏事,而干这种影响全球的坏事的人,只有两个,一个是上帝,一个是发达国家中的粮食垄断者。

日本《日本经济新闻》2011 年 5 月 2 日文章自相矛盾地说:“全球谷物市场为何上涨?最大的原因是‘供需紧张’。从去年开始,小麦主产国俄罗斯遭遇干旱,澳大利亚也遭遇洪灾。中国等新兴国家的需求在不断增加,而世界谷物播种面积却没有增加,正是这一结构性的原因推高了粮价。”紧接着又说:“并非说粮食库存已经到了极度匮乏的地步。负责粮食援助的国际机构联合国世界粮食计划署指出,与 2008 年粮价高涨时相比,现在的库存更加合理。”的确,2011 年全球粮食产量为 22 亿吨,以全球 69 亿人计算,平均每人可消费量为 320 公斤;另外,从 1990 至 2011 年的 20 多年间,世界粮食年产量平均增长 1.4%,同期粮食年消费量增长 1.3%,也就是说,粮食供应与消费是能够保持平衡的。

任何危机,往往都是多重因素叠加的效果。两次粮食危机,既有长期因素,也有短期因素。归纳一下,可以总结为八条:一是世界人口增长与粮食增产不协调。1927 年世界人口 27 亿,2012 年是 70 亿,预计到 2050 年世界人口将达到 90 亿,而届时要满足需要,全球粮食产量应比今天增加 70%。二是发展中国家人口饮食结构发生变化,吃肉越来越多,使世界饲料需求越来越大。三是世界气候变暖,天灾频现,消减了各国增产粮食的努力。四是世界石油涨价,增加了农业生产成本;五是部分口粮被转为生物能源的生产原料;六是世界粮食供应量出现 3%至 5%的波动,国际市场上的投机活动就会把粮价波动放大到 10%至 15%;七是美国两次实行量化宽松的货币政策,这对节节攀升的国际粮价等于火上浇油;八是各国因粮食危机而采取限制出口政策，结果反而加重了危机。

其中，有些明显是反应性因素，比如各国采取限制出口政策。2008年粮食危机爆发后，本来并非是供求关系导致的粮食价格上涨，各国都迅速采取了限制粮食出口的政策，结果导致国际市场上粮食出口量减少，出现了政策性供应不足。泰国是世界第一大米出口国，年产大米超过2 000万吨，其中国内消费不过660万吨，其余大部分都用于出口。在2008年，一些粮商开始囤积大米，使得泰国大米出口量有所减少，泰国政府不得不动用210万吨储备粮出售。2008年，哈萨克斯坦、俄罗斯、乌克兰和阿根廷禁止或限制小麦出口，结果全球小麦市场供应大幅缩减了三分之一；中国、印度尼西亚、越南、埃及、印度和柬埔寨禁止或限制大米出口，同样导致大米市场大幅萎缩。2009至2010年的第二次粮食危机亦然，虽然世界粮食基本供应量充足，但粮食出口大国俄罗斯、乌克兰等以遭受自然灾害为由，再次采取限制出口措施，与此同时，各国又恐慌性采购粮食，印度尼西亚、阿富汗、印度、沙特、孟加拉、阿尔及利亚等国因担心本国出现“阿拉伯之春”那样的民众抗议和动乱，又都宣布动用库存粮食，这实际上加剧了粮食恐慌，对粮价反而起到助推作用。正如西班牙瓦伦西亚大学的文森特·帕亚尔多所说：“这才是真正令人担忧的问题。这种政策引发了更多的投机现象。”

在众多原因中，根本的一条就是美国的操纵，是国际投机商对粮食期货的大肆炒作。

“eat what you kill”，这是流行于外国企业、尤其是美国企业的一句短语，翻译成经济管理学词汇就是“论功行赏”。如果用中文直译就是：你杀多少就吃多少。很显然，这够冷酷。这句短语最初流行于20世纪70、80年代的律师行业，意思是根据合伙人的业绩分配收入，后来被加拿大律师所采用，再之后开始在整个商业社会中流行开来。也许，它的本意是“按劳取酬”，但这里存在一个主动和被动的关系，“你杀掉多少”可是取决于你的主动程度，而“按劳取酬”也许只是计件工资模式的薪酬。所以，直译过来的这句话就带上了血腥味。

实际上，如果将美国次贷危机与这次世界粮食危机相提并论，也许很多人会难以置信，然而，这不是故弄玄虚，而是实实在在的国际投机。

一个常识就是，微量的投机可以刺激市场，而大笔的投机则会对市场产生剧烈冲击，1997 年的世界性金融震荡至今还余波未平，而新的危机又已经开始。只不过这一次危机的根源在美国内部，次贷危机使得美国的金融结构发生塌陷，迫使美联储连续降息，而降息的主要目的是释放资金。这其中主要是活跃于市场的所谓“热钱”，也就是游资，目的是进行投机。据花旗银行 2008 年 4 月公布的一份研究报告称，仅在 2008 年第一季度就有大约 700 亿美元进入期货市场。如此大规模的“热钱”涌入的结果就是 2008 年美国期货市场 26 种农业和矿业产品的大宗商品指数上涨 20%，与之对应的是，包含 500 家成分股的标准普尔指数下跌了 7%，也就是说，“热钱”正在期货市场兴风作浪。

“资本是不安宁的，历来都是流动的。持续不断的是它变化着的激情：最初它对钢铁和煤炭感兴趣，到处都建起了高炉和矿井；不久电子和纺织工业又把资本请了过来；之后它又朝着娱乐性电器和计算机的方向发展；从那里它又涌向服务性行业的各类企业，在广告、旅游和法律事务等行业大受欢迎。一个独立的金融业出现了，它不久就显示出比以前工业时代的各个时期更加强大。”（[德] 葛勃尔 · 施丹戈特（Gabor Steingart）：《为财富而战：对权力和资源再分配与再争夺的世界大战》，国际文化出版公司 2007 年版，第 146 页）

本来全球楼市是吸纳大规模投机资金的地方，但美国次贷危机引起全球性楼市衰退，于是大宗期货商品就成了投机家们追逐的另一个目标——实际上，国际投机集团从没间断过在期货市场的炒作，只不过这一次全球楼市的衰退使得更多的资金进入期货市场，因而更加剧了期货市场的动荡。同时，农业产品一系列因素所导致的困境也使得这种商品更具投机价值。美国农业部曾连续数月预测美国小麦库存下降至 60 年来的最低点，于是国际期货市场小麦价格一路飙升，2008 年 2 月份美国明尼苏达州谷物交易所的春小麦期货合约曾出现连续 11 个交易日涨停的现象；2008 年春节前后，当中国出现雪灾时，中国将爆发植物油短缺的信息使得芝加哥大豆期货连续创出新高；而国际大米供应紧张的时候，芝加哥的糙米价格在4月份也是连续刷新纪录。这些都不是简单的期货市场反映——自2007年11月份起，美国期货市场对农产品期货的投资资金已经从250亿美元迅速增加到了650亿美元。在美国玉米、大豆和小麦这三大类最主要的出口农产品中，总产值达926亿美元，其中一半被农产品期货投机者购买。也就是说，真正造成世界粮食危机的根源不在庄稼地里，而是在华尔街。

2011年1月13日，美国著名投资家吉姆·罗杰斯在芝加哥接受新华社记者专访（新华网，2011年1月15日报道）时认为："在农产品供不应求的基本面支撑下，新一轮国际粮食危机近期爆发的可能性很大，但粮食价格向其正常价值回归，刺激粮食供应回升才是改变目前农产品供需失衡的唯一途径。"

2011年6月，世界银行与投资银行摩根大通达成一项协议，允许各国对总价值达40亿美元的大宗商品进行对冲。这是世界银行罕见的措施，这个项目主要针对发展中国家的私营企业，其中主要是农业合作社和食品加工企业。摩根大通为这些企业提供对冲工具，世界银行提供2亿美元信贷风险担保。众所周知，摩根大通是华尔街最大的大宗商品交易商之一，它既提供对冲工具，同时也为此项提供担保。世界银行此举实际上相当于给一些贫弱的发展中国家提供了一道粮食保险，世界其他银行很快也会加入其中，因为对银行家和摩根大通这样的大投资商来说，这实际上是一个巨大的保险市场。

粮食本来就是商品，但在全球化的时代，粮食的"金融"属性已经远远超过了其自身的商品属性，国际粮价早已不是单纯的商品价格，而是金融产品的价格。只要是金融产品，就一定会服从"金融杠杆"的原理，即只需要并不算多的投机资金，就可以产生小幅、局部的涨价，而通过"金融杠杆"，很快就会放大成大幅的、全面的价格上涨。华尔街拥有庞大的投资资金，而且，美国金融衍生系统非常发达，所以粮食越是金融化华尔街操纵越容易。2008年4月22日的《纽约时报》就这样报道说："这次价格狂潮，吸引了来自华尔街的一股新的投资潮流，估计投资高达1 300亿美元。""华尔街的投资控制了芝加哥、堪萨斯和纽约商品交易所五分之一到一半的玉米、小麦、活牛等的期货合约。以芝加哥交易所为例,47%的生猪、40%的小麦、36%的活牛和21%的玉米长期期货合约都由华尔街的投资控制。"

美国康奈尔大学发展社会学教授菲利普·麦克迈克尔(Philip McMichael)曾写过一篇题为《世界粮食危机的历史审视》的文章,其中引用媒体的话说:"像孟加拉国这样的国家现在是不可能买到它们需要的大米的,因为现在的价格太高了。多年以来,世界银行和国际货币基金组织一直告诉这些国家,自由化的市场会为粮食的生产和分配提供最有效率的体系。但是今天这些最穷的国家不得不对现在过得十分愉快的投机者和商人进行顽强的抵制。来自对冲基金和其他领域的数十亿热钱涌入商品市场,以期逃脱股市下滑和信贷紧缩,这进一步增加了穷人获得粮食的难度。据估计,投资基金现在控制着全球最大的商品交易市场的小麦交易额的50%至60%。"(2009年7月15日,加拿大"全球化研究中心"网站,http://www.globalresearch.ca/)

自2006年开始发力以来,仅2007年嘉吉的利润就上升了36%,阿丹米(ADM)的利润上升了67%,邦吉的利润上升了49%。2008年第一季度,嘉吉的净利润上升了86%,阿丹米(ADM)的毛利润上升了55%,邦吉的毛利润上升了189%。各家化肥公司也获利可观,如2007年钾肥公司的利润上升了72%、MOS公司的利润增长了141%。2008年第一个季度,钾肥公司的纯收入增加了186%,MOS公司的纯收入增加了1 200%还多。种子和农用化学公司2007年的利润增长也相当显著:孟山都公司增加了44%,杜邦增加了19%,先正达增加了28%——由此可见这次粮食巨头们投机炒作的疯狂程度和赚取了多少利润。

不过,美国发动两次粮食危机,也测试出还不能取得绝对胜利。就以2008年的粮食危机为例,菲律宾国内大米价格上涨了200%,但日本、韩国和中国三国国内大米价格却没有明显上涨,甚至还出现了轻微下降,这是为什么呢?日本长期以来一直很注重粮食储备,且自身拥有强大的经济实力和交易手段,伊藤忠商社等这样的跨国企业也是粮食巨头,掌握着不少粮食资源，因而日本在这次粮食危机中基本没有遭受多少损失，国内也没有出现粮食恐慌。韩国与日本相似，由于国土狭小、粮食长期大量进口，也早就建立了粮食储备制度，所以也成功抵御了这次冲击。中国与日本、韩国相比虽然略差，但中国传统中就重视粮食自给自足，且因多年粮食丰收储备了相当数量的粮食，因而也能抵御价格上涨带来的压力。而且，三国都是贸易大国，在国际谈判中有相当的地位，因此也有一定的强势。

但是，经过两次粮食危机，全球原有的粮食结构已经发生了根本性改变。

● 危机总结

老祖宗早就说了，民以食为天。

粮食危机，就像是 2011 年 3 月 11 日日本发生的大海啸，尤其是对贫困国家和地区而言，这就是一场无形的海啸。那么，这场海啸造成了什么样的灾难？

首先就是贫困人口增加。其实，粮食危机早就开始席卷全球，据联合国粮农组织提供的数据，世界主要粮食价格自 2005 年来已上涨 80%。2008 年 3 月，大米价格达到 19 年来最高价格，世界银行的报告也显示，截至 2008 年 2 月底，在过去 3 年中国际市场小麦价格上涨了 181%，创下 28 年来最高。同时，2008 年前两个月，世界粮食价格又上涨了 9%，这最终使得粮食危机在全球爆发。而粮食危机在全球蔓延一个显著的后果就是贫困人口骤然增加，这些处于社会底层的人承受能力最为脆弱，粮食价格的大幅上涨使得那些处于温饱边缘的人首当其冲成为“粮食海啸”的第一波被冲击者。这场危机已经使全球贫困人口增加了 1 亿。

其次就是“粮食骚乱”。在非洲有这样一句残酷的话：“饥民即暴民。”非洲这个动荡的大陆本来就已经饱受饥饿带来的痛苦，而这次粮食危机更加重了非洲的饥荒，非洲大部分国家出现了饥荒和动荡，甚至埃及这样的非洲大国的面包店门前也出现了排队购买廉价面包的场景。而在撒哈拉以南的非洲腹地以及世界其他贫困地区，粮食危机早已转化为“粮食骚乱”，喀麦隆已经有民众死亡。联合国粮农组织也在2008年4月份发出警告，“粮食骚乱”已经在非洲一些地区、印尼、菲律宾等国家爆发，如果国际社会再不采取有力措施，“粮食骚乱”很有可能在发展中国家蔓延。

第三就是通货膨胀。众所周知，粮食是第一产业，也即基础性产业，粮食不但是食物而且是工业原料，因而粮食价格的大幅上涨必然带动其他产业的价格上涨。加之石油价格大幅上扬，而美元持续贬值又加重了全球货币市场的动荡，美国次贷危机后又急于转嫁危机，加速美元的贬值和释放热钱，因而我们很可能会面临一场持久性的全球性通货膨胀。

第四就是影响到了国家安全。既然民以食为天，那么在许多贫困国家，“粮食骚乱”已经演变为国家危机，在海地爆发的社会骚乱最终迫使总理下台；孟加拉国爆发了大规模纺织工人与警察对峙的骚乱；肯尼亚和柬埔寨甚至连学生的午餐供应都被迫取消；塔吉克斯坦原本需要的粮食救援现在被减半……世界银行行长因此在4月份发布警告说，食品和能源的国际价格上扬导致了严重的全球危机，其中将有33个国家会因此引发动荡。

不仅如此，由于粮食在国家经济结构中的重要地位，如果粮食不能自给，那么很可能会像石油那样受制于美国等发达国家，其结果是在大战略中美国获得更多优势，而世界上许多国家，甚至包括一些大国都将受到美国的粮食掣肘，也就是说，粮食和石油一样也是一种战略产品。

所以，在这场粮食危机中，世界粮食计划署成了世界上最忙碌的国际组织，谁让它是世界上最大的人道主义救援机构呢。长期以来，该组织为世界上最贫困的80多个国家的将近1亿人提供食品援助，目的是保障这些人的基本生活需求，在这次世界粮食危机中世界粮食计划署的作用更加凸显。

其实，从世界粮食计划署的忙碌也能看出粮食灾难从来也没断过。自1963年以来，世界粮食计划署已经投入300亿美元和4 700多万吨粮食，在全世界范围内扶助贫困，对抗饥饿，这其中也包括在突发事件中提供紧急援助。在其成立的前一年,即1962年,伊朗发生地震,不久泰国又遭遇飓风,还有阿尔及利亚有500万难民,该组织就开始为此奔走援助。在这次粮食危机爆发后,世界粮食计划署与其合作伙伴共同制定了三方面的应对措施:(1) 在短期内,尽可能地筹措资金,首先援助饥饿人群;(2) 中期计划是,世界粮食计划署将发挥其最大的支援力量,平均在每个小时内,世界粮食计划署将有30艘运粮船航行在大海上,有5 000辆卡车、70架飞机在陆地、空中运送救援人员和物资,还有其他各种形式的援助;(3) 长期计划是,世界粮食计划署将支持各国政府进行政策改革,并对各国农业发展提供建议和技术支持。

在世界粮食计划署的网页上有一幅《世界饥饿地图》,下面有这样一句令人惆怅的话:"世界上有足够的粮食够每一个人吃饱,但是全球每天仍然有8亿人不得不饿着肚子入睡。"——的确是这样:据联合国粮农组织提供的数据,2006年全球粮食产量为20.129亿吨,2007年的产量为21.085亿吨,也就是说世界的粮食产量并不是下降,而是增产4.7%!然而我们却遭遇全球性粮食危机。

在世界进行反思的同时,更应该付诸行动,正如世界粮食计划署的三句话:"我们该帮助谁?我们应该干什么?我们该如何抗击饥饿?"

很多人都认为,两次粮食危机只是国际炒家为了短期获利而进行的投机,不足为怪,也不需要过度担忧,但我个人认为,正相反,两次粮食危机所产生的长远效果远远大于短期效果。粮食危机产生了五个效果:(1) 粮食价格高涨,超过了一些国家内的国民购买力,产生社会恐慌;(2) 由于各国普遍采取禁止粮食出口、提高粮食出口关税等方式,结果在粮食价格上涨的背景下粮食原料一时短缺或者中断,造成相关产业停顿;(3) 粮食价格高涨导致国内出现恐慌和动乱,逼迫一些国家不得不举债购买粮食,这种债务日后就成为发达国家进一步改变其粮食结构的手段;(4) 由于粮食与能源之间已经确立关联性(如粮食转换乙醇),因此粮食危机已经不仅局限于粮食和食品领域,也影响到能源和金融领域;(5) 长远来看,两次粮食危机虽然短暂,但对日后的全球粮食生产、仓储、销售等都产生了深远的影响,另外也将对水资源、自然环境等产生影响,而且无法准确评估。

从两次粮食危机中，我们可以总结出以下几条：其一，粮食价格上涨，并不能抑制有效需求，因为粮食不同于石油和矿产资源。石油和矿产资源（比如铁矿石）如果涨价，可以通过加大开采量平抑价格，但粮食受耕地限制明显，耕地面积不可能在短时间内扩大，因此产量提升空间有限；也不大可能通过降低有效需求平抑价格，因为粮食属于生活必需品和生产原料，因而无论价格涨跌，有效需求都保持相对稳定；其二，遍观世界，虽然不少国家都是粮食主产国和出口国，但真正有大量富余的还是南北美洲、澳洲和黑海沿岸，其中又以美洲和澳洲为最，而这些粮食富足区的粮食又为四大粮商所垄断。从粮食主产区到世界各国一般消费者，中间大致经历如此几个环节：粮农——四大粮商——粮食期货交易——各国政府和粮食企业——一般消费者，这样五个环节，四大粮商掌控着前三个环节，他们完全可以制造粮食危机，而各国政府和企业属于被动应对，当粮食危机出现后会采取收紧粮食出口、购买粮食的措施，结果更加重了粮食危机，最后到一般消费者这一环节，价格得到了最后放大，都由消费者承担。其三，四大粮商控制着全球80%的农产品贸易，他们几乎可以任意制造粮食危机，甚至可以针对某一国、某一地区特定地发动粮食突袭，所谓“阿拉伯之春”就是明证；其四，中国是人口大国，又是世界第二大经济体，因此国际粮食价格对中国的冲击很大，但中国本身也是农业大国，粮食产量连续 7 年丰收，这就给中国抵御粮食危机提供了保障。实际上，中国虽然没有实力对抗四大粮商和美国的粮食战略，但完全有能力在战术上采取对冲手段，利用反作用原理打击四大粮商和美国；其五，总结历史上粮食危机以及饥荒，可以发现，实际上造成饥荒时该经济体系内的粮食缺口并不算大，一般不会超过 5%，那么，也就是说，完全可以建立国家粮食储备制度，只要保持超过 5%的粮食储备，就有能力应对粮食危机。

● 粮食危机引发政治动荡

时任美国国务卿的乔治·马歇尔 1947 年在谈及欧洲复兴时（当时

也宣称对东欧开放)说,“饥饿和不稳定总是和平的敌人”。

前面谈到,粮食危机的一个重要后果就是影响到国家安全,这是需要特别谈一谈的。

在2007至2008年的粮食危机中,中国、日本、韩国成功地抵御了冲击,但世界上大多数国家都没有这样的能力,尤其是一些贫困国家,结果这场危机导致了全球许多国家出现“粮食动乱”和暴动,如乌兹别克斯坦、摩洛哥、几内亚、毛里塔尼亚、塞内加尔、印度尼西亚、津巴布韦、布基纳法索、喀麦隆、也门、约旦、沙特阿拉伯、埃及、墨西哥、阿根廷和海地等,甚至连意大利这样的发达国家、沙特这样的富裕国家也未能幸免,海地更是爆发了大规模骚乱,总统普雷瓦尔被赶下台。该国80%的人口每天依靠不足2美元来维持生活,在2008年的前4个月里,大米价格却翻番上涨,导致饥饿如影随形,当地人形容饥饿时说:“饥饿是如此难耐,好像我们的胃正在被漂白粉和电池酸液腐蚀着一样。”

短短几年内两次爆发粮食危机,还导致了阿拉伯世界爆发“阿拉伯之春”革命,这是与粮食问题造成的社会贫困和恐慌有直接关系的。在两次粮食危机期间,像埃及这样自古就不担心饥饿的国度平均已经把一半的收入用来购买粮食,在贫困的国家更是把三分之二至四分之三的收入用来购买食物。结果,粮食价格大涨成为阿拉伯国家革命爆发的导火索,而埃及和突尼斯似乎成了这一次“粮食革命”的先驱者。如拉吉-帕特尔所言:“在世界上所有国家,肥胖与饥饿、贫困与富有之间的矛盾正变得日益尖锐。比如,在印度,一方面是上百万吨的粮食被人为毁坏,或任由粮食在仓库里腐烂,另一个方面,最贫困人口吃的粮食,其质量却是1947年印度独立以来最差的。1992年,在同一个城镇和村庄,一方面营养不良开始侵袭极端贫困家庭,另一方面政府却允许外国的软饮料制造商和食品跨国公司进入一直以来受到良好保护的印度经济。不到10年时间,印度就变成了世界上最大的糖尿病患者集中地:许多人——通常是儿童——在吃了太多错误的食物后,身体状况迅速恶化。”“印度并非是此种矛盾的唯一集中地。这是一个全球性的问题，甚至在世界上最富有的国家也存在。在美国，仅 2005 年度，就有 3 510 万人不知道自己的下一顿是产出自哪里。同时，美国患有像糖尿病这类与饮食相关的疾病的人口空前的多，食物也是空前的多。”（[英] 拉吉-帕特尔：《粮食战争》，郭国玺、程剑锋译，东方出版社 2008 年版）

1981 年，印度经济学家阿玛蒂亚·森在《贫穷与饥荒》这篇文章中就说，造成饥荒的原因，不是食物短缺，而是其他因素，比如工资、分配甚至民主的实践。他举例说，在 1943 年的孟加拉饥荒时，一边是 300 万人饿死，另一边是国家仍在出口粮食。官员腐败，物价飞涨，贫富分化越来越大是示威者抗议的主要因素。据联合国粮农组织 2011 年 3 月公布的统计数据，肉类、奶制品、谷物、油等大宗农产品的世界粮食价格指数 2 月份创 20 年来新高。世界银行的数据也表明，2010 年 10 月份到 2011 年 1 月份，该行粮价指数上升 15%，仅在 2010 年累计涨价就达到 50%以上。第二次粮食危机导致发展中国家 4 400 万人陷入饥荒中。随着中东、北非出现“阿拉伯之春”革命，阿尔及利亚在 1 月份紧急进口了 200 万吨小麦。《阿尔及尔论坛报》2011 年 2 月 15 日评论说，必须增加粮食储备，“如果任由面包和面粉价格继续大涨，社会危机还会加剧，这是一个关系到国家存亡的问题”。“二战”后，全球已发生 7 次粮荒，每一次都导致不同程度的动荡。联合国粮农组织报告称，由于投资缺乏造成了供给约束，“即使在近期粮食价格飙升之前，令人担忧的饥饿不断增加的长期趋势已经十分明显”。2003 至 2005 年有 8.48 亿人长期遭受饥饿之苦，在 1990 至 1992 年近 8.42 亿人的基础上增加了 600 万人，其中非洲已经成为国际粮食价格危机的重灾区，其 25%的粮食消费都要依靠进口。

2011 年 2 月 8 日，开罗大学和中密歇根大学政治学副教授、社会政策与谅解研究所研究员穆阿塔兹·法塔赫在美国《基督教科学箴言报》发表文章，他认为阿拉伯国家爆发大规模骚乱、并导致许多政府倒台的原因主要是原政府遭遇了五大挑战：(1)“第一项挑战是我所说的生物挑战。老统治者和占人口绝大多数的年轻人存在代沟。”他说，年轻一代对穆巴拉克在 1973 年反以色列的战争的英雄形象根本没有记忆，所以他们眼中他只是一个独裁者；(2)“地理挑战也是政府合法性削弱的一个因素。”其所言的“地理挑战”是指埃及拥有石油和磷酸盐这类重要的资源，而且又扼守着苏伊士运河这样的重要水道，但埃及前政府没有把这些资源合理地分配给埃及民众，埃及民众仍然处在贫困中，“正如联合国人类发展指数显示的，从总体上说，穆巴拉克政权没能把货币资本转化为社会资本”；(3)“该地区的专制统治者面临与伊斯兰相关的新挑战，这可称为神学挑战。”他认为，现代伊斯兰教已经融入了西方民主意识，这动摇了“神学和神权”；(4)“技术挑战”，他说的就是互联网和卫星技术，“如果不是有了使穆斯林与世界充分联系的技术，之前的情况都不可能出现。卫星和互联网让穆斯林看到格鲁吉亚、乌克兰、突尼斯和其他国家正在发生什么。通信技术的进步促使示威活动蔓延到整个地区”；(5)“意识形态挑战”，他说，“这个时代，像纳赛尔主义和伊斯兰教教义一类上世纪五六十年代的非民主意识形态已经越来越没有吸引力。埃及已经独立了几十年，再加上无处不在的腐败和苏联模式的垮台，纳赛尔采纳的这些不利于民主的意识形态失去意义。改革和变化等字眼已经成为阿拉伯街头的最新流行词。”([埃] 穆阿塔兹·法塔赫：《阿拉伯政权相继倒台的五个原因》，《基督教科学箴言报》2011 年 2 月 8 日)而这一切有一个基本原因，那就是粮食价格大幅上涨使得社会底层贫困不堪，所有矛盾都被激化了。

历史上，因粮食而产生社会动荡甚至革命的事例屡见不鲜。1783 年，冰岛境内的拉基火山(Laki)喷发，产生大量的二氧化硫等毒气，毒气云团上升到高空，然后飘浮在北大西洋的喷射气流之上，进而改变了气候模式，造成大不列颠群岛很多人死于毒气。毒气云团还导致了欧洲西部农业减产，引发饥荒。有些历史学家认为，这场火山爆发间接引发了法国大革命——仅在 18 世纪，法国就爆发过 16 次饥荒，所以法国出现大革命不足为奇。即便在现代，农业问题一直也是敏感问题。

观察全球营养与饥饿状态，你会发现，我们这个世界处于一种纺锤形状态中：世界上有超过 10%(约 8 亿)的人处于饥饿中，另有 10 亿人体重超过了正常标准，其余大部分人位于中间，也就是保持温饱。尽管人口增长明显，但粮食产量也稳定增长，以人均粮食计算，全球粮食产量完全可以满足全球人口需要，不会有人挨饿，但事实是，粮食不是空气，不会大公无私地平均分配。所以，粮食安全并非是全球性的。

而且，粮食越是匮乏，动乱越深；动乱越深，反过来又加重粮食匮乏。非洲陷入饥饿，并不是非洲没有土地可以耕种，非洲面积是中国的3倍，能用于耕种的土地面积更多，但2010年中国产粮5.4亿吨，非洲只有1.4亿吨。实际上，只要非洲粮食产量达到中国的一半，满足全球人口的粮食需求就完全不成问题。然而政治动荡又是一个十分复杂的问题，结果是粮食问题也就更加复杂。众多的政治家于是在讨论如何解决全球粮食安全问题：

法国外交部官员莫里斯·鲍狄世说，粮食不是普通商品，世贸组织对粮食应有例外规定。法国将利用2011年担任20国集团轮值主席的机会，把建立合理的农产品交易机制提到20国集团的议事日程上。

联合国粮农组织经济学家阿卜杜勒-礼萨·阿巴西安说："农业不像工业，投资带来的供给增长需要一段时间。"

美国国际食物政策研究所的马克西姆·托雷罗说："粮食安全问题已经进入二十国集团的议事日程，这是一个积极信号。"他建议建立世界粮食情报组织，用以储备粮食信息，做到公开透明。

西班牙瓦伦西亚大学的帕亚尔多指出："我们现在需要第二场绿色革命，而且要越快越好。农业生产率的提高已经停滞，而世界人口到2050年将达到90亿。"

联合国粮农组织理事会独立主席顾问让-雅克·苏拉在会上说，除了各国应加大农业投入、增加粮食产出以外，还必须营造一个健康的国际农产品贸易秩序，创建一个粮价协调联动的国际机制。联合国粮农组织一直在努力推动解决这个问题，但联合国所起的作用并不显著。

2011年在首次召开的二十国农业部长会议上，法国农业部长布鲁诺·勒梅尔说，二十国集团一致决定建立一套透明体系，用来追踪全球粮食供应和应急粮食储备；进一步研发小麦品种；建立应对粮食生产国旱情的快速反应机制等。他对记者说："这是国际社会的一次壮举，让人仍然相信团结的力量，并共同致力于解决地球面临的一些大问题，比如全球农业的未来。"与梅勒尔一起面对记者的还有世界银行行长罗伯特·佐利克，他说："我们不能阻止粮价的涨跌，不过我们可以缓和价格的摇摆，并保护穷人的利益，不管他们是农民还是消费者。""2008年粮价开始上涨时，我们看到粮食储备及供应信息的匮乏会导致市场的恐慌，而恐慌会导致价格的上涨。不确定性带来不稳定性。"（美联社巴黎2011年6月23日电）

粮食安全问题是一个全球性问题，问题的关键在于美国，美国把自身的粮食战略与国际贸易规则的演变交织在一起，十分复杂。

粮食主权运动（food sovereignty movement）是对发达国家粮食控制主义发起的反对，这是一面旗帜。这项运动出现于20世纪90年代，他们反对粮食自由化和私有化，他们提出的口号就是："饥饿不只是手段问题，而且是权利问题。"

2008年粮食危机后，许多发展中国家喊着要促进世界粮食贸易自由化——粮食的自由贸易化一直层层受阻，比如说现在中国国内粮食价格平均相当于国际粮价的50%，换言之，中国农民没有享受到国际粮价上涨带来的利润。世界知道有粮食巨头在对粮食进行垄断，这些粮食巨头对市场的垄断给发展中国家带来的冲击实际上不亚于发达国家的高额农业补贴——一些世界著名粮食巨头利用其自身优势向整个世界进行商业扩张，在竞争中滥用优势，采取低价竞争等手段占领市场，建立垄断地位，这实际上大大削弱了世界许多发展中国家的食品企业。所以，取消发达国家对农业的高额补贴，是为了保障全球农民利益的公平环境。然而，如何平衡发达国家与发展中国家的竞争，建立公平竞争体制以便发展农业自由贸易，显然不容乐观，发达国家不会轻易让步，因为这意味着发达国家将失去巨额利润——实际上，这根本就不是几个跨国公司垄断市场、投机操作那么简单，而是一场发达国家发动的粮食战争，他们的目的就是要通过粮食控制全球经济，就像过去通过控制石油控制世界一样。

其实，无论是国家还是生产者群体，他们都应该有权利发展自己的生产模式和消费模式，同时还应当有权利建立与这两种模式相适应的政策模式，只有这三种模式互相支撑，才能形成完好的、良性循环的发展。但是，我们已经处在这样一个时代：在西方强势面前，世界变得越来越软弱，当我们驱逐了旧的殖民体系后，很快发现我们又被新的殖民体系所控制，世界似乎陷入这样一个悲哀的境地：我们永远在反抗，也永远在取得进步，并且永远获得胜利，但每一次胜利之后又会发现，我们又陷入新的陷阱中，而且永远也跳不出这个怪圈。

第二章 粮食、能源与气候

粮食，从来就不单是农业问题，而是关系方方面面的问题。其实，世界多年来的许多问题，比如能源、气候，核心之一就是粮食。

● 生物能源

2006年，美国《时代》周刊的封面上出现了一个农民，叫比尔·库瑟。他之所以能成为封面人物，是因为他拥有4 000头牛、5 000亩玉米和大豆，并且因此成立了林肯威能源公司，专门生产燃料乙醇。

对于生物燃料，经合组织和粮农组织在《农业发展前景（2007—2016年）》中描述了这样的连锁反应：美国可以提炼乙醇的玉米的种植面积正在扩大，而油料作物的种植面积正在缩小，油料作物价格因此上涨，另外谷物饲料的增长以及生物柴油导致的对植物油的需求的增加也刺激了这一趋势，使价格上涨发展成一次完美风暴。

据联合国粮农组织数据，2010年世界谷物产量比2009年增加1.2%，达22.8亿吨，与2008年水平差不多。其中稻米和粗粮分别增产4%和1.4%，小麦略减0.9%。全年谷物总需求22.68亿吨，同比增长2%。2010年世界谷物产量达到最高水平，全球谷物库存达到5.33亿吨，为2002年以来的最高。看起来粮食供给与需求是平衡的，但危机还是发生了，当时，一个主要的说法是汽车与人争粮。

石油价格的上涨导致全球性能源供应紧张早已是众所周知，于是，作为替代能源，利用粮食提炼生物燃料就成为许多国家的计划。2008年7月3日，一位世界银行经济学家在英国《卫报》披露了其所作的一份秘密报告，称在2002至2008年2月期间，粮食价格上涨140%，导致价格上涨的主要因素就是美国和欧盟开始实施的生物燃料计划，这至少应当负四分之三的责任。而美国农业部公布说生物燃料计划对粮食价格的影响微乎其微，只会使粮价上升3%；英国牛津饥荒救济委员会公布说会上升30%、国际货币基金组织说是20%至30%、经济合作与发展组织说是60%。报告直接说：

“粮食价格上涨最重要的原因是美国和欧盟的生物燃料生产大量增加。

没有这些增长，全球小麦和玉米的储备就不会大量下降，油菜籽价格也不会增长3倍。当然，粮食价格上涨还有其他次级原因，如干旱。出口禁令和投机活动本不应发生，因为它们在很大程度上是对粮食价格不断上涨的反应。”

美国在2007年底通过了新能源法案，这个法案实则是鼓励生物燃料的使用。据美国能源部的计划，美国预计在2022年使生物燃料的使用量达到360亿加仑，而美国农业部因此预计，美国仅在今后几年中就会把美国玉米产量的三分之一以及数千万吨的大豆送进化工厂提炼乙醇。所以，世界粮农组织谴责美国的玉米变乙醇计划，认为正是这一计划应为世界玉米价格上涨承担三分之一的责任；世界银行则认为应该承担60％的责任，国际货币基金组织更是说，应该承担70％的责任。世界银行的首席经济学家唐纳德·米切尔以及其研究团队早在2008年4月就完成了一份报告，但报告因指责美国的生物燃料政策是粮食危机的主因之一而遭到压制。埃克森美孚公司、阿彻丹尼斯米德兰公司、嘉吉公司、邦吉公司等都是推动美国能源“独立”的主要推手，他们希望发展生物燃料成为美国能源政策的三大支柱。世界银行说：“这些用于生物燃料的粮食在过去的两年中价格上涨远比其他粮食快得多，谷物价格上涨了144％，油料作物的价格上涨了157％，而其他粮食作物价格只上涨了11％。”

2009年，瓦尔登·贝罗和马拉·巴菲尔拉在美国《每月评论》(2009年7—8月号刊)上发表了题为《粮食战争》的文章，他们认为，世界粮食危机是20世纪70年代以来世界农业生产资本主义化的必然结果。文章说：

“美国中西部也感到自己正在慢慢地被变为一个巨大的农业燃料工厂。2006年以来，这种转变速度加快，到2008年，已经有大约30％的玉米用于制作乙醇。这不足为奇，因为美国政府强硬的命令、慷慨的补贴以及对进口的含糖的巴西乙醇征收高额关税，为大部分的美国玉米用于农业燃料的原料提供了保证，从而大大地影响了谷物的价格。

“尽管农业燃料生产的实际影响已经够糟的了，但是它对发展中国家未来的影响更令人担忧。据说土地资源丰富的国家，如菲律宾、柬埔寨和马达加斯加，正在进行庞大的土地租赁交易。国际媒体有大量报道称，土地资源贫乏的国家也出现了引人注目的租赁协议。这些交易中一些是有关粮食生产的，另一些是有关农业燃料生产的。但是随着土地正在被商品化，在给定的时间内，租用的土地上生产什么将最终取决于国际市场上什么最有利可图，而不是协议。

“总之，结构和政策因素的综合作用导致2006至2008年粮食价格飙升。当然一个关键因素就是大规模的经济调整，也就是通常所说的‘结构调整’。这种调整是在世界银行和国际货币基金组织的压力下在90多个发展中国家和转型国家实施的，从20世纪80年代早期开始，至今已经持续了20多年。这种调整极有可能是导致全球粮食价格危机的前提条件。”

其实不仅是美国如此，世界许多国家早在十几年前就开始了大规模开发生物能源的项目。这项技术并不算复杂，许多国家都能做到，尤其是一些农业大国更加对此大力投入——显而易见，在有充足粮食供应的时候，大规模开发生物燃料不失为一种平抑石油价格上涨的经济手段，而且也是一种战略手段。印度有9个州和3个地区要求汽油中要使用加入5%乙醇的调和汽油；泰国从2008年起也在91号汽油中加入10%的乙醇。因而，联合国粮农组织估算，仅在2007年全世界就有高达1亿吨的粮食被送进了生物燃料工厂。

尽管多个国家都开展了生物能源的研究和生产，但美国无疑是生物能源的主导者。

美国新能源法案点燃战火

2007年12月18日，美国众议院通过了能源法案，这是自20世纪70年代两次石油危机后首个法案，该法案要求美国减少石油进口，增加新能源的研究和制造，结果引起一片哗然。

1975年，世界第一个燃料乙醇项目“ProAlcool”诞生于巴西；1978年，美国、加拿大等国也开展了类似项目，至今，美国和巴西已是全球乙醇的主产国。

2007年12月18日，美国众议院通过了能源法案，这是自20世纪70年代两次石油危机后首个法案，该法案要求美国减少石油进口，增加新能源的研究和制造。新能源是指除了传统的石油、煤炭以及核电外的新清洁能源，包括太阳能、风能、海洋能以及生物能等，其中生物能源是与粮食密切相关的。美国早就意识到开发新能源的重要性和巨大市场意义，因此在经历了两次石油危机后，当时的卡特政府就于1978年制定了《能源税法》，通过100%减免混合乙醇汽油的燃料税鼓励发展生物燃料替代石油。只是后来因美元与黄金脱钩，美元大幅贬值，由此可以购买大量石油；另外，美国通过种种手段，也逐渐掌握了石油定价权，并促使国际油价回落并大致保持平稳，因此生物能源发展一直较为缓慢。直到进入21世纪，粮食垄断布局已经完成，发达国家需要重归实体经济，美国才开始加紧新能源开发和生产。2005年美国颁布了能源政策法案(EPACT)，为此制定了优惠政策，此后美国生物燃料产业开始蓬勃发展。生物燃料中主要就是生产生物乙醇和生物柴油，2007年美国就超过巴西成为全球第一乙醇生产国。自2001至2009年，美国乙醇产量以每年20%的速度迅速增长。

美国2007年12月通过的这个能源法案也被称为新能源法案。

该法案似乎是为了应对石油价格高涨以及全球石油能源数量有限而制定的，但实际上，其中包含着种种战略手段。从能源的角度讲，许多农作物都可以用来提取能源，这就是生物能源，当能源总需求相对稳定的时候，如果增加生物能源供应就可以平抑高涨的石油价格，为此，美国众议院通过的法案要求大幅增加乙醇等生物燃料的生产。但是，这样做实际上等于把大量的粮食转为生产生物燃料，势必减少粮食对其他方面的供应，这又必然导致粮食价格上涨，因而，该法案实际上不仅仅是能源法案，也是粮食法案。而粮食又是很多行业的基础原料，其中包括工业品制造，因此，这一法案又可以称为工业法案。由于美国在世界经济中占据重要地位，因此这一美国的国内法案在事实上相当于全球法案，这样说也许略显夸张，但其影响力却是实实在在的。

不要轻视这一法案，该法案的最大作用不是对能源革命有多大促进，而在于生物能源是介于石油和粮食之间的中间产物，也就等于是石油市场和粮食市场之间的中间市场，美国拥有了生物能源技术和产业规模，就可以通过调节生物能源的产量影响石油市场和粮食市场，为一举两得之手段。

新能源法案从汽车油耗标准及生物燃料标准两方面进行了规定。按照新版《可再生燃料标准》(RFS)，美国此后每年都要把相当数量的粮食转化为燃料，每年生物燃料的使用量总和在2022年前要达到360亿加仑。根据美国可再生燃料协会(RFA)的数据，生物燃料2007年产量为64.85亿加仑，2008年产量为90亿加仑，2009年产量为111亿加仑，至2012年要达到120亿加仑；从2015年起生物乙醇的用量必须达到150亿加仑。与此同时，也规定了技术要求，即要在2022年前将燃油效率提高40%，届时每加仑燃油可供小汽车和卡车行驶35英里。

在规定的360亿加仑中，210亿加仑必须属于纤维素生物燃料、生物质柴油以及其他高级生物燃料。

尽管美国出台了新能源法案，但实际上美国并未把新能源作为基础能源，原因很简单，即便把美国所生产的全部玉米都用来制造乙醇，也只能满足美国18%汽车的需求量。目前，美国生物乙醇生产商几乎都处于亏损状态，美国政府为此不得不为每加仑乙醇提供51美分的补贴。换言之，如果没有政府补贴，这些乙醇生产商早就破产了。不过，美国政府并不吃亏，全球粮食价格高涨，作为农业出口大国的美国自然赚得盆满钵满，与之相比，农业补贴和生物燃料补贴两项加起来也不算什么。所以说，所谓的能源法案根本就是彻头彻尾的“粮食法案”，是一个全球能源和粮食的“调节阀”，本身对能源的贡献实在微不足道。

但是，新能源法案的推出可以产生的直接效果就有四个，意义就在于此：

其一，增加了生物燃料，等于改变了美国的能源结构。众所周知，美国是世界第一大石油消费国，且对能源的需求还会保持高速增长，因此美国始终对能源安全有所担忧，唯恐再次爆发 20 世纪 70 年代那样的石油危机，能源多元化有利于增加美国应对能源危机的能力，从卡特政府时期一直到现在的奥巴马政府，美国都竭尽全力把石油控制在手中。生物能源本身属于可再生能源，不像石油那样属于有限资源，因此从供需角度来看，生物能源供应有保障；另外，生物能源来源于农作物，相对成本低廉，而且粮食掌握在美国手中，美国本身又是农业大国，因此可以确保价格稳定。从能源品质来说，生物能源仅次于煤炭、石油和天然气，在所有能源中，生物能源于现代工业和现代生活都有很大的兼容性，对现有能源有很强的替代性。

其二，发展生物能源，意味着增加对粮食的消费，这对农业大国美国来说，对粮农是个利好，美国玉米产量和出口量都居世界第一，美国玉米产量占全球产量的 40%，出口量占全球玉米出口量的 60%。而美国农业高度机械化，玉米等粮食产量还可以有相当幅度的提高，因此，发展生物能源对美国农业来说是一个不小的促进，也能增加农民收入。

其三，美国的生物能源政策最主要的目的，就是对世界石油、天然气，甚至核能以及粮食产生影响，此点本书多有叙述，不再赘言。

其四，增加生物能源，也可以对美国以及西方的气候变暖宣传、碳减排、环境保护等产生积极影响。绿色植物的生长不但吸收大量的二氧化碳，而且还降低空气污染，减少酸雨等现象。

生产乙醇的主要原料是玉米，生产柴油的主要原料是大豆，所以，美国现在以及将来必将能时刻操纵世界玉米和大豆市场。所以说，美国新能源法案的推出相当于点燃了世界粮食和能源战火，之后的世界可能会狼烟四起。

美国自 2007 年超越巴西成为生物乙醇燃料最大生产国以来，继续向前发展，实际上已经是生物乙醇产业中的“海湾国家”。根据来自美国能源信息署的数据，2008 年，美国乙醇产量为 90 亿加仑，2009 年产量为 107.5 亿加仑，2010 年产量已经达到惊人的 132.3 亿加仑；其中 2009 年进口量为 1.93 亿加仑，2010 年为 970 万加仑；出口量 2010 年达到 3.97 亿加仑，比 2009 年增加了4倍。显然,美国又有了一条赚钱的路:生物乙醇。在美国之后,巴西现在仍是世界第二大乙醇生产国,2008年产量为64亿加仑;排在第三位的是欧盟,产量为7.336亿加仑;中国为5.01亿加仑,加拿大为2.37亿加仑。

根据2007年新能源法案的规定,美国正在加快乙醇调和汽油的比例和设备建设。至2009年2月,美国已有700万辆汽车在使用掺和了10%乙醇的汽油;同时,美国也在提供E85(即85%为乙醇,15%为汽油)的基础设施建设,未来各种比例乙醇调和汽油将越来越多,由此,美国将建立起生物燃油大市场——此举的意义不仅是美国增加了生物燃油的使用,由于美国是世界第一经济体,其市场标准往往会成为世界标准,欧洲、日本等会紧随其后采取类似的措施,进而导致全世界不得不采用美式标准。

巴西在使用生物乙醇燃油上比美国更进一步,其早在2001年就已经取消了对生物乙醇生产的补贴,因为巴西已经形成了市场。现在,巴西在乙醇调和汽油方面添加比例已经达到20%至25%,50%的汽车可以使用乙醇燃料,这样就不需要再依靠政府补贴生物乙醇制造,可以完全交给市场自行调节。

作为新兴经济体中的龙头,中国在这方面不但不能与巴西相比,也不能与美国看齐;不仅生物乙醇年产量很低,而且乙醇调和汽油的比例也仅有10%。

美国的做法往往就是世界的标杆——就在美国制定新能源法案的2007年,中国也推出了《可再生能源中长期发展规划》,在生物质能方面的规划是:"根据我国经济社会发展需要和生物质能利用技术状况,重点发展生物质发电、沼气、生物质固体成型燃料和生物液体燃料。""到2020年,生物质发电总装机容量达到3 000万千瓦,生物质固体成型燃料年利用量达到5 000万吨,沼气年利用量达到440亿立方米,生物燃料乙醇年利用量达到1 000万吨,生物柴油年利用量达到200万吨。""到2020年,生物燃料乙醇年利用量达到1 000万吨,生物柴油年利用量达到200万吨,总计年替代约1 000万吨成品油。"

尽管中国也制定了自己的“新能源法案”，但与美国、巴西不同的是，在生物质能源发展中，中国支持沼气、生物焚烧发电等，但却限制生物燃料，即鼓励非粮乙醇的发展，限制粮食乙醇的发展——美国有足够的玉米、巴西有足够的甘蔗，都可以用来制造乙醇，但中国无论是玉米还是甘蔗或者其他粮食，都不能说“足够”。其实就在2006年以前，中国的粮食乙醇产业还蓬勃发展，但在2006年年底，国际粮价持续上涨，中国意识到如果爆发粮食危机将对中国产生重大不利影响，于是迅速采取了限制措施。这年年底，国家发改委紧急出台了《关于加强生物燃料乙醇项目建设管理，促进产业健康发展的通知》，暂停对以玉米等粮食为原料制造生物燃料的核准和备案，同时对在建项目进行全面清理；另外还制定了《关于发展生物能源和生物化工财税扶持政策的实施意见》，称将建立风险基金制度与弹性亏损补贴机制，由此，原本四家乙醇定点生产企业的补贴从固定补贴转为弹性补贴。

美国对中国这样的新兴经济体作出的种种反应其实早有预估——西方通过制造气候谎言（全球变暖等，我认为这是弥天大谎，此观点后面再论）以及操纵石油价格等，频频为发展新能源制造借口。当粮食能源开始规模生产后，美国很清楚世界各国必然跟风效仿，这实际上对发展中国家，尤其是新兴经济体来说会产生巨大的副作用：工业化已经导致耕地减少，粮食减产，而粮食需求却比以往更大，这本身会造成粮食供不应求，必须要大量进口，在美国已经垄断全球粮食全链条的情况下，发展中国家实际上是在自投罗网。

现在，美国还在加大这一连环影响能力——美国现在已经建成14家乙醇提炼厂，另外还准备建80家。仅2006年美国就把4 200万吨玉米用来生产乙醇。而按照新能源法案，到2022年要生产150亿加仑乙醇的话，就需要1.8亿吨玉米——正是美国这一玉米—乙醇战略，导致全球玉米价格在最近10余年里连年上涨。由于玉米是基础性粮食，不仅是人类口粮，也是食品加工中常用原料和猪牛羊等养殖业的饲料用粮，所以玉米价格上涨自然引起了连锁反应，食品加工厂生产的面包价格上涨、养殖场出产的猪肉价格也上涨，等等，总之是“涨”声一片。

美国对该法案所能引起的变化了如指掌，对工业品价格的上涨并不担忧，这是因为美国拥有两手应对策略，其一，美国自20世纪90年代初期开始就大量进口各种工业品。美国虽为制造业大国，但其工业品出口总体价值低于德国，只在大型电子计算机、空间与航空工业、原子能工业、军火、先进的科学设备等尖端技术方面，以及某些复杂和大型工业设备等方面保持强势。相反，美国进口的主要工业品包括汽车、石油、运输设备、机械、矿石、金属、纺织品、服装和化学产品等，其中80%为制成品。以汽车为例，美国本身就是汽车制造大国，但其汽车长期维持大量进口，尤其是进口质优价廉的日本汽车。其二，美元自布雷顿森林体系解体以来，一直处在通胀之中，长期维持贬值，但它又是世界储备货币，因此可以依靠印刷美元来购买世界工业品。所以，美国并不担心工业品上涨造成美国财富外流。

此外，能源危机早在20世纪70年代就爆发了两次，而美国迟至2007年才推出能源法案，是因为美国构筑粮食的垄断地位需要时间。自20世纪80年代至2006年，美国利用约25年的时间，从一个单纯的农产品贸易大国（进出口均是）变成一个几乎垄断了粮食产业全产业链的帝国。

面对疯狂的美国，世界也只能一同疯狂。巴西、日本、印度尼西亚和欧盟都声称，到2020年，生物燃料要占整个能源消耗的10%，美国则说在2030年把这一比例提高到30%。然而，他们在谈论能源时慷慨陈词，充满了豪言壮语，但他们考虑生物燃料对粮食的冲击了吗？正如雀巢公司董事长包必达说："这是我们正在做的最疯狂的事……我们在生产生物燃料和为世界增长的人口提供粮食这二者之间，是不可兼得的。"

另外，生物燃料可以减少二氧化碳等"温室气体"排放的说法也纯属一个笑话——现代农业实际上是工业化农业，农业的每一个阶段都在使用大量的机械，消耗大量的能源，而且还增大了土地的压力，制造乙醇等生产过程同样需要消耗大量的能源，所以本质上并没有降低碳排放。以生物能源降低碳排放与其说是对自然环境的保护，还不如说是对环保主义者的嘲讽。

● 各种气候变化理论

粮食生产是一定要靠天的，因而，美国要想谋求建立粮食美元，就必须要首先研究气候，美国的这一战略构想就是建立在对全球气候的短期、中期和长期研究结论上。

对于粮食危机，另外还有一种解释就是气候变化导致人类自食其果。美国和欧洲宣扬全球气候变暖早已不是什么新闻，联合国政府间气候变化问题研究小组认为，全球气温很可能将持续升高5℃至6℃，而这样就会导致更加剧烈的全球性气候异常，全球所有国家都将无可避免地开始进入气候异常时代。那么，一个明显的结果就是，热带地区所面对的气候异常将更加严重，而热带地区又是全世界的粮食主产区——已经有明证：2005年，“卡特里娜”飓风袭击的是新奥尔良，而2008年“纳尔吉斯”飓风袭击的则是缅甸，它们的区别就在于，新奥尔良是一座城市，而缅甸受灾区则是重要的粮食产区。“纳尔吉斯”所摧毁的不仅仅是当年的收成，而且海水倒灌会使得这一地区数年内粮食产量受影响。

类似的气候原因所引起的粮食产量下降还有澳大利亚，2007年，澳大利亚等产粮大国出现干旱，粮食产量因此下降；此外还有非洲腹地，那里长期的干旱气候使得非洲许多地区人民食不果腹。

《2012》用令人震撼的视觉效果告诉你一个事实：世界末日并不遥远，很可能突然而至。《六度的变化：一个越来越热星球的未来》则从科学的角度说明：当气温上升6℃之后，地球就成了地狱。

地震、海啸、飓风、火山喷发、海浪淹没城市、大陆沉入海底、城市四分五裂，自然界能够发生的灾难都汇聚在了一起，这就是电影《2012》中绝对震撼的镜头；如果你不愿意读《圣经》，那么导演罗兰·艾默里奇就会给你重现《圣经》中“诺亚方舟”的一幕。

艾默里奇在接受采访时曾说："生死关头祈祷是没有用的，你会使出你自己最大的自救本能去爬到山头上，而不是在教堂里面祈祷，因为教堂的屋顶会塌下来砸倒你。"

电影《四根羽毛》中有句话说得很不错："上帝会把我们身边最好的东西拿走，以提醒我们得到的太多！"

已经90岁的詹姆斯·洛夫洛克在2009年出版了《消失的盖亚：最终警告》。世界顶级科学杂志《自然》评论说："就好像听到了BBC宣布世界末日到来一样。"

今天的科幻电影就像19世纪的科幻小说，具有科学预测性质，法国科幻小说之父儒勒·凡尔纳曾经预测出了很多东西：电报、电视、直升机、潜艇、火箭、探月飞船等。所以，法国科学院院士利奥·泰盛就说："现代科技只不过是将凡尔纳的预言付诸实践的过程。"

记得在读高中的时候，对玛雅人关于世界末日的预言还真有点半信半疑，那时距离2012年还相当遥远。而且我发现很多国家的文化里都有关于世界末日的预言，且时间上很相近，比如，玛雅人说是2012年，因为玛雅人的历法到这一年12月21日就终止了；法国预言家诺查丹马斯在《诸世纪》中说是在1999年7月；中国唐代预言书《推背图》也预言世界末日出现在2012年；甚至连大科学家牛顿也曾预言：他在1704年的一封信上说公元800年神圣罗马帝国查理曼大帝之后的1260年就是世界末日，也就是2060年；英国《每日快报》认为，2036年会有一颗名叫"阿波菲斯"390米宽的小行星撞到地球上……诸如此类的预言很多，且各有道理，都有其推理方式，除了诺查丹马斯的预言已经失效外，其余的还都有待验证。

IPCC也发出了一个关于世界末日的预言：如果人类继续放任二氧化碳等温室气体排放，那么到2100年，地球表面温度将上升4℃至5℃，结果是海平面上升半米，洪水和海水会吞没大片沿海地区，世界许多沿海大城市将成为海底城；与此同时，陆地表面大约有三分之一将成为沙漠，一多半以上的地区将持续干旱；在气温上升3.5℃的时候，大约有50%至70%的物种将灭绝，而人类社会为了争夺各种生存资源已经打成了一锅粥，甚至可能使用了核弹——这场景似乎比《2012》更可怕，在《2012》中好歹还有几艘诺亚方舟，还有南非洲大陆存在，人类还能找到一块栖息地，但在IPCC的预言里，人类根本就没有一块净土了。

《2012》、《后天》这类影片完美地再现了世界末日的景象，它用令人震撼的视觉效果告诉你这样一个事实：世界末日并不遥远，很可能突然而至——别以为好莱坞电影仅仅为了追求票房，同时也是一种刻意的、精心策划的宣传。唯一不同的是，好莱坞从来不用说教式的宣传方式，而是让你争先恐后地掏钱买票，让你在视觉受到巨大冲击的时候不自觉地接受好莱坞暗示：如果地球上的每个人再不行动起来保护地球，世界的末日这一天迟早会到来。

在哥本哈根大会上，首先播放了一个4分钟的短片，讲述的是一个小女孩在一大片龟裂的土地上，四周一片死寂，毫无生机，只有一个秋千孤零零地摆动。女孩抱着她心爱的毛毛狗玩具，突然之间，一阵地动山摇，干燥的土地猛然裂开一道口子，小孩惊骇不已，转身跑去，但乌云瞬间已经笼罩了整个天空，倾盆暴雨迎面而来，在女孩的身后，滔天巨浪狂奔着扑向她，当洪水席卷而过的时候，小女孩抓住了一根树枝，但这根树枝早已干枯，很快折断，小女孩就这样被巨浪卷走了。这个短片虽然仅有4分钟，但却很好地使用了好莱坞惊险效果，用一个女孩的被吞噬很好地做了一个气候宣传，其情其景宛如《2012》中的一个片断，绝对能引起人们心灵的震撼。

好莱坞一向都是西方尤其是英美两国的喉舌，且非常受欢迎。当然，进行气候宣传不能仅靠好莱坞，毕竟商业化的模式只能给大众一种暗示效果，因此西方还制作了很多正规的气候纪录片，如《难以忽视的真相》，片中美国前副总统戈尔向观众讲述保护地球的重要性；还有吕克·贝松监制的《家园》，采用航拍的手法，用细腻的笔调展示全球变暖的证据、过程和产生的一些不良结果，从而告诫世人，灾难正在向我们一步步走来；《愚昧年代》从地球的起源开始，讲述了随着人类文明的进步，人类也正在一步步破坏大自然的平衡；还有《野性欧洲》、《达尔文的噩梦》、《蓝色星球》、《蓝色星球上的难民》、《微妙的平衡——真相 》、《第十一个小时》等，都是从十分理性的角度，加上科学的数据，把气候、环境等变化呈现在你的眼前，让你感到触目惊心，从而不得不信。

在这些纪录片中，也许美国国家地理频道播放的《改变世界的六度》最能使我们明白灾难距离我们还有多远，因为它给出了具体的数字：如果地球平均温度再上升6℃，就会产生全球性的灾难后果，这是英国科学家马克·林纳斯给出的结论。马克·林纳斯是英国环保节目评论员，也是一名记者，他在3年的时间里走遍了世界各地，从西伯利亚到太平洋岛国，从中国内蒙古的沙漠到澳大利亚内陆沙地，从非洲草原到南美河畔，他用他的笔和摄影机详细记录了这些地方的环境变化，后来他把这些资料整理成一本书《聚焦：来自一个正在变暖的世界的讯息》；再后来，他藏身牛津大学的拉德克里夫科学图书馆，据说读了上千份科学报告，然后把这些资料和一些气候变化的科学数据结合起来，再次出版了一本书《六度的变化：一个越来越热星球的未来》，书中利用超级计算机模拟地球平均温度上升的结果：林纳斯以地球平均气温每上升1℃为一章，告诉人们每上升1℃地球上会产生什么后果，如海洋洋流循环产生变化、两极冰盖开始消融、极端天气经常出现、洪涝和干旱挥之不去、飓风经常光顾、人类疾病频发等，而这些就是未来100年内会出现的，且越来越严重，当地球平均气温上升6℃后，绝大多数物种都将灭绝。

西方政治要求全球公认气候正在变暖，于是好莱坞就制造了《2012》、《后天》等电影，用令人震撼的场面告诉人们，如果任由气候变暖将会给我们带来什么样的灾难——虽然人们并不相信这一天会突然而至，但却已经在内心中悄然接受了全球气候变暖的事实。如果说这些电影是娱乐节目的话，那么《六度的变化：一个越来越热星球的未来》这本书则从完全科学的角度告诉你地球每上升1℃的后果是什么，当上升6℃之后，地球就成了地狱。

当地球平均气温上升1℃时，美国的粮食基地内布拉斯加州将重新变回6 000年前的样子，那时候那里是一片大沙漠，因此那里出产的鲜美牛肉将不复存在。不过，与内布拉斯加州正好相反，世界上最大的沙漠撒哈拉地区可能也会回到6 000年前，那时那里是水草丰美的草原，埃及壁画中狩猎的情景重现眼前。如此说来，上升1℃看来不全是灾难，至少对非洲来说是件好事。

当地球平均气温上升2℃时，林纳斯说欧洲就会重现2003年热浪袭人的场面，或者说等于出现了印度气候。那时格陵兰岛上的冰盖全部消失，全球海平面上升了7米。这样的推测不是凭空想象，在125 000年前地球平均温度就比现在高1℃至2℃，结果就是这场面。这时候全球粮食产量会严重下降，大约三分之一的物种会灭绝。

当地球平均气温上升3℃时，地球就失去了自我调节能力，温度会失控，这时南美亚马孙雨林频频遭遇大火，最后会被烧光，变成一片沙漠。计算机模拟结果还显示，这时世界上很多地方都变成了沙漠，而印度和巴基斯坦还因为抢水而开始战争，世界上更多的地方也被海水淹没，整个世界到处一片混乱。

当地球平均气温上升4℃时，北极就变成了海洋，储存在南北两极冰盖中的二氧化碳也被释放到大气中，这又加重了温室效应，这时伦敦的气温达到45℃。

当地球平均气温上升5℃时，人类文明解体，世界进入了诺亚方舟时代。

当地球平均气温上升6℃时，95％的物种灭绝，应该是回到了地球生命刚刚开始形成的时代，大气中充满了甲烷和硫化氢，一道闪电就能引起一阵大火。

另外，日本著名学者山本良一于2008年也写了一本名为《2℃改变世界》的书，书中给出了IPCC提供的气候变化数据：从1861年至今，地球表面平均温度上升了0.6℃；在此后的100年里，地球平均气温还会上升1.4℃至5.8℃。山本良一在书中首先提问：很多人都知道气候在变暖，但气候变暖会带来什么样的后果，你知道吗？很多人确实并不知道。山本良一重复了一些马克·林纳斯的结论，只不过更强调在气候变化中2℃是一个临界点，即超过这个值之后，全球气候将不可逆转，因为这超出了地球自身的调节能力，也就是说，地球到时候就会高烧不退。

马克·林纳斯和山本良一预言当全球气温上升2℃时全球就将毁灭也得到了科学的佐证，2009年12月，《自然》杂志刊登了美国哈佛大学和普林斯顿大学研究人员联合撰写的一篇论文，说他们重新研究了地球上一个间冰期的情况，发现在125 000年前地球海平面比现在高出6.6米至8米，那时的温度就是比现在高出1℃至2℃。

其实，在林纳斯之前，早在1969年，英国科学家J.E.洛夫洛克就提出了一个“盖亚理论”，这个理论倒是可以很好地与“六度理论”联系起来。“盖亚”是希腊神话中的大地女神，洛夫洛克形容说，地球就像是一个细胞体，大气层相当于细胞壁，空气相当于细胞液，地球相当于细胞核，人类和生态系统相当于细胞液中的各种物质。稍微想想看，洛夫洛克的比喻还真是那么回事，整个地球系统就是一个细胞系统。“盖亚理论”和“六度理论”不谋而合之处是给出了这样一条信息：整个地球是一个生命系统，这个系统有自我调节能力，但这个能力很有限，一旦超出了限度就难以逆转。

● 地球变暖是欺世大谎

> 但是，全球气候变暖是真实的吗？我个人认为，这是一个弥天大谎，其目的在于利用气候谎言为美国控制粮食、石油、新能源以及研制气候武器等造势。

在哥本哈根会议上，有黑客公布了英国气候专家的电子邮件内容，揭示导致全球气候变暖的真正原因并不是人类活动，而是地球内部变热。

在哥本哈根会议（2009年12月7日至18日）前，就在全世界人民为气候变暖而焦虑的时候，突然出现了“气候门”事件。2009年11月12日，英国广播公司报道说，英国东安格利亚大学气候变化中心近日发生了邮件泄密事件，该中心的电脑遭到黑客入侵，黑客把气候变化领域里英美一些权威科学家的1 000多份电子邮件和3 000多份内部文件公之于众，这些邮件的内容显示，英美一些科学家相互协商，篡改了研究数据，然后重新做出统计，目的是为了夸大全球气候变暖的影响。

《联合国气候变化框架公约》对“气候变化”的定义是：“经过相当长一段时间的观察，在自然气候变化之外由人类活动直接或间接地改变全球大气组成所导致的气候改变。”关键就是后一句中的人类活动究竟是否“直接或间接”地改变了全球大气？在哥本哈根会议上，有黑客公布了英国气候专家的电子邮件内容，揭示导致全球气候变暖的真正原因并不是人类活动，而是地球内部变热。但无论怎样，这件事顿时让全球变暖这个原本全球共识的大事变得灰蒙蒙的，似乎掩藏着什么。

出了这件事后，美联社用了一种看似很公正的手法做了报道——对全球变暖的支持派和怀疑派都做了报道，首先它在2009年12月6日转述了怀疑派挪威奥斯陆大学教授胡姆隆的话：“人类的确看到气候变化，但是这也没什么大不了，因为在这个星球上，一直都存在气候变化。”然后在12月7日又转述了《联合国气候变化框架公约》秘书处执行秘书德布尔的话，称关于全球变暖的结论还是可信的。

关于全球变暖究竟是不是谎言，我也学美联社用一种公正或者至少看似公正的方法，把两方面的主要观点以及气候问题的主要疑问都摆到桌面上。“怀疑论”主要是三个疑问：喜马拉雅山冰川真的会在2035年消失吗？全球变暖一定是二氧化碳惹的祸吗？全球变暖一定是坏事吗？“支持论”主要是三大证据：地球真的要发烫了；海水正在变酸，陆地物种搬家；格陵兰岛的冰川正在消融。

作为联合国气候峰会的基本数据，IPCC的《2007年全球气候报告》是哥本哈根会议的基础性气候研究结果，其中有关于喜马拉雅山冰川将在2035年消失的结论，报告说：“喜马拉雅山冰川正在以超过世界其他任何地方冰川的速度减小，如果按照现在的速度继续发展，到2035年或更早，它们消失的可能性是非常大的。”撰写《2007年全球气候报告》这一章节的是伦敦咨询公司风险管理咨询公司的研究部主任罗伯特·缪尔伍德，他是在2006年写的这篇论文，虽然此前他一直受到尊重，也是灾害问题的专家，但这种身份不能担保他的结论就是正确的。

这个结论在哥本哈根会议上被引用，成为讨论的核心内容之一，结果遭到世界上许多科学家的质疑，说这有点太荒谬。于是，报告的起草人之一、法国拉普拉斯研究所负责人埃尔韦·勒·特勒在2010年1月25日辩解说："他们看的是一本厚书的一个章节里的某一句话，甚至都没有试着把句子放到整体中来看。"这本书的确很厚，共有2 600页，不过，不管特勒指责其他人怎么断章取义，我总觉得特勒倒是有点没有把这几年的气候数据放到厚厚的几百万年来地球的气候变化资料中去。后来英国《星期日泰晤士报》揭露说，其实这个结论并不是经过科学家证实的结论，而是1999年《新科学家》杂志刊登的一个新闻，根本不是真正的气候结论。而且IPCC2009年的报告中还有不少是未经科学家证实和未经公开发表的结论，当时IPCC准备在哥本哈根会议上提出这个报告的时候，就有两名负责审查的气象学家不支持这样做，因为他们很明白，这也许能欺骗公众，但欺骗不了同行。结果果真引起一片争议。比利时卢万天主教大学的气候学家让-帕斯卡尔·依佩尔塞勒说："我们将重新评估证据并根据最新发现就自然灾害与极端气候问题发表一份报告。"

这件事弄得IPCC负责人拉金德拉·帕乔里很尴尬，于是有人要求他辞职，但他拒绝了，他只是表示很后悔把罗伯特·缪尔伍德的论文放进报告里，不过他还坚持说，预测错误不能掩盖全球气候变暖的事实，"理性的人……能够看到较全面的形势。他们不会因为这一错误而产生混乱。当然，错误是令人遗憾的。我不打算辞去我的职务"。

帕乔里辞不辞职其实无关紧要，世界上有很多领导者都犯了错，而且有的还犯了很多、很大的错，但他们仍坚持不辞职，所以再多一个帕乔里也不算多，但是IPCC的报告可是很多国家政府决策的依据，如果其结论中含有错误，那政府制定的政策也就会出错，结果就是不知有多少人会付出代价。

《星期日泰晤士报》一针见血地说，IPCC利用这个结论得到了数十万乃至上百万的研究资金，恐怕这才是帕乔里不肯辞职的真正原因，他在印度新德里能源和资源研究所申请了大笔的研究经费，仅从卡内基基金会就得到了31万英镑的资金；另外，欧盟拨给气候研究的250万英镑中也有一部分给了帕乔里。看来，有钱的确能让人胆大，这种面对全世界的谎他都敢撒！

那么，全球变暖一定是二氧化碳惹的祸吗？

在哥本哈根会议前，美国的《芝加哥论坛报》也在怀疑气候究竟有没有变暖，该报说："气候变化是一个被政治家操弄的科学问题，但他们坚持的只是政治原则而非科学精神。"

如今，气候变暖是一个全球"政治正确"的结论，是主旋律，但既然有主旋律，那就一定有非主旋律，那么，我们就看看这些"反动派"们说些什么。

69岁的俄罗斯著名天文学家哈比布拉·阿卜杜萨马托夫是俄罗斯科学院天文观测总台宇宙研究室主任，他认为导致全球气候变暖的主要原因是太阳活动，人类对大气的影响非常微小。阿卜杜萨马托夫还展示了全球20个国家140位科学家在12月8日向联合国秘书长潘基文发出的公开信，信中质疑全球气候变暖。阿卜杜萨马托夫是第一个在这封信上签名的。

阿卜杜萨马托夫在接受记者采访时说，近些年全球变暖是事实，但这是因为最近一段时间内太阳辐射急剧上升的结果，1998年至2005年太阳辐射达到了峰值，这让地球海洋表面温度上升，也产生了大量二氧化碳气体，而人类所制造的二氧化碳气体与海洋释放的二氧化碳气体总量与之没法相比。

他还指出，太阳活动存在一个200年的大周期和一个11年的小周期，这些周期变化对地球气候产生了决定性的影响。阿卜杜萨马托夫这时候给出了一个非常好的例子：太阳周期活动不仅导致地球大气温度上升，也导致太阳系其他星球大气温度的上升，比如火星，美国国家宇航局也发现，1999至2005年火星大气也发生了全球变暖，可是至今没有发现火星人的活动，这就不能说火星人也制造了大量二氧化碳了。

其实，地球因太阳活动已经产生了多次气候周期性变暖和变冷，阿卜杜萨马托夫给出的证据就是，科学家们在格陵兰岛和南极大陆获取了3 000米的冰芯，结论是全球变暖早在工业革命前就已经开始了。

《英国皇家学会学报》在2009年12月也刊登了一篇论文，称宇宙射线才是地球变暖的主要原因。其实就是气候灾难大片《2012》中导致全球灾难的也并不是所谓的温室气体，而是太阳中微子爆发，结果地球就像是被放进了微波炉里加热，最终才导致冰川融化、地震、海啸、火山喷发等现象发生。

另外，也有人认为，我们过分怪罪二氧化碳了，甚至可以说是在栽赃，他们的证据是，1850 年海洋储存二氧化碳的能力很强，但后来气候变暖导致海洋温度上升，才使得海洋中的二氧化碳被大量释放到大气中，所以应该是气候变暖导致了二氧化碳上升，而不是二氧化碳浓度增加导致了气候变暖。

美国《地球物理学研究通信》在 2009 年 12 月也发表了一篇文章，说美国宇航局的卫星数据表明，他们发现大气层中的水蒸气的温室效应要大于二氧化碳的温室效应——如果这个结论正确，那人类可就要犯一个大错了，比如要使用清洁能源中的氢作为燃料的话，那么其燃烧结果就是产生水。如果全球大量使用氢燃料，那就等于大量制造水蒸气，结果的确没有增加污染，但却实实在在改变了大气层中的水蒸气含量，结果会怎样？那就是水蒸气对温度的影响更大，结果很可能是降雨和洪水、台风等各种灾难增加。

阿卜杜萨马托夫最后全盘否定了气候变暖，他认为温室效应与人类工业活动之间的必然因果关系并不成立，因为实在是缺乏两者存在必然联系的证据。

最后，这位可敬可爱的俄罗斯老学者连全球变暖这个大趋势也给否定了，他说未来全球气温会下降，因为太阳的活动正在减弱，太阳对地球的辐射也就在减弱。他还给出了具体的时间：2012 至 2015 年全球气温开始下降，在 2041 年或者 2042 年太阳对地球的辐射值达到最小；2055 至 2060 年全球温度达到最低。也就是说，在 2012 年后全球就会经历长达半个世纪的降温期，最冷时全球平均气温比现在降低 1℃至 1.5℃——这又是什么概念？全球平均气温上升 2℃海平面就上升了 7 米，那要是降低 1℃至 1.5℃呢？海平面是不是要降低几米了？

俄罗斯《真理报》就指出，“人为暖化论的缺陷在于主要看重过去 1 000 年来的气候记录，忽略了过去百万年来的其他各种资料，过于偏颇。”

美国国家冰雪数据中心的数据显示，从 2007 年起，北极夏季海冰面积已增加了 40.9 万平方英里，这是谁也反驳不了的，那么，那些坚持说北极海冰在 2013 年就会完全消失的人又会怎么说呢？

另外，还有怀疑论者认为，地球本身就有冰期和间冰期，现在是处在间冰期，所以全球气候变暖是很正常的事，这种逐渐升温的趋势会一直持续到下一个冰河期，人们根本就没必要大惊小怪。

《环球时报》2009 年 12 月 11 日第 19 版文章《全球变暖，谎言还是事实?》中提到，在哥本哈根会议召开期间，会场外就有人散发传单，有些传单上的标题很醒目地说气候变暖是一个惊天大骗局，“人类活动造成全球变暖似乎还不是一个板上钉钉的事实”。这个散发传单的组织名称也很有意思，叫做“哥本哈根丑闻”，他们说投机者在炒作全球气候变暖，因为这可以给投机者带来数额巨大的利润和非常多的投机机会，而且更居心叵测的是，这些炒作者如果达到目的，那么全球产品会下降，新增的人口也会被视为新的“污染源”，可能会导致全球人口下降，所以“全球变暖问题引发了新的种族屠杀”。

● 气候问题的实质

全球气候变暖是一个彻头彻尾的弥天大谎，其根本目的是阻止发展中国家迅速崛起，以便发达国家控制粮食。

2009 年 12 月 18 日，国际移民组织在哥本哈根会议的最后一天警告说：“气候变化和环境退化已在全球范围引发迁徙或转移。”这个组织说，现在世界上最贫穷的国家已经在经受移民的冲击，其中有很多人都是因为环境恶化被迫背井离乡的，“气候变化、人口发展趋势以及全球化都表明，未来移民群将会增多”。他举例说，马里有很多气候难民，他们因为干旱不得不离开耕种的土地；还有亚洲的许多国家，洪水淹没了很多农田，农民们不得不进城寻找生存的机会。

其实，在人们争论全球变暖的根本原因时，“反动派”中也有人在怀疑“灾变说”，即怀疑气候变暖一定会导致灾难吗？当然，他们不会幼稚到怀疑气候变暖会导致海平面上升，但在一些海岛被淹没的时候，对一些高纬度国家来说，结霜期会缩短，农作物的生长期也就延长，举例来说，中国东北这个粮仓就是得益者。怀疑者也不仅仅是凭空想象，他们也有证据，比如人类历史上在 10 至 13 世纪时气候就曾经变暖，于是农耕民族开始大举向北迁移，开垦了大量农田，这是一个从亚洲到欧洲的普遍现象，并不局限于某一地，因此这是一个历史事实。而且，当时的历史也表明，气候变暖所产生的灾难也并不明显。

其实怀疑"灾变说"的人倒是更让人觉得他们在一分为二地看问题，而不像坚持"灾变说"的那些人那样绝对化，看来他们的辩证法学得不错，"灾变说"的人有点极端化。我们天天在讲科学，不仅我们国家讲究科学发展观，就是世界也崇尚科学，但我们中究竟有几个人能真正用科学的思维思考一下呢？现在所谓全球变暖的这个大结论，全部来源于气象学家们对各种气候模型的分析，但是我们的气象预报连明年究竟是干旱还是洪涝都预测不出来，又怎么能预测出几十年、上百年后的气候情况呢？

除了在全球变暖问题上出现了"气候门"事件外，联合国资料曾多次被人操纵，目的就是使某些议案获得通过。比如，在 1998 年刚果（金）战乱时，联合国就采用了国际救援委员会的一份报告，报告称大约有 540 万人死于这场战乱，但后来加拿大西蒙·弗雷泽大学的研究表明，实际上这场战争的真实死亡人数为 200 多万，不到联合国报告中的一半。英国广播公司报道说，联合国可能有意不去核实这份报告中的数字，目的是让成员国赞同联合国向刚果（金）派出维和部队。另外，联合国艾滋病规划署也曾被一些独立的专家质疑，说该规划署可能夸大了艾滋病的严重程度，目的是让各国政府加大对艾滋病治疗的投入。结果，在 2007 年，联合国被迫承认了确有其事，说他们多年来高估了艾滋病的传播速度和范围，然后改口称最近这 10 年艾滋病的扩散势头正在放缓。虽然刚果（金）战乱死亡了 200 万人也够吓人的，艾滋病也的确很凶猛，但联合国作为最具权威的国际组织夸大数字怎么说也不应该，即使动机很好，也是一种造假。

不管怎样，人们最关心的还是气候变化的根本原因。在这方面，IPCC

说，他们有90%的把握可以确定人类是全球变暖的重要原因，也就是燃烧了大量石油和煤炭。

其实，早就有科学家对全球变暖产生怀疑，只不过这些反对的声音太微弱了，全球早已相信气候变暖是一个真理，反对者几乎都被当成了异教徒。实际上，对比起来，反对者更理性，毕竟他们要反对的是绝大多数，这就像伽利略当时用木球和铁球在比萨斜塔上进行实验一样，要经过缜密的思考才能拿出结论。

当全球变暖的支持者制造了大量灾难片、纪录片的时候，反对者也制造了一些纪录片，比如有部片子就叫《全球变暖大谎言》。我记得中学时我们的课文中有一篇文章，写的是中国气象学家竺可桢，当时还赞扬他有力地反驳了西方全球气候变暖的谬论，今天不知道这篇语文课文还在不在。在《全球变暖大谎言》中就有一些大气物理学家、地质学家、天体物理学家、地球物理学家、气象学家出面反对全球变暖，他们并不否定最近这200年来全球气候总体趋向变暖，但他们认为真正导致全球变暖的并不是温室气体，而是太阳黑子活动。他们说，人类活动所产生的二氧化碳等温室气体总量不到大气二氧化碳的1%，而二氧化碳在大气中占有的比例不到0.054%，也就是说人类制造的二氧化碳在大气中占有的比例微乎其微，就这点二氧化碳根本不会产生什么温室效应。另外，人类工业活动最繁忙的时候是在1940至1975年，这期间排放了大量二氧化碳，但同期地球平均气温却下降了。此外，反对者还拿出了历史数据，表明在中世纪时全球平均气温比现在还要高，但那时人类活动制造的二氧化碳更少。所以说，全球气候变暖是一个彻头彻尾的弥天大谎，其根本目的是阻止发展中国家迅速崛起，以便发达国家控制粮食。

这就像是有一条街，有个商人对全街的人说，过几天就一定会有土匪来抢劫，所以每个人都要承担一定的任务，负责防范土匪，这就要这条街上的每一个人都要放弃部分手头的生意，而这时这个商人却在大家忙于防范土匪的时候，开始忙着更换自己的产品，当大家发现所谓的土匪来袭不过是一个“狼来了”的故事时，市场已经被这个商人抢占了很大比例，他成了垄断者。

问题是,“狼来了”的故事很多人都听过,所以人们并不傻,而且商人们都很聪明,当他们听到这个商人宣传土匪来袭的时候,都明白这是一个谎言,不过他们都聪明到谁也不揭穿,而是跟着一起喊。为什么?因为他们都清楚,在帮忙扩大谎言的时候,他们也就有可能像那个商人一样,多抢占一份市场。

更大的问题是,全街的商人都很聪明,谁也没揭穿,于是这个谎言就成了将来一定会出现的“事实”,结果大家谁也没有相信,但大家却都在遵守两个原则:(1)不揭穿这个谎言;(2)利用这个谎言互相制衡。于是大家制定了一个共同的协议,规定每个人都要为防范土匪作出贡献,然后大家都开始遵守这个协议,开始各自忙碌。

只不过,问题的核心是,大家都心知肚明,但个人财力不同,各家店面大小也不同,因此遵守协议的程度也有所不同,各家都明白,其实这场所谓的土匪来袭,就是一场生意场馆的升级换代,由小作坊升级为工厂,谁先升级为工厂,谁就能率先抢占市场。这就像是《帝国时代》这款游戏,谁先从石器时代升级到铁器时代,谁就能获得优势;谁先进入帝国时代,谁就能成为霸主。

所以,只有诚实的科学家们才怀疑这场全球气候变暖的真实性,而从没有一个政客对此表示怀疑,从这方面来看,科学家们才是最可爱的人。

竺可桢的课文有没有已经不重要了,重要的是中国不再与西方争论全球气候变暖的真假,而是加入到游戏中,因为如果中国不参加,那就失去未来参与市场竞争的资格。其实西方国家根本不在乎世界上其他国家是否相信全球气候会真的变暖,只要政治家们清醒就行了。所以,这是一场经济革命前的由西方发达国家制定规则的游戏,大家谁都没信,但都非常认真地参与其中。

● 控制气候

人类未必能控制全球变暖,但却一定能先制造出气候武器。有了气候武器，美国是不是就成了上帝？届时，除了制造气候灾难外，美国还可以把天灾人祸当期货卖。谁率先掌握了影响天气的技术，谁就掌握了控制他国生死的手段。

2010年夏季，俄罗斯大部分地区经历了历史上少有的高温干旱天气，引发了严重森林与泥炭火灾，对粮食生产也产生了一定影响。俄罗斯外交部和俄罗斯新闻社出版的《国际事务》杂志刊载了俄罗斯战略文化基金会副会长安德烈·阿尔谢夫的一篇文章，他认为，“目前，气候武器可能具有了他们设想的威力，可以引发干旱，减少粮食作物产量，并在某些国家导致各种异常现象的产生”。他说，位于阿拉斯加的“高频主动极光研究项目”的真实目的其实是研制新的大规模杀伤性武器，“以此破坏相关国家的生态和农业环境”。美国国防部2010年发射的X－37B无人驾驶航天器上携带着激光武器，可能是美国的气候武器中的重要组成部分。

2011年夏季，美国多处地方刮起龙卷风。美国中部是辽阔的大平原，本就是龙卷风之乡，但这一年出现如此频繁、且危害巨大的龙卷风似乎有些异常。气象学家们将此归罪于厄尔尼诺或者反厄尔尼诺现象，但是在2011年5月，“You Tube”网站上出现了一个视频采访，该网站高级用户“the green eye”在采访问答中揭示说，不久前发生在美国密苏里州乔普林市的龙卷风和发生在亚拉巴马州塔斯卡卢萨市的龙卷风其实与军方设在阿拉斯加州的一个绝密项目有关，随后，有些媒体也认为，美国多发龙卷风很可能与阿拉斯加州的秘密气象实验基地有关，甚至推测，该项目甚至与日本大地震也有关联。

这个基地实际上已经不是绝密，因为早在冷战期间就已经存在，虽然没有确凿证据，但种种迹象显示，很多地球灾难都与这个基地或多或少有联系。这个基地是由美国海军、空军和阿拉斯加州大学共同建设的。项目负责人伯纳德·伊斯特兰说，这个项目科研的目的是寻找更便捷的通讯系统，但实际上世界上一些军事机构早就清楚，美军是在研究能导致地球气候环境异常变化的“气候武器”，也称“末日武器”。因为气象异常会导致重大自然灾害，而这既能打击敌对国家，又不负战争责任，气象变化导致的灾难可以归因于自然。

这并非异想天开，稍懂地球物理的人都知道，在海平面以上 60 至 1 000 公里高度内的大气在太阳光中的紫外线照射下，会产生电离现象，形成一个电离层，其内含有大量正负离子和自由电子。由于太阳活动相对平稳，因此电离层也相对平稳，它对无线电通讯至关重要，因为电离层能反射无线电波。但是，当太阳活动异常的时候，电离层也会产生相应的变化，这就对卫星转播信号、无线电通讯以及电话信号等都产生影响。电离层的状态不仅受太阳紫外线的影响，地面也可以通过高频电磁波束对其进行干涉，只要掌握了电离层的运行，就可以在适当时刻加入干涉，就会产生预想的结果。由于电离层相当于地球大气层的一层保护膜，对其进行干涉，就可以影响地球大气的能量运行，当能量运行失去平衡后，就会产生灾难性气候。

利用气候进行打击，早就不是什么新鲜事。在越战期间，美军就曾使用碘化银、干冰、碘化铅等制造倾盆大雨，阻止越南人民军向南方运送武器弹药。只不过，目前阿拉斯加基地这项“气候武器”技术还很不成熟，无法完全人工控制能量级以及作用方向，但至少已经能制造出相当效果。

人类未必能控制全球变暖，但却一定能先制造出气候武器。有了气候武器，美国是不是就成了上帝？届时，除了制造气候灾难外，美国还可以把天灾人祸当期货卖？谁率先掌握了影响天气的技术，谁就掌握了控制他国生死的手段。

当全球变暖变成“政治正确”的“主旋律”后，就会有人想方设法为地球降温，问题是：第一，全球变暖如果是地球正常的周期活动，变暖未必是坏事，这些疯狂之举才会真正干扰地球的正常活动；第二，我们人类的科学预测水平其实还非常有限，各种疯狂之举所引起的结果未必能如我们所料，产生不可预料的结果远远大于预料的结果，这就像是让乘客登上一架未经测试的新型客机，谁知道会不会坠毁？

理工科的大学生都知道，近些年西方兴起一门课程，名叫地球工程学，顾名思义，就是把地球当做一个工程来做，够宏大吧？也够危险！

我年轻的时候很爱玩“红色警戒”这款游戏，后来这款游戏又出了升级版，其中俄罗斯最凶猛的战略武器是核弹，美国最厉害的战略武器是闪电风暴也就是气候武器——其实全球变暖是一个非常非常宏大的大骗局，其宏大的程度远远超过绝大多数人的智慧，其中隐藏着无数个子阴谋，比如影响气候的“地球工程学”，精通这门课程的人很清楚，谁率先掌握了影响天气的技术，谁就掌握了控制他国生死的手段。其实说起来道理很简单，就像是核技术，既可以用来发电造福于人类，也可以制造核弹毁灭人类。控制气候的技术也一样，既可以让干旱地区下场甘露，也可以让寒冷地区雪上加霜，让不利的气候变成极端气候，而且这项技术还神不知鬼不觉——中国南方如果再发生 1998 年那样的洪水，你不能怪罪美国，但也许就是美国的气候工程师们搞的鬼。这些在某些愚蠢的人看来总认为是科幻小说，其实对科学家而言，这就是明天的武器。可以预测到的一个事实是，人类未必能控制全球变暖，但却一定能先制造出气候武器。

不仅是美国，其他发达国家也在研究气候武器。

德国联邦政府的教育与研究部和德国科学基金会共同策划制订的未来 15 年(2000—2015)的超大型地球工程学研究计划，其中包括“全球气候变化：起因与影响”、“地下管理”等，这些计划在 2000 年 3 月已经开始招标，德国联邦政府为此投入了 5 亿马克。参与这些计划的有波茨坦德国地球科学研究中心、阿尔弗雷德-魏格纳极地和海洋研究所、美因茨大学、慕尼黑大学等。就气候变暖方面，德国科学家说，地球工程学可以有两大类办法：一是通过控制太阳辐射减少地球吸收太阳辐射量，从而达到降温的作用；另一类办法是通过吸收空气中的二氧化碳，主要是碳捕捉技术和碳储存技术，还有强化风蚀技术、海洋施肥、造林等。为此，德国美因茨大学的科学家在阿尔卑斯山上建了像屏风一样的装置，长 15 米，高 3 米，位于海拔 2 300 米的高度。这个装置的作用就是让风改变方向，使其吹过冰川，这样冰川表面温度就会降低，融化速度也就会减慢。

为了能更好地研究全球气候，德国汉堡的气候变化研究中心建成了一台超级计算机，名为“暴风雪”。这台计算机重达 35 吨，光电缆线就长达 50

公里，运算速度达到158万亿次/秒，比此前世界上最快的超级计算机还快60倍。德国人很骄傲，说它连龙卷风和海洋中最小的涡流都能模拟出来，因此不仅能用来模拟气候模型，而且还能用来计算出冰川和植物对温室气体和气候变化的影响——但这台计算机能不能用于研究气候武器呢？答案是，它是非常好的研究平台。

与此同时，英国皇家学会也评出了九项地球工程学技术：碳捕捉技术、强化风蚀法、造林法、平流层喷雾法、空基反射法、制云反射法、生物碳法、海洋施肥法、地表反射法。这其中就有将来可以用于军事用途的技术，比如空基反射技术，就是在地球轨道上部署多面镜子组成一个"太阳盾"，用来减少太阳对某地的辐射，从而使得这一地区降温。这是一个军民双向技术，既可以为夏季的北京热浪降温，也可以重现2008年中国南方的冰雪灾难——假设美国率先在地球和太阳之间建成了这一"太阳盾"，那么当美国某地遭遇热浪袭击的时候，美国人只要转动一下鼠标就可以让"太阳盾"转移一个角度，从而使得该地区降温；再转一个角度，就可以让敌对的某地出现灾难性降温。同理，如果能制成"太阳盾"，那么也可以制成"聚光镜"，即利用镜面反射原理，将太阳光集中照射某一地区，这样就可以使该地温度上升，结果就可以制造大旱。

再来说说地震武器。

其实，自从人类开创了文明，就一直在蛊惑上帝，谋求其掌控自然的魔法。

差不多每隔一段时间人类就会掌握更为先进、强大的武器，到了核武器时代已经达到了可以凭借一种武器毁灭全世界的程度，人类第一次因一种武器的出现而时刻面临毁灭的威胁。核武器也第一次成为制衡国际关系的"毁灭因素"，以致由于这种武器的巨大威力而只能成为安全战略的"最后一张牌"，一张互相毁灭的牌。

能不能借助上帝之手呢？这样做的好处是既达到了毁伤对方的战略目的，也达到了避开明目张胆的战争行为的目的。在地球物理学中，地球本身是一个巨大的系统，在这个系统中大气层、离子层和磁层互相有着密切的关系，一个因素的改变就会直接改变另外一个因素，如人可以通过在大气层中人为制造等离子体的手段来干预地球磁场的变化。这样做的目的就是在敌对国领土内形成灾害性天气，看起来就是一场自然灾害，但实质是对手释放的魔法。俄罗斯很早就知道了美国在进行这方面的研究，而且也是很早就开始了类似的研究，只不过俄罗斯在苏联时期由于国家财力有限而并没有在这方面进行大规模的投入，仅仅是一直注视着美国的研究动向，保持一种警惕而已。

在“二战”时，日本挨了美国两颗原子弹被迫投降，其实苏联也曾有一项比美国人更狠辣的招数，那就是往日本富士山口里投掷爆炸力巨大的航空炸弹，目的是引发日本的大地震，但苏联高层觉得这项计划不确定性实在太多，所以最终没有采纳，否则“日本沉没”很可能早早就上演了。

1961年，苏联在北极圈新地岛进行了一次5 000万吨级热核实验，后来克格勃给赫鲁晓夫送来一份报告，称这次热核试验导致了在新地岛不远处的一艘美国潜艇受到冲击波冲击，受损严重，差点沉底。后来又有消息说，美国人很担心苏联在美国海岸深水区海底进行热核武器爆炸，因为这可能会引起海啸，冲击美国海岸。但苏联研究后认为，这样的可能性很小，因为北美大陆架延长线很长，也没有足够的深水区。

不过，苏联此时也成立了“大地构造武器”研究部门，由苏联科学院院士安德烈·萨哈罗夫领导，美国差不多也在同一时间成立了差不多的部门，从20世纪70年代起美国就制订了“高频活动极光计划”，也就是利用地球物理学原理人为干涉电离层，从而制造极端天气，这样就能引起干旱、洪水和飓风等。天气武器和地震武器一样，都很强大、很隐蔽。俄罗斯人指出了美国人的气候武器基地，这就是位于美国阿拉斯加州安克雷奇市以北400公里处的一个实验基地，这里是一片北极苔原地，耸立着数千根25米高的天线，这就是“高频活动极光计划”，是由美国海军和空军联合建设的——既然美国和俄罗斯都建立了气候武器基地，那就必然会进行试验；既然进行了试验，就必然会引起后果。这个逻辑应该是正确的。

其实，美国、俄罗斯很早就已经在研究地球工程，其中也包括地震战略，在“红色警戒”游戏中也有这样一款战略武器，即在地球的某一个特定地点制造地震波，这可以引起地球另一地区的大地震，美国已经能做到并且曾经制造过，结果引起苏联远东地区的一些地震，只不过这项技术还不成熟，无法精确控制地震的具体地点。

早在20世纪60年代，苏联就进行了一系列核试验，结果没想到引发了伊朗、芬兰等国的地震。这种地震不是在核爆的当时发生的，而是在几天之后，地震地点也不是核爆地点，而是距离核爆地点几百公里甚至上千公里之外。当时，苏联和美国都已经注意到了核爆炸能够引起地震这一现象，有时地震产生的危害比核爆炸本身的危害更大，这用于军事可就太好了。为此，苏联和美国都研制了一种地震炸弹，能够在地下爆炸，产生的冲击波能够引起地震和海啸。

20世纪70年代，克格勃发现，美国人正在太平洋里四处活动，探寻太平洋深处的地层断裂口，这意味着美国人正在绘制地球地层断裂带的精确图，如果一旦开战，美国就会从这里投掷核弹，从而引起苏联地震。苏联人急忙也开展同样的工作，并且还预先埋设了两枚核弹，这样开战后就可以直接引爆，节省了部署核弹的时间。

1979年，苏联科学家伊克拉·克里莫夫与阿塞拜疆科学院合作，开始了代号为“墨尔库里斯-18”的项目研究，这是一项地球物理学武器研究项目，实际就是在研究地震武器。苏联人在这方面已经取得了非常了不起的进展，他们甚至已经完成了地震的“定向爆破”理论研究。他们发现，一次地下核爆后，能量会传到预定的地震震中位置，但不会引起地震，而是将能量积蓄在此地，此后如果再进行一两次地下核爆，预定的震中就会发生地震。实际上第一次核爆就相当于把一块大石头推到悬崖边上，但不会掉下去，第二次核爆就可以把石头抛下悬崖。

1987年，苏联又制订了“水星计划”，这个计划堪比“曼哈顿计划”，因为计划的目的是要研制出能够摧毁敌国的地震武器，这是具有战略性的武器。这个计划分四个部分：一是确定地震预报的近期和长期参数；二是在航天器上安装预报装置；三是研究弱地震（也就是利用地下核爆）对目标震源进行远距离操控的办法;四是研究弱地震传递和积累能量的具体方式。这项计划仍由伊克拉·克里莫夫领导,1988 年苏联在吉尔吉斯加盟共和国巴特金市以东 50 公里处进行了第一次试验。

苏联开发地震武器对美国来说是最不好的消息了,因为在加利福尼亚地下就是太平洋板块的一条断裂带,如果在这里投掷一颗能引起地震的核弹,半个美国就沉入地下了。在苏联进行秘密研制的时候,美国人当然不甘落后,现在美国人已经有了能在地球上任何地点制造 9 级以上地震的能力。其实这也不难,因为大国进行核弹试验上千次了,早就对核弹产生的地震效应了如指掌,当量为 1 万吨的核弹可以引发 5 级以上地震,当量是 100 万吨的核弹可以引发 6.9 级地震。美国早就开始研究地震武器,利用地下核试验的机会研究共振对地幔的影响。

美国和苏联并非仅仅停留在理论阶段,而是真的进行过试验,如在已知的试验中,1988 年外高加索中南部亚美尼亚发生的大地震就是美国人两天前在距离此地 3 200 公里的地方进行地下核试验导致的,这次地震死了 4.5 万人。

经历了唐山大地震、汶川大地震的中国人民对地震记忆犹新,海地人民当然更是如此,但是海地人可能不知道,他们的地震有可能是美国制造的——也许仅仅是出于对美国人指责俄罗斯制造了"卡特里娜"飓风的报复,也许仅仅是一种怀疑,这条消息的始作俑者是俄罗斯,因为俄罗斯在冷战结束之后仍然继承苏联的传统,继续在研究地震武器。反美领袖查韦斯第一个把这个消息透露出去,西班牙报纸首先做了报道,结果引来议论纷纷,但究竟是否属实就没人能证实了——地震武器很强大,也很隐蔽,因为现在人类对地震的了解还像个 3 岁的孩子,根本计算不出这次地震和美国哪次核试验或者地下爆炸之类的活动有关,你心里可以猜测,但你没证据。

其实,美国人在指责俄罗斯之前也被欧盟指责过,欧盟认为美国制造了 2002 年欧洲洪水,俄罗斯人也在这一年推波助澜,宣扬美国的气候武器能够改变电离层和地球磁层,这些都能引起大气灾难性变化。

如果在未来,我们不会面临核导弹的直接攻击,但我们发现我们的家园总是发生各种灾难，显然有些自然灾害不是大自然的过错，那么你会不会把它视为战争呢？因为它造成的损失与战争无异，甚至更严重。如果视为战争，但现在的国际法显然还不能定义这些并谴责任何人，那我们该怎么办？无穷无尽地忍受吗？不，也许我们那时唯一的选择就是：以彼之道还施彼身，报复它！显然，只有这样，他们才会畏惧，才会选择和平。

第三章 基因与转基因

基因，早已不是生物学名词，就像是核物理，在“二战”前还只是一个物理学名词，但随着广岛和长崎的核爆炸，人们明白了核物理研究可以制造出威力无比的核弹。

● 基因武器

除了气候武器，基因也会成为一种武器。

2002年9月16日《参考消息》第5版转载《俄罗斯报》8月23日刊登的一篇英国医学协会的文章，题为《专家认为，是在试验可怕的基因武器》，文中说道："最近10年可能会制造出大规模杀伤性基因武器。由于它发展迅速，最近几年内可能成为清除某个种族的工具。"英国医学会依据的两个重要事实是："第一，许多国家都在绝密的状态下进行新的分子生物技术实验；第二，1972年签订的禁止制造和储存细菌和有毒武器的公约，没有对公约履行情况的检查机制做出规定。"也就是说，在世界上，许多国家在研究生物武器而不受监督——没有制约的发展武器的行动意味着什么？

其实，利用生物武器进行种族伤害甚至种族灭绝的想法很早就有了。早在纳粹帝国时期，门格勒就曾经在奥斯威辛集中营中进行过这种试验，这明显和希特勒的种族理论有直接关系。在南非的种族斗争最严酷的时候，南非白人政府就曾经密谋研制针对非洲黑人的基因武器，并已经通过一些渠道试验过，如酒、食物甚至有意识地在接种疫苗时给黑人注射带有基因病毒的药物，只是由于那时的基因研究还远没有今天发达，因而也就没有大规模的种族伤害、灭绝的事情发生。

具有讽刺意味的是，曾经遭受过纳粹德国大规模种族灭亡的以色列人，现在也一直在研究只能伤害阿拉伯人却不能伤害犹太人的基因武器。可见，并非受害者就一定相信正义，无论何种文明总是在人性面前显得那么虚伪、软弱。

以色列的梦想是恢复古犹太王国的辉煌，然而针对阿拉伯人的基因武器对以色列人而言要求很高：做不到只能伤害哥哥而不能伤害到弟弟，原因就是无论是以色列人还是阿拉伯人实际上都是闪米特人的后代。尽管按照基因的理论设计，基因武器可以识别人种的基因差异，并依次进行识别要打击的特定人群甚至单个的某个人，但现在人类的基因技术还没有这样精确。作为基因武器也只有达到这种水平之后才真正具有实战威胁意义。原因显而易见，在人类漫长的历史中，各个民族或种族是处于一种互相融合的发展状态中，因而很难精确地界定每一个人的基因属性。其实，以色列人和阿拉伯人在基因上来看都是弟兄。

最近的调查证明，现代的欧洲居民是由中东古代的土著人进化而来的。科学家发现，生活在欧洲不同地区人的基因不同。譬如，希腊人和巴尔干人的体内有 70%至 100%的中东人的基因，而北欧人的基因只有 10%与中东人相同。

基因武器与核武器的威力相比更加令人恐怖，核武器的大规模毁灭性尽管几乎在瞬间就可以毁灭一个地区甚至国家或者地球，但在核平衡的环境之中，这种武器还是一直掌握在人类的理智之中。但基因武器则是有着十分明确的种族战争的意义，一旦得以大规模使用，就会形成一个种族的短时间灭亡。更为现实的是，面对核武器，人类已经形成了一个完整严密的系统防止爆发核战争，但基因武器几乎不受任何形式的边界的限制，在空气、水、土壤中都可以传播，可谓真正的防不胜防。

基因武器往往是通过研制出的细菌或病毒携带的，要知道，人类即使进步到了今天，可以说还没有真正彻底地消灭任何一种疾病，而基因武器又是无孔不入，如果说核武器可以通过有效的体系来预防不测，那么基因武器根本就无从预防。在人类历史上，绝大多数的争端都是出自民族和种族矛盾，有些矛盾几乎到了不可调和的地步。英国医学会成员内桑森博士说："借助种族武器可以伤害某一人群中的某些人。历史上的战争有不少是种族矛盾引起的，这说明这样的武器有多么危险。"以色列早就拥有核武器，而以色列一直不可能使用它就是因为国际社会不会原谅以色列在战争中真的使用核武器，但基因武器的出现却往往找不到直接的证据，况且基因武器一旦达到成熟后，它的制造、携带、使用都将会非常方便。现在核武器已经可以制成手提箱大小，而基因武器也许就存在于一滴水之中然而威力无穷。

剑桥基因研究中心的科学家前不久发现,“阿耳茨海默氏综合征与APOE14 蛋白质基因的联系在白人身上比非洲人身上表现得更为突出。因此,可以制造出一种能够伤害某种人群的病毒。”

要明白,人类是一个整体,任何种族都是这个系统中的一员,任何成员的缺失其实都是对整个人类遗传稳定性的损害,从医学角度来看,基因随时有突变的可能,而绝大多数的突变都是对人类有害的,所以人类需要借助婚姻来不断从其他人那里得到正确的遗传信息以便调整错误的遗传密码。

美国《洞察》周刊 2002 年 10 月 1 日(提前出版)刊登的一篇题为《卡斯特罗把西尼罗病毒变成武器》的文章中说:“美国西尼罗病毒肆虐系鸟儿传播,而据古巴叛逃的科学家说鸟儿可能是在古巴生物武器实验室染上病毒的。他们说卡斯特罗的实验是用动物作为细菌武器的载体的。”“我们受命研究像脑炎病毒这样有很强抵抗能力的病毒。操纵实验室的军事情报官员命令我们捕捉迁徙到美国的鸟类,目的是放飞被感染的鸟儿,蚊子叮咬这些鸟儿后再把病毒传染给人。”人类会不会迟早有一天会处在这种见到任何生物都恐慌的时代之中而人人自危呢?

如果说财富决定着我们是否能过上富有的生活,那么知识则在未来决定着我们能否生存在这个世界上,这就是我们为什么宁可饿着肚子也要搞出两弹一星的理由,它与财富同等重要,并且是孪生姐妹。

在谈到未来的时候,我们总是一厢情愿地认为明天更美好,其实根本不是这么回事。当第一次世界大战结束时,人们以为以后会有好日子,但仅仅 20 年后就爆发了第二次世界大战;在气候问题上,我们也总认为,未来会有更好的技术来帮助我们解决问题,至今我们还执迷不悟,而且很健忘——当人们用氟利昂取代冰箱里有毒的冷冻剂时,以为解决了冰箱冷冻剂泄漏给人们造成的危害,但没想到氟利昂这种东西不伤人却伤大气层,结果南极大气臭氧层至今无法修补,这已经成了科学发展史上的黑色笑话了。

转基因的危害性

转基因，是指运用科学手段从某种生物中提取所需要的基因，将其转入另一种生物中，使之与另一种生物的基因进行重组，从而产生特定的具有变异遗传性状的物质。利用转基因技术可以改变动植物性状，培育新品种。它的危害性一直存在。

有一个小故事：一位果农买来了昂贵的良种种子，但在第二年，却把这些种子免费分发给邻居，他妻子不解，这位农夫回答说，采我们花蜜的蜜蜂也会去采他们的花蜜，如果品种不一样，最终也会带坏我们的果实。归根到底，我们都在同一片田野上。

转基因，是指运用科学手段从某种生物中提取所需要的基因，将其转入另一种生物中，使之与另一种生物的基因进行重组，从而产生特定的具有变异遗传性状的物质。利用转基因技术可以改变动植物性状，培育新品种。

20 世纪 90 年代初，美国超市中出现了一种保鲜番茄，这是世界上第一个出现在市场上的转基因食品。自 1998 年起，陆续发生了“英国普斯塔事件”、“美洲斑蝶死亡”、“加拿大超级杂草事件”、“欧洲转基因玉米对哺乳动物健康影响”、“中国抗虫棉破坏生态”等事件。

1998 年，英国科学家普斯塔在电视台公布了他的实验结果，表明转基因的马铃薯饲喂大鼠可以破坏免疫系统。英国皇家学会立即反驳说，这份实验结果不可信。这就是“英国普斯塔事件”，是第一个与转基因生物安全有关的事件。此后关于转基因食品的安全问题始终争论不休。美国著名学者杰夫雷·史密斯曾撰写了最畅销书《诡计的种子：揭露转基因产业与政府对你食用的转基因食品的谎言》，书中揭露了转基因作物、转基因食品对全球人类的危害。

欧盟、日本以及绿色环保组织等都是转基因农作物的坚决反对者，他们认为转基因食品存在三大不确定性：（1）转基因食品的安全性尚未确定；（2）农产品的分离和管理体系混乱，无法防止转基因食品混入其中；（3）转基因农作物对自然生态的风险无法确定。

目前，对转基因食品的安全性没有一个世界公认的结论，美国认为没有证据表明转基因食品存在安全问题，欧洲和日本则都质疑，直至现在，双方都拿不出有力的证据。

1999 年，美国康奈尔大学的一个研究小组在《Nature》杂志上发表文章，认为带有转基因抗虫玉米花粉的马利筋（一种杂草）叶片饲喂美国大斑蝶，导致 44%的幼虫死亡。但转基因的支持者认为，这一实验是在实验室中完成的，并没有提供足够多的花粉数据；而且，自 2000 年开始，美国就有 3 个州进行了田间试验，证明这种玉米花粉对斑蝶没有威胁。但是，北美斑蝶数量的确在明显减少，支持者把这归结为农药和大斑蝶越冬地的墨西哥生态环境遭到破坏。

2001 年，德国黑森州北部的农民克劳纳用先正达公司的 Bt－176 转基因玉米喂养奶牛，但不明原因死去了 5 头；2002 年 2 月，他决定停止给奶牛喂食这种玉米，但到 10 月，又陆续死去 7 头。2002 年 4 月，柏林的罗伯特科赫研究所（RKI）对这一事件进行了调查。他们发现，克劳纳所使用的饲料主要为转基因玉米、草料和高浓缩补剂。调查认为，玉米饲料和高浓缩补剂中存在一些霉菌毒素，饲料比例也存在缺陷，奶牛产犊前后矿物质补充数量不足，热量和蛋白质却超标，前者超过 25%，后者超过 42%，两只死亡的奶牛体内发现了肉毒杆菌（Clostridium botulinum），另外五只存活的奶牛中也发现了感染。所以，结论是奶牛死亡与转基因玉米没有关系。2003 年 12 月，德国联邦消费者保护与食品安全办公室再次进行调查时，接受了罗伯特科赫研究所的判断。

Bt 转基因玉米在德国上市前曾于 1999 年在德国的联邦农业研究中心（FAL）就做过转基因玉米和传统玉米喂养牲畜的长期实验。实验期为 246 天，中间没有出现任何问题。西班牙也从 1998 年起种植了 22 000 公顷这种玉米，也未发现任何问题。

但是，这种玉米还是被欧盟禁止在欧洲种植，因为它带有抗氨苄青霉素的基因，依据欧盟2001年的新规定，凡是含有对人类医疗中重要抗生素的抗性基因的转基因作物应逐渐退出市场。Bt－176转基因玉米最大的优点是能抗欧洲玉米螟，也就是因为含有抗氨苄青霉素的基因。这一案例虽然得到了德国联邦消费者保护与食品安全办公室的最终确认，但似乎无法消除人们的疑虑。

转基因不仅本身存在疑问，而且更重要的是，它还会大面积"污染"生物的基因环境，这是因为基因在生物中存在"漂流"现象。这方面已经有明显的例子：加拿大曾出现了"超级杂草"事件。

加拿大一农场曾经通过商业化种植了转基因油菜，在随后的几年里，发现有些油菜植株可以抗1至3种除草剂，这被称为"超级杂草"。"超级杂草"是指"转基因植物（主要是转抗除草剂基因）本身变成杂草，或者通过花粉传播以及受精导致某些外源基因漂入野生近缘种或近缘杂草，从而形成耐多种除草剂具抗性的野草化杂草"。如今，这种杂草化的油菜在加拿大已经遍地开花、随处可见。这种油菜实际上已经不再是农作物，而是令人讨厌的"坏蛋"，它能抵御多种农药，而且其可以通过交叉授粉等方式污染同类物种，使得物种变得杂乱，食用价值和经济价值都大为降低。2001年，英国政府环境顾问机构"英国自然"在一份报告中特意提到了加拿大"超级杂草"对物种的污染。

关于转基因出问题的事例并不罕见，很多国家也的确在作相关的研究，很多动物试验也表明转基因食品的确存在安全隐患，比如对动物脏器产生损害、血液中存在毒素、对免疫系统产生危害等，其中，还有对生殖系统的危害，通常试验数据表明试验鼠等生育能力下降。另外，一些转基因玉米等也会直接伤害试验鼠以及家畜的睾丸、精子等。这些科研机构多为美国、英国、加拿大、俄罗斯、法国、澳大利亚等国，试验数据也较为可信。这也正是欧盟禁止转基因农作物的原因。不过，转基因支持者认为，也许有些证据是可信的，但转基因食品已经上市几十年，至今为止还没有发现非常明确的对人体的损害。

这也许就是转基因食品继续大行于世的原因，但是，转基因的危害不是在短时间内能体现出来的，往往需要很长时间，而且，其危害产生的机理尚不清楚，现在的研究都还处在很初级的阶段，究竟有没有危害、危害有多大，谁也无法给出充足的证据，但既然双方都没有足够的证据，那么这么不确定性的物质是否应该急于商业化呢？

● 孟山都帝国

至2004年，孟山都(Monsanto)公司的种子全球市场份额分别为：玉米41%，大豆25%，豆类31%，黄瓜38%，辣椒34%，西红柿23%……并与嘉吉(Cargill)建立联盟，他们控制了种子、化肥、农药、农业贷款、谷物收购、加工、牲畜饲料、牲畜生产等，这完全就是一个帝国。

2008年爆发全球粮食危机后，各国当然要反思——他们这时才发现，这些年过于忽视粮食的重要性了，于是急急忙忙开始制定各种对策，应对挑战。除了迫使各国政府采取亡羊补牢式的补救措施外，也让各国政府开始规划长远的粮食保障策略。然而，他们不久就发现，实际上他们应对挑战的政策正好引导他们进入美国的陷阱：粮食需要增产，而只有转基因粮食才可能大幅增产，于是，他们不得不接受美国的转基因种子，自然，这就落入另一个更大更长远的圈套，这就是转基因阴谋。

一些有科技实力的国家面对粮食危机也不得不谋求开发粮食新品种，利用基因技术开发更高产、更抗病的粮食品种。法国在2008年4月9日通过了一项关于转基因作物的法律草案，允许转基因作物在法国种植；日本最大的玉米进口商已经开始破例购买相对便宜的转基因玉米；而在日本和韩国，转基因成分实际上早已存在于快餐、饮料等食物中。

对美国来说，粮食危机爆发的一个好处是迫使那些反对转基因作物的人们做出让步，美国小麦协会发言人史蒂夫·莫策尔说："有关价格和供给的担忧，已经让人们对转基因作物有了新认识。”

当然，提高土地耕作技术和增加土地利用效率等也是各国农业研究的重点，但对一国而言，都需要发展适合本国国情的农业，也就是说要保持自己的农业结构和生产方式。如印度农业部门就发布消息说，印度要在未来5至10年的时间里将土豆的产量翻一番，秘鲁也在鼓励用土豆粉取代小麦粉的烹制方法。原因就是土豆的成熟期只需要50天，而且每公顷的产量能达到小麦或水稻的2至4倍，且土豆对土壤的要求不高，在世界许多地方都可以种植，因此非洲腹地土豆的产量也是增长最快的。

泰国是世界第一大米出口国，其占据世界大米市场的1/3，因而，泰国、越南等国家大米不但是民众的口粮，也是重要的国际贸易产品。而对中国、印度这样的大国来说，保持粮食的自给才是最重要的，这就要求他们要有全面的、合理的农业结构和现代的生产方式。

美国对转基因农作物的种种危害都加以否认。非但如此，2003年5月23日，小布什总统还提出了“终止非洲饥饿的倡议”，主要内容是用转基因食品为非洲提供援助。他同时指责欧洲对转基因食品的怀疑态度是“无事实、无科学依据的恐惧”，倡议中再次宣扬转基因食品是高产量农作物，是“终止饥饿”的关键。

美国对转基因技术最为开放，其国内食品中60％至70％都含有转基因成分。美国始终不承认转基因农作物的危险性，相反，美国一直在大肆宣传转基因农作物的好处。美国国家科学院于2010年4月发表的最新报告《转基因作物对美国农业可持续性的影响》，以14年来对环境、经济和社会效益监测数据为基础，最终结论是：“从总体情况来看，与传统农业相比，转基因技术为美国农民创造了巨大的环境收益和经济收益。”美国坚持发展转基因农业，自然有巨大的利益驱动。

根据绿色和平组织提供的数据，世界上绝大多数的转基因作物研发的相关技术都已经被孟山都等少数公司所控制，这些生物巨头又与四大粮食巨头合作，通过转基因专利技术，正在攻占许多国家的粮食种植领域。目前，阿根廷国内种植的大豆99％以上都已经是孟山都公司的转基因大豆——正是如此，一面是全球转基因作物种植不断扩大，一面是跨国巨头已垄断国际转基因育种市场。

孟山都的广告中有这样一句话："所以你看，自然界母亲与人造的食物之间真的没有什么差别。人为的只是在它们之间划的那条线。"显然，它刻意模糊了转基因作物的危险性。

1908 年，美国孟山都公司完成了第一次收购计划——收购伊利诺伊州的商用酸公司，由此展开了全球扩张。1998 年 5 月，孟山都以 23 亿美元的价格收购了美国第二大玉米企业迪卡尔，这使得孟山都很快成为美国玉米市场中的龙头老大。孟山都又以 14 亿美元收购了嘉吉公司在中美洲、拉丁美洲、欧洲、亚洲和非洲的国际种子贸易业务。1999 年 5 月，孟山都与卡吉尔公司联合共同投资 1.5 亿美元建立生物农产品开发公司。当年的《华尔街日报》评论称："孟山都已经有效地控制了全球种子产业。"2005 年，孟山都兼并了圣尼斯 (Seminis)以后，成为全球转基因农作物霸主。2009 年，孟山都全球销售额达到 117 亿美元，其中 65%至 70%来自转基因种子和转基因技术的专利授权。如今，孟山都在生物技术方面共拥有 600 多项关键性专利，世界任何种子公司都无法与其竞争。

小麦是孟山都主要的开发品种，因为它是世界半数人口的主要粮食。早在 2001 年，孟山都就在自己的网站上公布说，已经开发了一种转基因小麦，并已进行了田间试验，其产量可提高 5%至 15%。此后它向美国、加拿大、澳大利亚、新西兰、俄罗斯、南非以及哥伦比亚政府提出了这种转基因小麦商业化种植的申请报告，并且雄心勃勃地说："这意味着第一个转基因面包将在 3 年内出现在超级市场的货架上。"但是，最终只有美国食品药品监督管理局在 2004 年 7 月 23 日发放了许可证，批准其转基因小麦可供人类和牲畜食用。

1999 年 1 月举行的一次生物技术产业会议上，亚瑟・安德森咨询集团(Arthur Anderson Consulting Group)代表询问孟山都对未来 15 至 20 年的规划目标，以便帮助其制订相关计划。孟山都回答说，他们的目标就是掌握世界所有农作物种子 100%转基因及其专利。安德森咨询人员于是根据孟山都的目标,作了逻辑反推研究,然后他们为孟山都制订了战略计划和实施步骤。该计划最终的结果就是把自然界原有的种子基本灭绝,然后用转基因技术创造出各种需要的种子。

在这个战略中,首先就需要对自然种子加以控制,所以,孟山都正在收购世界范围内的种子公司,至今已经购买了全世界23%的种子公司。

与此同时,美国政府也在为孟山都的庞大计划不断提供支持。2003年5月13日,美国向世贸组织(WTO)提出一项申诉,起诉欧洲联盟对转基因食品的限制政策违反了国际协议。美国贸易代表罗伯特·佐利克为这一申述发表声明说,“压倒一切的科学研究表明生物技术食品既安全又健康。”

实则,孟山都与美国政府的合作关系由来已久,包括五角大楼以及老布什的中央情报局,早在越战期间,美军在越南丛林中屡遭伏击,为此从美国调运来了一批使树叶脱落的化学药剂,称之为橘剂,这种落叶剂就是由孟山都公司开发研制出来的。1986年,时任副总统的老布什在白宫主持了一个白宫与孟山都公司的战略会议,议题是讨论对发展中的生物技术行业撤销管制。1988年老布什上台后,立即撤销了管制,1992年5月26日,副总统丹·奎尔宣布了老布什政府对生物工程食品的新政策。当时他对媒体说:“我们今天宣布的改革措施会加速和简化通过生物技术向消费者、粮食加工者和农民提供更好的农产品的程序。我们会确保生物技术产品像其他产品一样受到同样的监督,而不会受到不必要的管制限制。”([美]威廉·恩道尔:《粮食危机》,知识产权出版社2008年版)在对转基因农作物及食品的一片质疑声中,老布什在1992年的总统行政令中却称所有的转基因植物和食品与同品种的传统植物“实质上相同”(substantially equivalent)。实际上,这是一个既不科学又不合法的说法。

第一批进入市场的转基因食品是含有rBGH的牛奶——而rBGH是一种人工激素——当然,这是孟山都公司的专利。rBGH虽然对消费者有潜在的危害,但很受奶农们的喜爱,因为只要按照孟山都的说明书,定期给奶牛注射这种物质,就能增产30%,这显然是一个巨大诱惑。独立的科研组织认为，rBGH 的确可以促进奶牛多产奶，但同时也刺激奶牛体内产生一种名为 IGF-1 的因子，这是一种胰岛素生长因子，这种物质长期在人体内积累可以致癌。但是，1994 年，美国食品药品监督管理局仍旧批准了含有 rBGH 的牛奶在市场上公开销售。甚至，美国政府还修改了《纯净食品和药品法》，允许那些在实验室中可能在动物身上致癌的物质上市销售，且可以不贴任何警示标签，这等于是给孟山都公司让路。

但孟山都在欧洲没有成功，一向对转基因农作物和食品抱有怀疑态度的欧盟于 1993 年下令管制含有 rBGH 的牛奶。

和孟山都一样，杜邦、陶氏益农公司等转基因种子生产巨头也和美国政府保持着密切的关系。实际上，布什家族干脆直接雇佣孟山都的人，小布什的农业部长安·维妮曼在 2001 年进入政府前，就是卡尔京公司的董事长，而卡尔京公司的母公司就是孟山都。布什家族的重臣、前国防部部长唐纳德·拉姆斯菲尔德也曾任孟山都下属西尔列公司的 CEO。另外还有多人在孟山都公司和政府之间转换角色，从卡特到里根、老布什到克林顿，从小布什到奥巴马，各届政府任内都有孟山都的人；一些政府高官离职后也成为孟山都的董事。

在孟山都的帝国中，还有一个重要角色，那就是洛克菲勒基金会——洛克菲勒基金会很早就开始支持基因工程。

1998 年，一位英国的顶尖基因科学家向媒体发表了其研究成果：实验表明转基因食品可能对免疫系统造成损害。但他和他的夫人立即被解聘，并被要求不许透露任何研究信息，否则将失去养老金。

● 伊拉克悲剧

作为美国的朋友，菲律宾有幸成为亚洲第一个主粮转基因的国家。不过它不是转基因战争的经典案例，最经典的案例是伊拉克——通过战争，整个伊拉克农业被转基因化。

在海湾战争期间，美军除了轰炸伊拉克的军事设施和伊拉克军队以外，还对粮仓和农田有计划地轰炸和毁坏，其目的是为战争结束后制造大饥荒、全面改造伊拉克农业做准备。

海湾战争后，美国继续保持对伊拉克的经济制裁，导致伊拉克无法出售石油，最终陷入困境，食品出现短缺，饥荒终于蔓延开来。战前，伊拉克虽然因两伊战争经济下滑，但还不至于出现大面积饥荒，战后，因国家粮食储备被毁，农田灌溉设施等也被损坏，加之连续数年经济制裁，伊拉克已经有 2 200 万人陷入饥荒中。此后，美国推动安理会通过了第 986 号决议，联合国据此于 1995 年设立了“石油换食品”计划。这项计划直到 2003 年美国发动伊拉克战争后结束。克林顿政府在 1995 年提出这一计划，看似是在回应这样一种观点：“普通伊拉克公民过于受到国际经济制裁的影响，而制裁本来是要萨达姆·侯赛因在第一次海湾战争后解除武装。”其实这不过是一种美国耍弄宣传与回应的手法而已。

所谓“石油换食品”计划，是一份用粮食打击对手的计划。依据 986 号决议，允许伊拉克在 6 个月内出口价值 20 亿美元的石油，用于进口急需的粮食和药品。这项计划总共执行了 7 年，伊拉克共计出售价值 650 亿美元的石油。650 亿美元中有 460 亿美元用于人道主义，也就是购买食品，其余收入用于支付海湾战争期间的赔偿，另有约 2 亿为联合国在该计划中的管理和成本，0.8 亿用于武器核查。

伊拉克起先拒绝了这一带有侮辱性的计划，但迫于国内经济形势严峻，饥荒越来越严重，只好于 1996 年 5 月签订谅解备忘录（Memorandum of Understanding）。这项计划于 1997 年 10 月开始施行，首批食品于 1998 年 3 月到达。当时伊拉克已经有 1 560 万人要依赖配给食品度日，这一数字占人口比例达 60%（总人口 2 600 万）。

通过这一计划，美国按部就班地将伊拉克石油与粮食挂钩，并且主动权完全控制在美国人手中，这也就等于操纵了伊拉克农业——伊拉克的农业已经奄奄一息，这就为美国介入营造了环境。于是，在 2003 年，美国再次发动了伊拉克战争。战争期间，美军炸掉了伊拉克原有的种子库，显然这个种子库早就被列入了轰炸清单中。

通常，人们都把这场战争看成是美国为了控制海湾石油。控制石油不假，但还有另一个更深的目的，那就是把伊拉克变成另一个转基因种植基地。在占领伊拉克之后，美国人就宣布，给予孟山都等公司在伊拉克农业中发放转基因种子的权利，而伊拉克农民要想使用转基因种子，就必须与美国公司签订技术许可协议，不得保留种子也不得再次播种，每一次耕种都必须重新购买。

我们仅仅从小布什政府任命的联军驻伊拉克临时管理当局的行政长官就可以知道美国在伊拉克的粮食战略——2003 年 5 月，小布什任命保罗·布雷默为行政长官。布雷默此前曾在基辛格的咨询公司就任执行董事，所以，把伊拉克变成美国的另一个转基因种植园也就不足为奇了。

中东两河流域是人类文明的诞生地之一，肥沃的平原也是世界已知小麦最古老的发源地。美军占领伊拉克以后，制定了多达 100 项法令，并于 2004 年 4 月生效。其中《第 81 号命令》就是直接为转基因作物全面引入伊拉克而特别制定的。

按照《第 81 号命令》，伊拉克将成为一个转基因种植大国，也将成为粮食巨头们又一个转基因粮食基地。据测算，为把伊拉克转变为转基因种植大国，总计需要投入约 4 万亿美元，但最终可以获得 600 万亿美元，相当于全球 12 年的生产总值。其中，产自伊拉克的转基因粮食可以由粮食巨头们输送到世界各地的加工厂中，制作成各类食品，那么未来 20 年中约有 20 至 30 亿人将会食用这类食品。

当然，美国也会把伊拉克改造为美国全球经济中的一部分，国际货币基金组织又是这一工作的主要执行者，同样是采取“休克疗法”——美国使用此手法已经得心应手，此前在墨西哥、阿根廷和苏联解体时已经数次使用，经验丰富。美国国际开发署和美国对伊拉克农业重建和开发规划机构扮演着伊拉克农业“现代化改造”的主导角色，其负责人是丹尼尔·阿姆斯图茨，他曾是美国农业部的官员和大型粮食联合企业嘉吉公司的副总裁。

同样，如果说 2003 年美国利用战争打开了伊拉克的粮食大门，那么 2011 年的利比亚战争之后，孟山都以及四大粮商等也已经进入利比亚，此刻的利比亚肯定正在被这些转基因巨头和粮食巨头们改造和重新规划。

第四章　美国是粮食超级帝国

美国是超级大国，是工业国，更是农业国，而且是粮食超级大国。

霸权可以操纵稳定

霸权稳定论的核心是，如果美国要长久地保持霸权地位，就必须控制全球范围内的资源、资本来源、市场和高附加值商品生产的竞争优势。

德国《镜报》副总编葛勃尔·施丹戈特（Gabor Steingart）把美国的强大归因于三个相互关联的要素：(1) 绝无仅有的乐观主义和冒险精神；(2) 美国是绝对的国际化；(3) 美元是世界通用货币。但是，他认为这既是美国的强项，也是美国的弱点，然后描述说：(1)"美国人的这种乐观经常超越天真的界限"，他说，美国现在无论是国家还是企业，或者个人，都承担着越来越多的债务，但他们却把"未来寄托给上帝，明天会比今天好"，所以美国人"自21世纪以来，他们生活得就像一个非洲的大家庭，直接从手边全部进到嘴里，根本不作任何经济上的预留"；(2)"世界经济一体化在倒退"，他说，"美国把世界贸易以目中无人的方式向前推进，结果就导致了其本国工业的糜烂"，无论是低端制造业还是电子业、汽车零部件制造、计算机生产等，都已经迁往国外，而"自由贸易给予了现在那些处在上升中的国家以机会，它们正在借以从美国在世界市场的占有份额上切下一大块蛋糕"；(3)"美元不仅仅令美国强大了，而且也把它美化了"，他说，"政府尽力地打气，美元也就以雄壮的形象展现在世人面前，但是现在的这种流通方式有可能从外部，譬如北京，使美元虚脱"。（[德] 葛勃尔·施丹戈特：《为财富而战：对权力和资源再分配与再争夺的世界大战》，国际文化出版公司2007年版，第70—71页）

现代社会整个经济产业分为农业、工业和服务业三大产业，美国就像是这个世界的恐龙，在这三大产业中均占据霸主地位，甚至正在向垄断地位迈进——在农产品、工业品、能源、货币、全球游戏规则制定这五个全球经济基本成分中，美国也同样占据着主导地位——美国是农业大国，在全球农产品市场中举足轻重；美国早已走过工业化，至今在高端工业制造中占据着明显优势;石油是世界最主要能源,美国具有操控能力;美元是世界最主要的储备货币;美国是超级大国,掌控着绝大多数全球政治、贸易以及其他规则的制定。

现代国际关系理论的一个主要流派是新现实主义,其代表人物是罗伯特·吉尔平,他提出了霸权稳定论。其理论的核心是,如果美国要长久地保持霸权地位,就必须控制全球范围内的资源、资本来源、市场和高附加值商品生产的竞争优势。

“霸权稳定论”从根本上否定国际道德和国际规则的独立性,认为国际规则的修改和变迁是要由美国国家利益和意志决定的,但发展中国家、欧洲以及新兴经济体等共同形成了美国的对立面——当然这不是一清二白的,而是混合复杂的,但无论是简单清晰的还是混合复杂的,美国总需要面对众多的利益群体,它也就不可能实行绝对的独裁。这种实际情况,就产生了新自由主义学派,其理论是在“霸权稳定论”的基础上实行现实主义的“复合相互依赖”政策。“复合相互依赖”理论修正和提高了“霸权稳定论”,因为“复合相互依赖”理论认为,权力不是霸权国家唯一追求的目标,经济利益才是维持霸权的根本所在;依据全球经济一体化的事实,经济相互依赖将越来越紧密,其规模最大化的结果,也是最有利于国际经济规则发展的,而美国此时就可以利用权力制定有利于美国的贸易规则,且使这种规则保证美国在将来的贸易中获取最大利益。“复合相互依赖”也不像“霸权稳定论”那样霸气十足,而是给予对立面国家一定程度的补偿、退让,这也是 WTO 能赢得多数发展中国家支持的关键。美国的粮食战略正是依据这一理论制定的。

粮食战略与石油战略虽然同为美国霸权战略,但世界石油的主产地在海湾等地,而粮食方面美国自身是农业大国,因此,粮食战略就比石油战略更具优势,能够从源头释放出打击力量。

美国农业托拉斯

其实,美国早已成长为一个粮食帝国。

1862年，在林肯政府时期，美国建立了农业部，该部最初只是一个为农业和农民服务的部门，当时美国还是一个农业国，农业人口占总人口的50%。至20世纪末，美国工业化程度越来越高，农业人口大为减少，而农业集中度越来越高，农业商业化程度也越来越高。

1870年时，美国的农业人口还有50%以上，另外还有25%生活在小城镇中——这是名副其实的小城镇，通常这些小城镇的人口不到2 500人。但是到1910年时，工业人口已经占据了总人口的三分之二。

美国在第一次世界大战期间，依靠同时向同盟国和协约国双方贩卖军工产品和一般工业产品以及农业产品大发战争财。其中，1915年时小麦产量达到2 722万吨，在参战前其每年输出小麦375万吨。由于战时交战双方都需要大量进口粮食，因而粮价高涨，所以其获益就已经远远高于一倍。

美国粮食巨头们往往通过推动国会修改法案来获得扩张空间。20世纪20年代，是美国的托拉斯时代，企业通过联盟建立起托拉斯，形成垄断，此时农业巨头们开始推行商业化农业，其盈利程度仅次于制药行业，年平均销售额达到4 000亿美元。

“二战”前，美国经历了从1929至1939年10年的经济危机，受此影响，小麦面积也大幅减少了404.6万公顷，玉米面积减少了364万公顷，但粮食产量仍然过剩，且世界遭受经济危机冲击，购买力普遍下降，粮食价格下降了三分之二，导致美国粮食难以出售，大批粮食腐烂在仓库里。第二次世界大战爆发后，交战双方再次从美国购买大批粮食，这给了美国粮食产业巨大的转机。据美国农业部数据，从1939年开始，美国小麦产量增长了49.5%，玉米增长了20.1%，大米增长了38.5%，牛数量增长了29.6%，羊数量增长了8.5%，国际粮食价格也上涨了50%，美国已经成为世界第一粮食生产国和出口国；与此同时，受战争以及各种政治、经济影响，许多亚洲、非洲、拉美等地“二战”前的粮食出口国转变成了进口国，对美国粮食的依赖更重。

1938年，德国已经做好了战前准备，美国也迅速颁布了《农业调整法》。自1933年大萧条以来，美国农业部通过实施商品计划、出售空闲土地、设定农产品配额、制订食品救济计划等办法来保证国内的农业和商品供需平衡。1938年后，欧洲战争一触即发，美国粮食巨头们开始推动国会修改法案，以便在战争期间扩大粮食产量，出售给战争双方。

早在20世纪40年代，美国就已经实现了农业机械化，70年代又全面实现农业现代化，农业劳动生产率迅速提高。美国耕地占土地面积22%，粮田占全部耕地的四分之三，但粮食产量和人均占有量却均居世界首位，出口量约占世界粮食出口量的一半，库存约占世界粮食库存量的30%。美国每年有占总消费量40%的粮食转为储备，全国粮食仓储能力约为5亿吨，相当于中国一年的粮食产量。

多年以来，通过控制空闲土地和粮食储备计划，美国农业部可以稳定国内粮食和食品价格，但是在1996年，粮食巨头们再次联手推动国会修改《农业法》。实际上是要把政府掌握的闲置土地收购过来，从而使得政府失去通过调控闲置土地来平抑粮价的能力，这是粮食巨头们再次进行20世纪20年代那种大扩张的开始。这也预示着粮食巨头们将要掀起"绿色革命"之后的新一轮农业革命，同时，这也是一场基因革命。

"工厂化农场"(factory farms)和"企业化农业"(corporate agriculture)是美国农业集中化、垄断经营的两大方式，实际上就是完成了土地兼并和垄断经营，农民由土地的主人变成了粮商巨头的合同工，他们实际上就是新时代的农奴。据美国参议院农业委员会的报告数字，农民的资产净值回报率已经从20世纪70年代的每年10%下降到了现在的每年2%。这也就是说，拥有自己土地并从土地中获得收益的农民已经越来越少了，大片的土地已经成了大型农业综合体的领地。在这期间，这些综合体根本不需要出面请律师去驱赶农民，农民会主动找上门来，请他们收购自己的土地，因为化肥、各种农业机械、油料、电力、其他设施、灌溉、农药、种子等，几乎所有的东西价格都在上涨，而卖粮食所得根本不够维持成本，所以越是经营越是亏本，最后农民只好将土地卖给农业综合体，这实际上是粮食巨头们变相地在逼迫农民离开土地，实行兼并，所以，从1979至1999年，美国农民的数量下降了30万。

美国垄断世界粮食

美国要想发动粮食战争，首先必须满足两个最基本的条件：其一，自身必须有充足的粮食；其二，其他国家（或者至少是被攻击国家）缺少粮食。

美国之所以能操纵全球粮食，是因为美国对全球粮食具有垄断能力。自2008年以来粮食价格的非理性波动，真正的原因就是美国掌握了石油、美元和粮食。美国控制了世界石油价格和美元，这是众所周知的，对于粮食的控制，公众还缺乏了解。据联合国粮农组织的统计资料，目前美国玉米、大豆、小麦三大类主要农作物产量已经分别占世界产量的37.9%、36.6%和8.3%，而贸易量更是占世界贸易量的58%、43%和22%；“ABCD”（指阿丹米、邦吉、嘉吉、路易·达孚四大粮食巨头）控制世界粮食交易的80%，孟山都、杜邦、先正达、陶氏等4家公司控制了全球玉米种子市场的77%（中国除外），大豆种子市场的49%，在转基因种子市场，其中孟山都一家就控制了全球市场总额的91%，全球农药市场的70%至80%也主要由六家跨国集团控制。可见其控制力已经达到能操纵全球粮价的程度，如美国的小麦出口量占全球50%以上，且其价格低于成本46%，结果低廉的价格严重冲击了世界小麦市场。

目前，美国实际上是全球粮食的垄断者，这基于七个主要原因：其一，美国是全球最重要的粮食生产国和出口国，其对粮食产量和出口量的把控足以对全球粮食价格进行操控；其二，国际著名的四大跨国粮商（即ABCD四大集团）前三家都是美国公司；其三，全球粮食期货交易主要集中于芝加哥期货交易所，实际上由美国农业产业集团和金融资本集团暗中控制，他们可以通过交易所进行价格勾兑；其四，美国掌握着全球粮食信息，因而也掌握着粮食舆论；其五，美国拥有世界上最高水平的生物技术，实际掌握着农业基因技术，也就掌握着很多重要农作物的种子；其六，美国也是世界食品标准的制定者，可以通过确定食品标准的方式打击对手；其七，世界贸易组织内的农业谈判实际上也是由美国设置议程。因而，总结下来就会发现，美国实际上已经控制了全球粮食产业的各个环节，从生产到国际谈判议程设置以及国际粮食期货价格等，均在美国人的股掌之间，因而，全球只有美国可以说能对粮食“翻手为云，覆手为雨”。

美国对全球粮食的掌控是一个长期战略，很早就开始精心布局。由于在世界贸易组织中占据强势地位，美国可以通过软硬兼施等种种手段打开其他国家的市场，然后通过高额补贴使本国农产品占据市场优势，再通过粮食期货交易所刻意制造粮食价格波动，打击美国以外的粮食生产国，削弱对手，甚至完全击垮对手的粮食产业，再通过倾销转基因种子占据技术高位，如此等等，美国经过长达数十年的潜心发展，如今已经掌控了世界粮食的每一个主要环节，因而不是某一国被纳入美国的粮食轨道，而是全球粮食都被纳入美国轨道。经过美国的多年攻击，很多传统的粮食生产国都已“沦陷”，如菲律宾和墨西哥已经从粮食出口大国被美国成功转变为粮食进口大国；巴西、阿根廷、中国原本都是大豆主产国，现如今已经成为美国转基因大豆的种植园。

2007 年 12 月，美国通过了《新能源法案》，以研制和发展新能源的名义，生产燃料乙醇以及其他生物燃料，这就减少了粮食出口。其实，生物燃料对能源状况的改善微乎其微，但对全球粮食的冲击却很大，美国实际上就是要以此为借口，减少粮食供应，操控全球粮食价格。

在 2008 年以前，美国基本上没有动用粮食这个新超级武器，一是因为布局尚未完成，二是美元、石油等已经具有相当的威力。

至于第二个条件，只要看看联合国粮食计划署的饥饿地图就知道，这个世界有多少国家正在渴望粮食——非洲本来拥有大片肥沃的耕地，但动荡不安（这种动荡主要原因也在西方）使得饥荒常年存在，从 1996 至 2000 年，非洲小麦进口增加了 35％；全球有 70％的发展中国家成为粮食净进口国。2007 至 2008 年粮食危机又让这些国家增加了 25％的进口量。另外，任何一个走在工业化道路上的国家也都明白他们的粮食并不丰足。正因为如此，嘉吉公司的董事会主席在2008年宛如粮食皇帝一样说出过这样的豪言壮语："有一种误解认为发展中国家在农业方面最大的需要就是为了本土的消费而发展种植粮食的能力。这是错误的。各国应该生产他们能生产得最好的东西，然后进行交易。"所以，为了进行贸易，美国主导建立了世界贸易组织，实际上这就是欧美推行自由化贸易关系的一个工具。

美国以及西方的粮食战略就是首先摧毁发展中国家的国家粮食体系，然后将粮食生产和粮食储备公司化，以公司粮食仓储取代国家储备，这样粮食价格上涨的障碍就被消除了，发展中国家原有的粮食防波堤也被拆毁，一个个国家如同没有任何防波大坝的海滩庄园，一旦四大粮商发起金融海啸，这些国家就赤裸裸地暴露在海啸面前，毫无抵御能力。正如1992年11月12日法国《快报》发表的题为《贸易：美国推土机》的文章所说："美国人在保护其大豆和小麦生产者的幌子下企图夺取食品武器来树立世界领袖地位。"美国人说："扩大世界各国对美国农产品的购买量就包含着某种政治影响力。"目前，有三分之二的发展中国家由粮食净出口国变成净进口国。

●《480号公法》

《480号公法》的确立，使得美国可以合法地、制度化地对外使用粮食援助手段。

英国人说，他们为印度和中国带去了现代性，为他们提供了社会发展的更高级模式。从历史发展的角度来说，的确如此，但这种现代性是强加上去的，而不是印度、中国自行发展到这一阶段的产物。对他们来说，现代性就意味着把他们生活中的所有物质都贴上了价格的标签，一切都价格化了，而且，价格浮动完全掌握在英国人手里，他们掌握着种种价格杠杆。通过物质商品化，加上价格杠杆，英国人可以低价收购印度农民的粮食、工矿场的自然资源，然后送进他们的工厂进行加工，再销往全世界。

“二战”结束后，在20世纪60年代，世界各地掀起一场独立运动，许多原殖民地国家纷纷驱逐了宗主国，这被西方称为去殖民化。但是，西方很快就找到了新的殖民形式，那就是利用冷战，推行民主政治和新自由主义。

美国和苏联当时为了稳固各自同盟，都制订了相当规模的援助计划，除了军事、经济和技术等援助外，粮食援助是其中重要一项。还在“二战”期间，美国就与英国、法国共同商定了大规模战后援助计划，并于1944年在美国举行了布雷顿森林会议，确定了组织结构和援助细节。在冷战状态下，双边经济力量实际上远远大于多边主义，美国利用自身强大的经济实力开始对欧洲和世界布局。

在粮食方面，美国制订的援助计划于1954年成为联合国第480号公法，正是这一法律成为日后20多年世界粮食贸易的基本框架。

在1973年之前，粮食只是在美国的普通战略范畴之内，它的意义就在于它是粮食，是民众的生存物资和经济的基础，但并不是战略武器。不过，美国已经开始把粮食作为一种手段使用，如“粮食换和平”计划(Food for Peace Program)。所谓“粮食换和平”，是指在冷战期间，第三世界成为美苏双方争夺的焦点之一，但第三世界中有许多国家经济困顿，粮食匮乏，于是战后美国政府制订了“粮食换和平”计划，把粮食援助作为美国重要的外交工具。这的确发挥了重要的作用，因为粮食援助实际上是当时经济援助的主要部分，是许多贫困国家迫切需要的。相反，在“二战”期间，美国出于支援欧洲和亚洲战场的需要，鼓励本国和其他盟国提高粮食产量，结果在50年代出现较为严重的粮食过剩。艾森豪威尔政府于1954年7月通过了农业贸易发展与援助法案，这就是美国第83届国会表决通过的第480号议案，一般简称为《480号公法》(*Public Law 480*)。这一法案的确立，使得美国可以合法地、制度化地对外使用粮食援助手段。

依据《480号公法》，美国政府可以以无偿与有偿方式对外提供粮食援助，据此，美国政府制订了“粮食换和平”计划，把粮食援助作为一种外交手段，逼迫一些贫困国家转而支持美国。在《480号公法》的初期阶段，艾森豪威尔政府认为《480号公法》只是一个暂时缓解农产品剩余的过渡性法案，因为当粮食不再有剩余的时候，美国也就不再需要这一法案，但是到了肯尼迪时期，美国政府发现完全可以继续把粮食作为外交手段使用，一是因为美国农业发达，粮食产量不但足够本国消费，而且有相当的剩余，这就给粮食手段提供了保障；二是世界贫困国家为数不少，加之苏联在经济上远逊于美国，在粮食上更无法与美国相比，因此粮食作为手段其优势很明显。且“粮食换和平”计划正好与肯尼迪政府所制定的“新边疆”战略不谋而合，所以，肯尼迪和约翰逊两届政府都加强了“粮食换和平”计划。此时，美国也已经发现美国饮食消费模式对世界的粮食消费所起的影响作用，而且美国也在国际上加强了健康和营养概念的宣传；另外，美国也已经开始与四大跨国粮商配合，以帮助受援国增强粮食自产率为幌子，介入受援国农业。

从战后到1973年，美国的粮食援助的确给许多贫困国家莫大的帮助，缓解了它们战后的粮食紧缺状况，促进了其社会经济的恢复和发展。但是，这很大一部分原因是出于冷战的需要。此外，受援国并不清楚的是，美国已然暗中介入本国农业。此时，美国已经发现由于本身在国际政治经济舞台以及粮食市场上的特殊地位，完全有能力成为运用粮食武器的国家，以粮食输出为实现外交目标的手段在美国外交中日益清晰地显现出来，手段之运用也越来越得心应手。

实际上，《480号公法》制定后几乎立即就成为美国支持南越政权和柬埔寨战场的手段，仅为这两处所提供的粮食援助就占整个粮食援助的70%。1974年9月，美国政府给埃及提供了10万吨小麦援助，但是前提条件是埃及必须参加由基辛格草拟的中东“和平计划”。

所以，《480号公法》的本质就是美国利用其农业大国的地位，将国内盈余粮食作为特许粮食援助那些美国战略所需要的国家。冷战期间，那些处在美苏竞争的地缘前线的国家是首选，其次是那些将来有可能成为美国贸易伙伴的国家，最后才是非洲那些不发达地区——当然这些非洲国家也是有可利用价值的，比如这些国家有矿产资源、石油资源等。

美国的粮食援助实际上还包含多层功能，比如，在向发展中国家中那些新兴经济体提供粮食援助的同时，也在推行美式饮食消费模式——在其工业化和城镇化过程中，其自身都没有意识到的时候，美国饮食文化已经悄然进入，并且很快赢得了年轻人的喜爱，无形中已经在推销美式价值观，在冷战期间，这被称为“西化”。

“西化”还只是表面的和长远的，更深层次的是这些国家大多接受了西方发展模式，如同英国殖民统治下的印度，一切都被贴上了价格标签，本地的矿产、农田、水利、森林以及本土文化等，都商业化了。农业也同样，从接受美国的粮食援助变成开始进口欧美提供的粮食种子和价格低廉的农产品，他们并没有意识到这是美国在为长远的粮食战略而作前期布局。

美国还通过粮食援助的方式，改变一些粮食大国的粮食结构，使其简单化。众所周知，一个国家的粮食品种越丰富抵御风险的能力就越高，如果粮食品种过少，一旦遭遇灾情或者粮食冲击就会产生严重的后果——1845 年爱尔兰之所以爆发大饥荒，就是因为其主要口粮为土豆，过于单一，结果当土豆发生大面积灾害的时候，整个爱尔兰就陷入到饥荒中。美国为了达到此目的，利用粮食援助迫使受援国大面积改变种植品种，导致农产品品种简单化。美国的手段很简单，在提供粮食援助的时候，要求对方用它所指定的粮食清偿；受援国为此不得不改变种植结构，按照清偿合同生产。智利就是这样沦为美国的粮食附属国的。在 20 世纪 90 年代，智利接受了美国的粮食援助，美国要求其以大豆、小麦等粮食清偿。为此，智利不得不大幅提高大豆和小麦等粮食的种植面积，结果其种植面积最高时竟然达到总面积的三分之一以上。美国获得了优质的智利大豆和小麦后，又用其作为武器，攻击另外的大豆和小麦主产国中国。

从 1950 至 2000 年，在这半个世纪期间，世界农业人口下降了约 25%，许多新兴经济体大规模城镇化，就连非洲等不发达地区，城镇人口比例也大幅提升。城镇化的结果就是，更多的人更依赖从超市购买食品和在饭店进行消费，这与农村的生活方式截然不同，所以超市这种日常商品经营场所在这 50 年中以几何级数增长，全世界所有的城镇里到处都是超市、商店、大型商场。超市这种店面多为大型商贸企业，甚至是跨国企业，比如沃尔玛、家乐福等，他们在经济中的作用实际上是垄断了销售，任何粮食产品不加入超市连锁销售，几乎是不可能在市场上立足的。农业国家中原本那种小生产者、小经销商根本无法与大型超市对抗，结果就是所有城镇化国家的传统小作坊、小经销商无不破产，传统商业模式消亡，中国、印度、巴西、阿根廷、墨西哥、韩国、新加坡、菲律宾、印度尼西亚、孟加拉、巴基斯坦、南非等，谁也未能逃脱。亚洲成为美国这种战略实施的最成功之地，如果说得稍微绝对点，所谓全球化，就是美式化；而美式化，就等于被纳入美国垄断的市场中。

在这场声势浩大的"美式化"运动中，食物的供应链、社会饮食消费模式和社会农业再生产这三者基本上已经被美国所控制，四大粮商自然就可以为所欲为，制造两次粮食危机不过是他们的一场实战演练罢了。

丹·摩根，美国著名记者，经过长期调查研究，写就了一部论述美国粮食武器的著作：《粮食巨人—— 一件比石油更强大的武器》。

丹·摩根在《粮食巨人》一书中对美国在冷战期间把粮食作为武器的手段描绘得非常到位，他说："1945 年以来，美国粮食援助的政治成分始终是一清二楚的。南斯拉夫 1948 年拒绝参加共产党和工人党情报局以后，想摆脱苏联影响的铁托元帅的行动受到了美国粮食发运的支持。总的说来，凡是美国在那里有政治、经济和军事利益的国家，就能分到 480 公法计划补助的最大最好的一份。诸如巴基斯坦、韩国、巴西和印度尼西亚这样的购买美国军事物资的国家，都大大享受到美国粮食援助的好处；对于波兰和南斯拉夫这两个整个东欧最独立的共产党国家，以及原料储备雄厚的印度尼西亚和巴西来说，情况也一样。国务院一位成员有一天为出口棉花和稻米给印度尼西亚提供了一条扼要的论证：'它们有石油，我们有农产品。'但 480 公法计划这一手段也可以反过来用。

"在尼克松和后来的福特担任总统的时期里，美国外交越来越使用粮食武器。援助计划的功能比任何时候更政治化了。1972 年和 1973 年，在 480 公法计划补贴的产品中，70％是用于南越和柬埔寨战争经济的……在那些经济和居民都依赖进口美国产品的国家里，粮食援助就作为棍子和胡萝卜交替使用。1971 年，480 公法计划向韩国提供了购买食品的贷款。同年，向葡萄牙提供了同样的贷款，换取的是，延长亚速尔群岛美国军事基地的使用期。1974年，孟加拉在同意停止向古巴出口黄麻后，也享受了同样的好处。

“美国粮食的供应量随着智利国内的政治变化而变化。当马克思主义者萨尔瓦多·阿连德于1970年当选总统的时候，美国发运给智利的补助小麦停止了。在他下台后，1973年9月11日，发运很快又恢复了。粮食援助或不援助是尼克松政府为反对阿连德所采取的‘破坏稳定’的秘密战略的组成部分。”

● 四大粮商

在世界粮食垄断企业中，就有著名的“ABCD”四大巨头——阿丹米(ADM，Archer Daniels Midland)、邦吉(Bunge)、嘉吉(Cargill)和路易·达孚(Louis Dreyfus)，仅这四大巨头就垄断了世界粮食交易量的80%。

西方是基督教的世界，也就是信奉上帝的。西方人常说上帝是万能的，既然上帝是万能的，那为什么还有魔鬼撒旦呢？这是一个悖论，如果一定要给出一个合理的解释，那就是：魔鬼撒旦是由上帝扮演的。华尔街的金融家们就是西方的上帝，他们也同时在扮演撒旦。

阿丹米、邦吉、嘉吉和路易·达孚四大粮商有上百年的历史，仅这四大巨头就垄断了世界粮食交易量的80%。在最近这30多年中，四大粮商又逐渐垄断了粮食生产的每一个环节：基因育种、种子生产和交易、田间耕种、化肥生产和贸易、农田产量控制、农产品收购、运输、仓储、期货交易、价格波动，甚至包括世界粮食救援、宣传、贸易谈判、规则制定等，形成了极其完整的产业链控制，中间没有任何遗漏，真正做到了“无缝垄断”。不仅如此，他们还通过广泛参股世界各国国内大型粮食企业来参与其国内市场，如这四大巨头就广泛参与中国油脂市场原料与加工及其食用油市场，市场参与率高达75%；而中国97家大型油脂企业中有64家企业被跨国粮食巨头参股控股，占总股本的66%。可见，这种程度的垄断如果不被打破，那么农业的实际控制权还是在这些巨头手中。

美国阿彻丹尼尔斯米德兰公司，简称阿丹米，初建于1905年，如今是世界上最大的跨国粮食企业，垄断着油籽、小麦、花生、大豆和玉米的加工，在大豆压榨方面占据30%至35%的市场份额；在湿玉米方面占据50%的市场份额，在玉米原料添加剂方面占据60%的市场份额。它还是美国第二大面粉生产商，占有23%的市场份额；是第三大干玉米加工商，其子公司Krause Milling占有10%的市场份额；同时也是美国第二大谷物储运商、全球最大乙醇生产商、全球第五大谷物出口商，占有9%的市场份额。用美国的语言方式，可以这样形容："ADM每年生产的面粉足够烹制160亿块面包，每年生产的豆粕足够喂养130亿只小鸡，是整个美国每年吃掉的烧鸡数量的两倍。"

1878年，美国人约翰·W.丹尼斯(John W. Dariels)建立了一个压榨亚麻籽、生产亚麻油的作坊，以此谋生，生意还不错，很快就于1902年在明尼苏达州阿波利斯市成立了丹尼斯亚麻籽公司；第二年，另一位亚麻籽压榨商乔治·A.阿彻尔(George A. Archer)成了合伙人，两人合作得相当好，生意也如同滚雪球般越做越大。整整10年后，即1923年，两人买下了米兰德公司(Midland Products)，于是丹尼斯亚麻籽公司正式更名为阿彻丹尼尔斯米德兰公司，简称ADM。

现今掌控ADM的是杜安·安德列斯(Dwayne Andreas)家族。杜安·安德列斯1918年出生于伊利诺伊州第开特一个孟诺派教徒家庭，成年后一直在他父亲R.P.安德列斯的工厂工作，这也是一个亚麻籽压榨企业，1936年更名为"Honeymead公司"，并开始经营大豆压榨。1945年第二次世界大战结束后，欧洲、美国、亚洲等都在复苏，杜安·安德列斯立即开始融资，将Honeymead公司60%的股份出售给嘉吉换取资金，从而扩张了公司业务。

由于嘉吉收购了Honeymead公司60%的股份，成为Honeymead公司的控股公司，杜安·安德列斯也进入嘉吉工作，从1946年工作至1952年。

其间，他跟随朱利叶斯·亨德尔(Julius Hendel)学习农产品的长期投资和短期投机。朱利叶斯·亨德尔是犹太人，为欧洲最著名的谷物贸易商，在20世纪20年代加盟嘉吉，此后帮助嘉吉度过30年代那场严重的经济危机。

杜安·安德列斯在1945年还结识了另一位重要人物，那就是休伯特·汉弗莱，其原本是著名的风险管理者，战后开始投身政治，于1948年第一次竞选参议院议员。杜安·安德列斯很清楚“与国王散步”的道理，为其提供了1 000美元的竞选资金，这在当时是一笔不小的金额。自此，杜安·安德列斯与休伯特·汉弗莱关系密切，也在美国政界建立了深厚的、复杂的关系。

在20世纪60年代，杜安·安德列斯曾一度将Honeymead公司卖给ADM公司，但没想到在1970年又通过收购ADM公司股权而成为大股东，并且开始掌控该公司。

进入政界的休伯特·汉弗莱在20世纪70年代成为国会中的重要人物，此时他开始回报杜安·安德列斯。1974年，美国政府出于冷战考虑，制订了和平计划，其中就包括要储备大豆，ADM当时已经是大豆的垄断者，为此抬高收购价格，迫使美国政府多付出1 900万美元。此事引起了媒体的注意，称“钱被ADM偷走了，受损失的不是纳税人就是那些正在挨饿的穷人。不过，这取决于你是否也是一位狂热的孟诺派教徒”。言外之意是指杜安·安德列斯与国会中的某些政客狼狈为奸。结果，美国政府起诉了ADM，并赢得了这场官司。1976年，美国政府再次控告ADM，因为ADM拿了政府补贴，但其出口的谷物中掺杂了杂物，质量不符合出口要求。ADM对此心知肚明，所以也并未作出过多解释。

连续被美国政府起诉，加之一些投资失利，ADM出现了巨额亏损，不过这时在休伯特·汉弗莱等人的推动下，美国参议院农业委员会于1977年支持政府制定了支持制糖业的法案。ADM此时也已经在高糖玉米上取得进展，由此扭转了亏损局面。至1983年，ADM已经在高糖玉米生产糖精方面取得丰厚的利润，可口可乐公司75%的糖精来自ADM，百事可乐这一数字也达到了50%。

美苏冷战在20世纪80年代中期后开始出现大缓和，随着戈尔巴乔夫的上台，苏联已经出现了解体迹象，美国于是大力支持戈尔巴乔夫，美国企业也大举进军苏联，ADM自然不会放过苏联那广阔的市场，杜安·安德列斯本人成为美苏经贸理事会主席，并在1984年首次与戈尔巴乔夫会见。1989年"8·19"事件后，ADM积极参与美国对苏联戈尔巴乔夫等改革派的支持，于1990年出资100万美元分别在美国和俄罗斯创建了戈尔巴乔夫协会。

冷战终结使得美国得以迅速扩张，这不仅仅是政治和军事的扩张，更是经济的大扩张。ADM迅速制定了全球扩张战略，收购了欧洲实力最强的二级谷物垄断商德国托福公司50%的股份，由此进军欧洲，以托福公司在汉堡的总部为基地，开始有计划地收购欧洲著名粮食企业。控制了托福，实际上就等于控制了欧洲粮农市场的不少份额，因为托福公司拥有Compagnie Européene des Céréales和G. Muller两家法国公司70%的股权，两家公司的其余股权为罗思柴尔德家族集团所持有。这样，托福公司与两家法国公司总共拥有10座大型谷仓，而且，在东西德合并前，托福公司还掌握着对东德谷物出口的50%份额，这等于说东德谷物的半壁江山也在托福手中。

在1995年，美国政府又一次起诉ADM，理由是ADM操纵玉米糖精和赖氨酸市场，垄断价格，结果ADM再次败诉，不仅付出了1亿美元的罚款，而且杜安·安德列斯的儿子麦克尔(Michael)也因此入狱两年，而他原本是最有希望的ADM继任人。

至1997年，在杜安·安德列斯执掌ADM的27年里，ADM的销售额增长了31倍，资金拥有量从接管时的4.5亿美元增加到1997年的140亿美元。杜安·安德列斯本人所持有的ADM股份仅为4%，但他不仅把自己的兄弟、儿子和侄子安插进公司，董事会中很多成员实际上都是安德列斯家族成员或者与这个家族关系密切的人，所以在其退休后，安德列斯仍然牢牢地控制着ADM，其侄子艾伦(G. Allen Andreas)继承了他的权力。

像ADM这样的粮食巨头，实际上与金融界有着极其深厚的关系，比如，艾伦·安德列斯是董事会主席，此前副主席是霍华德·巴菲特，而他就是伯克希尔哈撒韦公司的董事长沃伦·巴菲特的儿子，也就是说，世界最强大的粮食巨头和世界最著名的投资公司实际上存在密切的亲缘关系。霍华德·巴菲特后来在1995年美国政府的反垄断起诉中引咎辞职，但这并不影响ADM与伯克希尔哈撒韦公司的关系。

杜安·安德列斯长期的战略是与政界保持良好的关系。在布什政府时期，在1991至1993年间担任美国驻俄罗斯大使的罗伯特·斯特劳斯就与杜安·安德列斯过从甚密；另外，前加拿大总理布莱恩·莫隆尼(Brian Mulroney)是霍林格集团的股东之一，也是杜安·安德列斯的挚友。

如今，ADM在全世界拥有270多家各类工厂。比较而言，ADM在研发领域更具优势，尤其是在化学方面，为其竞争提供了重要的技术力量，同时与宝洁这样的化工业巨头有紧密的合作。在生物燃料方面，ADM早在生物燃料出现之初就投入资金进行研究，在布什政府提出生物燃料发展计划后，ADM更加积极开展这方面的业务，甚至聘请原石油公司的首席执行官。今天，ADM已成为美国最大的生物乙醇生产商，其仅在2007年就在生物能源领域投入10亿美元，并与许多大公司展开了合作。

邦吉在干玉米加工中占据18%的市场份额(主要由其子公司Lauhoff Grain经营)；邦吉是美国第二大豆产品出口商、第三大谷物出口商和大豆加工商、美国第四大谷物仓储商(在美国拥有50家谷物仓库)、全球第四大谷物出口商、巴西第一大谷物出口商、阿根廷第七大谷物出口商。

邦吉的历史追溯起来要比ADM早，邦吉家族在1750年时为荷兰阿姆斯特丹一个经营兽皮、香料和橡胶的小贸易商，其原始资本积累整整经历了100年，至1850年，查尔斯·邦吉(Charles Bunge)才拥有了相当的实力，得以进军比利时的安特卫普。接下来，查尔斯·邦吉的两个儿子爱德华·邦吉和欧尼斯特·邦吉开始继续拓展邦吉家族事业。爱德华·邦吉留在安特卫普继续经营，欧尼斯特·邦吉则开拓海外市场，于1876年转移至阿根廷，与其姐夫乔治·欧尼斯特合伙开办了阿根廷邦吉公司。至1897年，一名犹太谷物商阿尔弗雷德·赫斯基加入邦吉。赫斯基家族的加入，使得邦吉公司实力大增。为从源头上掌握粮食，邦吉家族和赫斯基家族联手收购了百万英亩的土地，把阿根廷最肥沃的彭巴斯草原收入囊中。

第二次世界大战结束后，邦吉也和ADM一样，开始了大扩张，不过邦吉当时还是把阿根廷当做重点。1946年，胡安·裴隆成为阿根廷总统，为保护阿根廷农业，上任之初就采取国家收购政策，直接从农民手中收购粮食，以支持阿根廷工业。1948年，阿根廷政府再成立贸易促进会(IAPI)，主要就是反垄断和执行裴隆的以农养工政策。裴隆的做法无疑是在与邦吉对抗，其所采取的种种政策最终激怒了邦吉，邦吉家族和赫斯基家族开始为裴隆的反对派提供资金支持，终于在1955年迫使裴隆下台，贸易促进会也随之解散。但是，裴隆在1973年重返政治舞台，继续他的反垄断政策，又成立了国家谷物委员会。邦吉当然不会容忍裴隆卷土重来，再次支持其反对派，并且仅仅一年后就意外取得进展——裴隆死去了。但是，裴隆的妻子艾薇塔接替了裴隆，继承其未完成的理想。然而，邦吉再次策动政治攻势，终于在1976年推翻了艾薇塔，国家谷物委员会也被解散。艾薇塔与邦吉的较量成为历史上经典的发展中国家对抗强大的跨国公司的案例，电影《裴隆夫人》就是对这场农业保卫战的描绘。

为防止有民族主义倾向的总统再次采取反垄断政策，邦吉甚至直接将自己人安排进了阿根廷政府，在梅内姆政府期间，两任经济部长Mor Roig和Nestor Rapanelli均出自邦吉，他们都曾担任邦吉的执行官。

1972年，赫斯基成为邦吉主席，之后和杜安·安德列斯一样，在邦吉开创了长达30年的辉煌时代。

如同ADM屡屡遭遇美国媒体的披露和美国政府的起诉一样，邦吉的发展也不是一帆风顺。1974年，蒙托内罗斯的恐怖分子绑架了公司的继承人Forge和Juan Born，扣押了几个月。在这期间，两人被迫吐露了邦吉已经控制了阿根廷农业的实情，不仅如此，邦吉还占据了阿根廷40%的油漆、30%的听装罐头和30%的纺织品市场。结果引起阿根廷民众的不满，此后阿根廷政府不得不采取迎合民族主义的政策。

邦吉保持其一贯战略，即注重保持从农场到消费者的全程垄断，其加工体系十分完备，几乎没有遗漏，一粒粮食从种子发芽到上到餐桌，都在邦吉的注视之下。

嘉吉在谷物出口方面占据着25%的市场份额，是全球最大的谷物出口商；同时，它也是美国最大的谷物仓储商（拥有340个仓库）、全球最大的棉花贸易商、美国最大的玉米生产商、美国第二大湿玉米加工商和大豆压榨商、阿根廷第二大谷物出口商、美国第三大面粉生产商和肉类包装商、法国第三大谷物出口商。

嘉吉的创始人为苏格兰移民商人威廉·嘉吉（William Cargill），1870年，其弟山姆·嘉吉买下了明尼苏达州南部铁路附近的谷物仓库，因为当时明尼苏达州正成为美国内陆粮产区和海港之间的联系枢纽。不过，嘉吉家族的真正发迹不是在经营谷物仓储上，而是购买了美国铁路大王詹姆斯·希尔的西部铁路网。西部铁路网连接着红河谷、北达科他州、南达科他州以及明尼阿波利斯市，实际上覆盖了西部农业区，将整个西部农业区连为一体，同时与东部工商业区和海港连接起来。所以，购买西部铁路网对嘉吉来说，最大的意义在于掌握了美国粮食的运输系统。

在美国南北战争结束后，英国仍在美洲拥有强大的经济实力。美国铁路大王希尔与杜鲁门家族关系密切，杜鲁门的父亲与其是合伙人。希尔当时还与英国国王维多利亚的儿子爱德华王子保持紧密的生意往来，是爱德华王子的美洲代理人。而爱德华王子后来成为英国国王，即爱德华七世，因此，希尔与英美两国政府都有深厚的关系。当嘉吉购买了希尔的西部铁路网后，希尔家族与嘉吉家族也就建立了相当程度的生意关系，希尔帮助嘉吉获得了优惠退税等政策，由此辅助其建立起大运输网。

此外，嘉吉家族也与洛克菲勒家族建立了良好关系，约翰·洛克菲勒曾经收购了国家银行，同时派约翰·皮特进入嘉吉，这些都给嘉吉莫大的帮助。

嘉吉不仅掌握了运输网，而且还涉足煤炭领域，20世纪初，美国工业化进程如火如荼，威廉·嘉吉之子威廉·嘉吉·耶利米认为投资煤炭必能获得丰厚回报，但没想到他在褐煤方面的投资大幅亏损，把嘉吉公司推到了崩溃的边缘。这时，为挽救嘉吉，威廉·嘉吉·耶利米促成了女儿埃德娜与麦克米伦家族的约翰·麦克米伦的婚姻,麦克米伦家族携带大笔资金进入嘉吉,并成为嘉吉的实际掌门人。

嘉吉这时又迎来了一个强有力的合伙人,他就是白俄罗斯大谷物商、犹太人朱利叶斯·亨德尔。

然而,嘉吉很快又遭遇了20世纪30年代美国大萧条,亨德尔为嘉吉制定了收缩战略,这保全了嘉吉,避免了破产。至1936年,亨德尔发现美国玉米大幅减产,立即发动攻势,动用数百万美元收购了大量玉米期货合约,导致玉米市场更加紧张。此时,美国农业部令嘉吉释放一些玉米期货合约,亨德尔拒绝了,结果被美国驱逐出期货市场,但嘉吉已经从中获取了巨额利益。

"二战"结束后,嘉吉也加入到了扩张的浪潮中,于1953年在巴拿马成立了特达克斯国际公司,在全球谷物贸易中攻城略地。1956年进军欧洲,在瑞士日内瓦成立了日内瓦达克斯公司。其间,嘉吉把30%的股份出售给瑞士的Venetian-Burgundian-Lombard,这是瑞士最古老的金融家族,其历史上曾参与洗钱等种种犯罪活动,但这丝毫不影响嘉吉与其合作。

如今,嘉吉的贸易遍布全球60多个国家和地区,另外还在煤炭、钢铁领域占有一席之地,比如嘉吉也是美国第七大钢铁生产商,著名的LTV钢铁公司就归属嘉吉。

与ADM不同,嘉吉家族和麦克米伦家族占有嘉吉公司绝大部分股份,两大家族合计拥有90%的股份,由此成为美国排名前十大家族之一。

嘉吉今天仍保持着粮食领域的运输优势,其拥有400艘平底运输船和2 000辆大货柜卡车。

路易·达孚在四大粮商中算是唯一一家欧洲公司,为全球第三大谷物出口商、在美国排名第四,在阿根廷排名第五,不过垄断着俄罗斯的谷物出口。

创始人莱奥波尔德·路易·达孚1852年出生于法国,其19岁时就在巴塞尔成立了一个小麦贸易公司,主要是从伏伊伏丁那平原收购小麦,然后运输至匈牙利加工成面粉,再销往东欧各地。同时也从摩尔达维亚、瓦拉几亚等地收购谷物,再运往英国,在利物浦加工成面粉销售。莱奥波尔德·路易·达孚的贸易根基是在东欧,他也是走国王路线,与当时的罗马尼亚国王卡罗尔一世相交甚好,而且还因此成为罗马尼亚国会议员,还曾担任罗马尼亚驻法国领事。

莱奥波尔德·路易·达孚在粮食方面的优势是在谷物仓储方面和西欧与东欧、俄罗斯之间的粮农贸易。在19世纪末,路易·达孚已经在整个欧洲范围内建立起庞大的粮食仓储和贸易网络,在德国和法国市场占据大比例份额。与此同时,路易·达孚也参与大西洋两岸之间的粮食贸易。

在"二战"期间,纳粹德国占领法国,路易·达孚一度被迫转移至阿根廷。

路易·达孚与嘉吉不同,尽管也是私营企业,但其49%的股份掌握在法国消费者协会(UFC)集团手中,这使得路易·达孚拥有了半官方身份,这相比其他家族粮商所占的优势是,可以从法国信贷集团获得大笔资金,同时路易·达孚本身也可进入金融界——路易·达孚银行在20世纪70年代曾是法国第五大银行。

路易·达孚在四大粮商中更注重多领域投资,在新生的生物能源领域正成为ADM的有力竞争对手,它在巴西拥有两个规模巨大的发酵式乙醇生产厂;另外它更注重粮食产品的期货交易,其大宗商品部(Commodity)主要就是进行期货交易,既能控制粮食价格也能平衡风险。

拉吉-帕特尔在其《粮食战争》一书中在谈到四大粮商时,提到了CR4理论,即四大粮商兼并世界各地其他粮食企业的速度,他说:"如今,钱是这么一回事——合并。或者,换个说法,市场力量的集中。在整个食物体系中,市场力量的集中已经形成一个趋势。就像联合水果公司让我们想起的那样,市场力量不是什么新鲜的事物。一个世纪以前,全球从事粮食贸易的公司只有嘉吉、大陆、邦吉和路易·达孚四家公司。但是这种集中化形式和广泛性意味着这些农业综合企业巨头们无所不在,它们改变着世界的每一个角落。密苏里大学的研究者对食物企业分支机构的合并速度进行了跟踪调查。他们计算出一种农产品或农业服务在美国市场上的总体规模,然后算出这种农产品或农业服务在多大程度上受制于四大企业,并最终计算出食物企业分支机构的合并速度。这就是著名的四大企业合并率，即 CR4。美国市场上的 CR4 趋势描述了食物的历史和未来。”（[英] 拉吉-帕特尔：《粮食战争》，郭国玺、程剑锋译，东方出版社 2008 年版）

按照自由资本主义的初衷，市场实现完全自由化后，会促进竞争，商品价格因此降低，整个社会因此都能享受到价廉物美的商品，但事实是，市场自由化程度越高，垄断程度也越高，商品价格实际上在增高而不是变得越来越便宜，整个社会为此付出的代价越来越高。

两次粮食危机以及此前四大粮商的发展，都验证了拉吉-帕特尔的理论。以邦吉为例，2001 至 2008 年以来，邦吉公司净利润的年复合增长率高达 34%。2010 年，邦吉公司将战略目标定位在发展制糖业务。为此，2009 年 12 月 24 日，邦吉与 Moema Par 就全资收购 Moema Par 一事达成并签署协议。Moema Par 为巴西最大的制糖企业，在巴西拥有一家制糖公司 100% 的股权，还拥有另外 5 家制糖厂的股份。邦吉与其采取了股权交换的方式，即 Moema Par 股东有权收取 730 万股 Bunge Ltd 普通股，包括支付 3 600 万美元流动资本，而邦吉以此收购了 Moema Par 的制糖厂股权。通过这种方式，Moema Par 原有的丰富的制糖原料、成熟的销售渠道和巴西潜在的巨大市场就都归了邦吉。

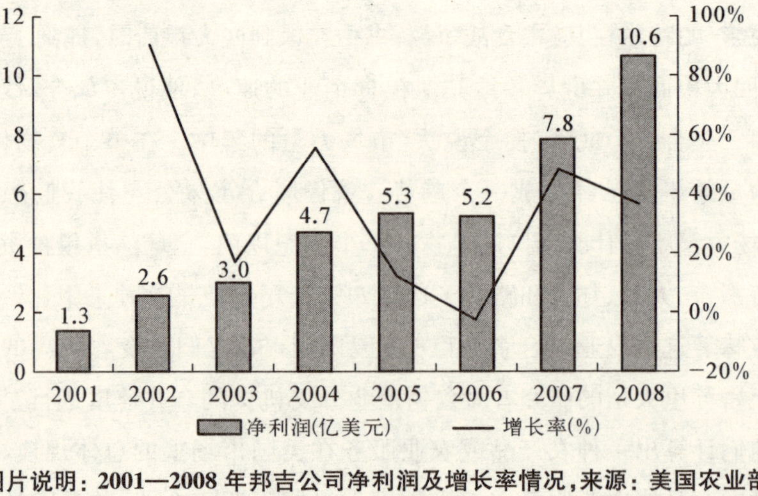

（图片说明：2001—2008 年邦吉公司净利润及增长率情况，来源：美国农业部）

当然，发达国家粮食企业不仅是这四家，整个农业、农产品以及食品方面的企业还有很多，他们的扩张也都是令人恐惧的。如法国达能（Groupe Danone）集团，最著名的大型跨国食品公司之一，在全球120多个国家建立了生产企业，产品在100多个国家销售。达能是全球第一大鲜乳制品生产商和瓶装水生产商、第二大饼干生产商，欧洲最大的酱料及调味品生产商，法国最大的婴儿食品生产商。英国经济学家情报社曾经这样描述过达能集团的扩张谋略：一是果断转向朝阳行业，并不断抛弃边缘产品，加固核心产业；二是在世界各地的市场上广泛收购当地优秀品牌，实行包容性的本土化和多品牌战略；三是把自己定位为一家全球化公司，在任何一个市场上准确袭击国际竞争对手，而对本土的品牌企业则敞开大门、密切融合。据统计，在达能集团的全球销售业绩中，其自身的品牌的销量仅占达能控股企业总销量的30%，其余70%的销量均来自控股和收购的当地品牌。达能集团自有品牌中，只有四个享誉全球，其一是世界第一大鲜乳制品"达能"品牌；其二是世界第二大饼干和谷物快餐食品品牌"LU"；另两个品牌是"Evian"和"Volvic"，都是瓶装水。

达能集团控股的主要品牌有很多，瓶装水有印度尼西亚瓶装水市场第一品牌"Aqua"、美国的"Dannon"、法国的"la Fontaine Volvic"、西班牙的"Fontvella"、英国的"DANONE Activ"加钙无汽水、阿根廷著名品牌"Villa del Sur"和"Brio"以及中国瓶装水第一品牌"娃哈哈"；酸奶有美国的"Danimals. Drinkable"、西班牙的"Bio"、墨西哥的"Danonino"；达能集团快餐食品有"王子"品牌、亚洲第一品牌"Tiger"。1998年，达能集团首先与娃哈哈集团进行合资合作。娃哈哈当年拥有42家企业，总资本35亿元人民币，其中达能占有32%的股份。另外，达能还参股了"乐百氏"、"梅林正广和"。

类似这种收购、参股在最近这20年中比比皆是，如全球营养食品工业巨头亨氏公司（H. J. Heinz，HNZ）2010年12月3日在广州宣布，以1.65亿美元收购中国著名酱油和腐乳生产商福达食品。亨氏主要产品包括调味品、正餐快餐食品以及婴幼儿营养食品，去年全球营业额为105亿美元，其中60%的营业收入来自美国以外的市场，新兴市场占20%，中国为3%。

全球最大牛肉生产商JBS SA公司制订了五年扩张计划，将在亚洲和欧洲建立企业。JBS SA的全球扩张速度令人眩目——自1993年以来，JBS已进行了30多次收购。

第五章　美国周期

美国目前掌握在手里的、具有全球打击能力的商品武器有三样：石油、美元和粮食。

● 美国的经济周期

美国就像是一颗旋转的巨大星星，一直有着自身的运转周期。

现在的世界是一个美国主导的世界，整个世界的变化是以美国的对外政策以及经济变化而变化的，仅从大势上我们就能看出一些规律性的东西（如下页图）：“二战”把美国推到了西方领袖的位置，从这时起到20世纪60年代初，是美国经济的大扩张时期，以支持欧洲复兴的“马歇尔计划”和朝鲜战争后日本复兴为主，正是美国一手主导了西欧和日本的战后重建和经济崛起，美国也借此大力进行经济扩张。但从1961年开始，美国接替法国参与越南内战，此后不但未能挽救南越政权，反而把自身拖进战争泥潭。与此同时，西欧和日本都已经实现经济崛起，在经济领域已经成为美国的竞争对手，加之苏联对美国的强势压力，美国实力开始下降。至1973年，美国终于正式宣布放弃美元金本位，布雷顿森林体系解体，美国经济继续下滑，在1978至1980年期间再遭第二次石油危机的重创，美国和西方都遭遇严重的经济危机。此后，里根政府期间，美国制订了“星球大战”等计划，一方面继续对苏联施展军备竞赛，以期用经济手段拖垮苏联；一方面以此刺激美国经济，使美国经济走出经济危机的困境，实力开始恢复；同时，“星球大战”等计划也为美国积累了大量先进技术，使得美国整体科技实力更为领先。

至1989年，苏联以及社会主义阵营突然崩溃，以1990年美国发动海湾战争为标志，美国开始了又一轮政治、经济、军事等全面大扩张。

但以2003年美国发动反恐战争为标志，美国再次陷入新的战争泥潭，虽然取得了阿富汗战争和伊拉克战争的胜利，但是美国却无法把伊拉克和阿富汗培育成为新的繁荣橱窗，自身也陷于阿富汗和伊拉克战后纷乱之中难以收拾。所以，美国在利比亚战争中只保持了幕后支持，甚至将北约指挥权交给英法，这在以前是不可想象的，美国从未把军事指挥权拱手相让。

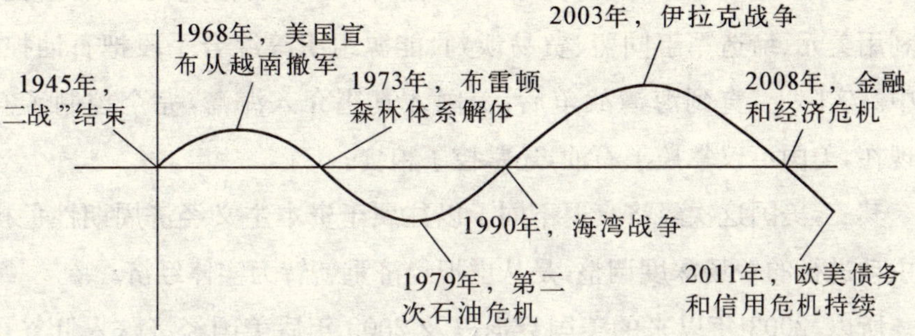

战争拖累、金融泡沫（美国房地产泡沫实际上是金融泡沫）的破裂，最终把美国拖入到经济衰退中，而且这场大衰退还没有结束，欧美现在普遍面临债务危机和信用危机，这一定会给欧美经济再次打击。

但是，我在绘制这张图的时候，特意把曲线的两个峰值作了不同程度的表达，即后一个峰值明显高于前一个。之所以如此，是出于这样的考虑：美国在越南战争中是直接失败于战场，而在阿富汗战场和伊拉克战场上，美军却获得了胜利，这就有一个根本的区别——美军在朝鲜战场和越南战场上失败，是因为朝鲜和越南背后都有大国（苏联和中国）支持，而在阿富汗战争和伊拉克战争中没有任何大国与美国对抗，这不是简单的地缘政治或者国际政治，而是说明今天的美国是世界上唯一的超级大国，自从苏联解体后，再没有任何大国能与其抗衡。所以，当年美国陷入越战泥潭和现在陷入阿富汗、伊拉克泥潭就有所不同，当年美国是在直接对抗中失败的，而现在是出于自身原因陷入困境的。换言之，现在美国的收缩是在巅峰状态中的自我调整，而不是被强敌逼迫后的撤退。

另外，还有三个根本不同的原因。

其一，在冷战期间，美国以及西方虽然在世界经济中占据大比例，但社会主义集团仍然与西方鼎足而立，保持着独立的经济体系，而现在全球经济一体化，实际上就是被纳入到西方经济体系中，也就是说美国主导了更大的空间。

其二，美国现在与1968年转入下滑不同，那时美元虽然是西方主要储备货币，却并不是真正意义上的全球货币，苏联等社会主义集团拥有卢布、人民币等货币；美国也没有控制石油——直到第二次石油危机之后，美国才开始利用美元、缔造军事同盟、贸易谈判、能源组织等综合手段把石油控制在手中。实际上，直到海湾战争后，美国才真正介入海湾，完全控制了石油。而现在，美国不仅掌控了石油，还掌控了粮食。

其三，美国这次经济衰退不同于以往属于资本主义经济周期性危机，而是主动进行的一场深度调整，是从虚拟经济重新转为实体经济。

所以，2003年以来的美国衰退以及2008年后美国经济跌入低谷，虽然比20世纪70年代更惨烈，但实际上是更深度的产业调整，未来的上升也必将更宏大，且蕴藏着更大的阴谋。20世纪曾出现过3个商品大牛市（1906至1923年；1933至1953年；1968至1982年），平均每个牛市持续了17年多一点。第三个牛市的典型商品糖和玉米价格在1969至1974年之间分别上涨了1 290%与295%，石油在20世纪70年代上涨了15倍，金银的涨幅则超过了20倍。商品牛市一般持续18年左右，本轮牛市始于1999年，我预计其在2013至2017年结束，这期间粮食必然持续性上涨，因为美国在全球金融高杠杆不能继续使用后，需要利用粮食作为新的杠杆。

● 石油美元

美国对于石油输出国组织把美元作为定价货币非常赞赏，因为他们进入到了美元圈套中——正是因为石油以美元定价，奠定了石油—美元体系。

对于石油在世界经济和国际政治中的战略地位，美国著名国际政治学专家汉斯·摩根索曾经有一段较为深刻的描述："谁能把它们（指石油）加入自己的其他原料来源，谁就大大增加了自己的资源，并且以同样比例剥夺了对手的资源。在这个意义上，对它们的控制一向是强权分配的一个重要因素。正是由于这个原因，英国、美国，在一段时间里还有法国，在近东从事那种被适当地称为‘石油外交’的活动，即建立势力范围，从而在某些地区得以独占石油储藏。”

石油为什么会成为影响全球经济的主要因素？归纳起来有以下几个原因：

一、全球对石油的需求增长明显，新兴经济体的需求更是直线上升；

二、欧佩克以及发达国家形成了石油两大控制集团，前者控制了石油产量，后者控制了石油交易；

三、石油是战略武器，不仅美国及其盟友把石油作为战略武器，俄罗斯、墨西哥、委内瑞拉，甚至尼日利亚等国都把石油作为武器使用；

四、石油与地缘政治紧密联系在一起，比如伊拉克、伊朗、利比亚都是因石油遭到西方的军事打击或者政治高压。

此后，石油还将与美元、粮食紧密联系起来。

以原油净进口量与净进口量加产量间的百分比来进行计算，可以回顾一下美国对石油进口依存度的变化。依据美《石油基础数据手册》和《BP 世界能源统计》的数据，美原油对外依存度在 20 世纪 50、60 年代只有 10%左右。但此后美国为了保护本国石油资源，限制国内石油开采，因而降低了国内石油开采量，这就使得石油进口量大幅上升，至 1980 年进口比例已经达到 36.34%。20 世纪 70 年代受两次石油危机的影响，1985 年这一数字降低到 28.85%。但在海湾战争后，美国的石油进口量在 20 世纪 90 年代和 21 世纪前 10 年再次快速上升，2000 年迅速升为 49.81%、2000 年为 63.66%、2009 年为 57.69%。

国家/地区	原油				油品				石油(原油加油品)	
	进口	出口	净进口	比例(%)	进口	出口	净进口	比例(%)	净进口	比例(%)
美国	4 428	22	4 406	23.28	1 220	895	325	4.55	4 731	18.15
中国	2 035	47	1 988	10.50	498	294	204	2.86	2 192	8.41
日本	1 765	0	1 765	9.33	352	165	188	2.63	1 953	7.49
欧洲	5 133	231	4 882	25.80	1 520	729	791	11.08	5 673	21.76
世界			18 925	100.00			7 140	100.00	26 065	100.00

正是因为石油如此重要，美国对其依赖度很高，而其又掌握在中东等国家手中，所以美国自两次石油危机后就渐渐发力控制了石油。那么，“石油美元”又是如何确定的呢？

在1980年以前，世界石油还控制在阿拉伯人手中，但是此后经过美国和西方盟友的各种手段以及一系列战争之后，石油控制权已经易手，从阿拉伯人手中转移到了美国和西方盟友手中——美国之所以能控制石油，除了战争、政治、经济等综合手段外，最关键的因素就是美元——如果说中东掌握石油，那么美国掌握美元，最终石油臣服于美元——欧佩克这个原本阿拉伯人唯一有力的武器，早已屈服在美元之下。这是因为，世界各国产出的原油品种多样，各地石油交易场所都会有区域性的买卖价格，也可以选择本地区适当的货币进行结算，但是石油交易往往是世界性的，此时的本地交易就要服从全球交易，将受到国际通行的基准化、指定化和唯一化的规则限定。能源市场历来如此，如在国际煤炭市场上，就是以主要的4种指标性煤炭价格作基础定价——西北欧煤价、美国蒸汽发电用煤价格、日本焦煤价格和日本蒸汽发电用煤价格。现今国际基准原油只有三种——美国西德克萨斯中质原油、欧洲布伦特原油和亚洲迪拜原油；真正的国际石油交易中心只有两家——美国纽约商品交易所(NYMEX)和伦敦国际石油交易所(IPE)；而国际石油清算货币只有一种——美元。正是这三、二、一结构，构成了石油的国际交易体系，石油生产国与石油消费国之间必须通过这一体系才能完成交易。这就很清楚了，世界主要产油国是海湾国家、一些非洲国家、俄罗斯以及美国，而控制交易的却是美国和英国，货币更是美元，这就等于说，世界石油交易非得通过美国人之手不可。

现在，每天的国际原油价格主要由纽约原油交易所和伦敦石油交易所的石油期货价格决定。纽约原油交易所主要决定西德克萨斯中质原油期货价格，伦敦石油交易所主要决定北海布伦特原油期货价格。前者在纽约原油交易所一般持仓约25万手，为3 500万吨左右，每天交易量大约在13万手，为1 800万吨左右，交易相当活跃，而且有充足的市场容量，因而决定着全球原油期货的走势。后者是欧洲唯一的能源期货和期权交易中心，于

1988年推出了北海布伦特原油期货。尽管伦敦原油交易所的规模只相当于纽约的1/3，但却影响着欧洲，因此也成为影响世界石油交易的最重要的交易所。

沙特是世界产油国中的老大，它最早建议把美元作为唯一定价货币，此后石油输出国组织（OPEC）就决定把美元定为唯一结算货币。美国对于石油输出国组织把美元作为定价货币非常赞赏，因为他们进入到了美元圈套中——正是因为石油以美元定价，奠定了石油—美元体系。

掌握了这一体系，美国就等于拥有了另一种超级武器：石油定价权。在冷战时期，美国就屡次用这一强有力的武器打击苏联。当时，由于世界各地石油开采成本不一，美国就据此制定了打击苏联的石油战略——据2005年的数据显示，非洲和中东石油的勘探开发成本为3.73美元，加拿大为7.17美元，欧洲为8.29美元，美国为13.3美元，中国为17美元，俄罗斯冻土地的开采成本则在20美元左右，海洋石油为25至35美元之间。因此，在冷战期间，美国就利用掌握国际石油交易的有利地位，长期压低油价，使其低于苏联的开采成本，结果使得苏联无法依靠石油赚取外汇，尽管拥有巨大的石油资源，却不能转化为财富。

20世纪60年代苏联陆续发现大油田，石油开采量开始持续上升，从年产不足2亿吨到6亿多吨，至1980年，石油和天然气已占苏联向经合组织国家出口额的67%。在石油产量和出口量快速增长的同时，石油价格高企，在1973至1974年第一次石油危机期间，石油价格大幅上涨；1979至1981年第二次石油危机后，油价再次飙升。苏联解体后的改革派政治家盖达尔评论说：苏联的“外贸平衡、收支平衡、居民的粮食供应、保持政治稳定，全都在越来越大的程度上取决于垦荒地的天然气怎样、石油开采的状况如何”。

但从1985年开始，苏联石油开采量首次出现下降，石油价格也大幅下跌，最低时曾跌破10美元。这一切都是按照基辛格的计划进行的——这时候的苏联已经进入到空前的危机中了——主要外汇收入因石油受到美国的压制无法提高价格，低廉的价格使得苏联外汇收入锐减；与此同时，国际粮价却在石油危机同期飞涨，这直接导致了苏联进口粮食付出更多的外汇，所以苏联实际上仅石油—粮食交易就已经入不敷出。

正是这一困境，迫使戈尔巴乔夫一再向西方银行做出政治让步，换取贷款以解燃眉之急。

目前，世界排名前 20 家大石油公司垄断了全球已探明优质石油储量的 80%以上，这表明，全球可供勘探开采的油气资源有利空间越来越小，世界可供勘探开采的石油资源也被发达国家所掌握。

由是，美国可以继续通过操纵石油价格打击其他国家，但有时自身也会被蜇一下。2008 年 8 月 8 日发生了两件事，一件是中国北京举办了奥运会，这成为中国崛起的又一个象征；另一件是这一天俄罗斯突袭格鲁吉亚，俄格战争爆发。

俄罗斯为什么要突袭格鲁吉亚？看看地图就知道了，格鲁吉亚位于俄罗斯通往海湾的重要通道上，另外巴库油田也在它的背后。自普京上台后，采取了一系列强硬手段，把石油、天然气、煤炭等能源产业从能源寡头手中收归国有，这就给俄罗斯的复兴打下了基础。但是，这仅仅是完成了国内能源国有化，在国际上俄罗斯能源一直没有取得应有的地位。尽管冷战结束，但俄罗斯依旧被美国视为潜在竞争大国，因此俄罗斯继续受到美国压制。

2008 年经济危机爆发后，美国一时虚弱，在对外政策上开始收缩，国家信用也遭遇危机，而美元是建立在美国强大的基础上的，一旦美国实力减弱，美元必然走软。这可以说是打击美国和削弱美元的天赐良机——美元遭遇信任危机，石油等能源产品出现了一个历史性的窗口——美元以外的货币可以由此介入石油定价体系。

俄罗斯正是看到了这一点，早已谋划对格鲁吉亚采取突袭。因为格鲁吉亚处在俄罗斯通往海湾的要道上，长期以来一直与俄罗斯对抗，阻止俄罗斯南下。而俄罗斯很清楚，格鲁吉亚不过是美国在黑海和里海地区的一个地缘战略棋子，尽管美国向其派出了不少军事顾问，但绝不会为其与俄罗斯正面作战。为此，俄罗斯在长期准备后，又精心挑选在奥运会开幕这一天发动进攻，并且是由普京在奥运会开幕式上直接告诉小布什——小布什在听到这一消息后那错愕的表情被媒体的摄影机真实地记录了下来。

早在 2006 年 6 月 8 日，俄罗斯已经在为石油摆脱美元做准备，从这一天开始俄罗斯开通了石油交易所以卢布为结算货币。随着俄罗斯这一举措，美国的另一地区对手伊朗也在 2006 年 12 月 18 日宣布其石油交易以欧元作为结算货币。对美国来说，多米诺骨牌还没有结束，2007 年 10 月 28 日，美国的重要盟友日本也有两家石油进口公司与伊朗达成协议，使用日元作为结算货币，这是日元首次成为石油结算货币。此后，陆续还有几个石油生产国也准备放弃美元。当 2008 年经济危机爆发后，俄罗斯毫不留情地率先抛售了 400 亿美元债券。尽管 400 亿美元国债并不算多，但已经清晰地表明了这样一个态度：俄罗斯已经对美元债券产生了不信任。对美国来说，俄罗斯又带了坏头。

俄罗斯突袭格鲁吉亚，美国只是空喊了几句反对，再无实质动作，这样俄罗斯就达成了目的——这不仅是羞辱了美国，而是向世界表明，美国无力阻止俄罗斯的军事行动，说明美国在军事方面也向后撤了一大步。

俄罗斯此举意义重大，不仅是使用军事手段教训了美国的地缘战略代理人，而且威慑了欧洲，因为欧洲对俄罗斯天然气和石油依赖很大，尤其是中欧国家和东欧国家。中东欧国家之所以从俄罗斯进口石油和天然气是因为地理上距离较近，而距离海湾国家较远，如果从海湾进口石油和天然气成本过高。

利比亚战争爆发后，国际油价高涨，但 2011 年 6 月 8 日石油输出国组织（欧佩克）拒绝提高产量，只有美国坚定的盟友沙特决定增产——战前欧佩克每天出口 120 万桶，利比亚石油中断后该组织拒绝增产。2011 年 6 月 23 日，国际能源机构（IEA）忽然公布了一个消息，称国际社会将采取行动，向世界市场投放 6 000 万桶石油储备，用以弥补利比亚战争造成的石油缺口。这次行动实则是由美国主导的，它也承担了其中的一半，其余由国际能源机构 28 个成员国提供。这次行动的秘密谈判实际上已经进行了数周，可以说是利比亚战争背后的又一场战争——西方发达国家与欧佩克之间的石油战争。1991 年海湾战争爆发后，美国及其盟友也曾采取过统一行动。

石油既是非常重要的能源，又是容易受各种因素影响波动的商品，因此美国在20世纪70年代阿拉伯国家实行石油禁运后建立了战略石油储备，如今保持有7.27亿桶的储备量，这不仅是为战争准备的，在经济危机时也能发挥巨大的作用，用于干预石油市场，这相当于制造了一个石油蓄水池，随时可以用拧紧龙头或者放开龙头的办法调节石油市场，换言之，美国就有了操控石油价格的手段。1991年，美国在海湾战争期间就动用战略石油储备，投放了1 700万桶；2005年在遭到卡特里娜飓风后，又动用了2 100万桶；这一次，美国又投放了3 000万桶。

美国为何要采取动用战略石油储备的措施？原因有几个：其一，打击欧佩克，不使其独享高价石油的利润，美国出售战略储备石油，也大赚了一笔；其二，美国和欧洲现在都陷入经济困境中，为防止高价石油给经济雪上加霜，必须降低油价，以便降低物价水平；其三，夏季是石油需求的旺季，必须保证能源和电力供应；其四，石油关系到很多大宗期货，所以，控制石油价格就等于可以操纵许多大宗期货；其五，奥巴马现在的支持率很低，他需要利用降低油价挽回支持率。6月23日，国际能源机构在巴黎宣布向国际社会投放6 000万桶石油后，原油期货价格应声落地，盘中最低跌至每桶89.69美元，创下了自2011年2月22日以来的最低价格；纽约商交所8月份的交割轻质低硫原油期货下跌4.39美元，每桶价格为91.02美元，跌幅为4.6%；伦敦市场8月份交割布伦特原油期货跌幅更大，下跌6.95美元，收于每桶107.26美元，跌幅达6.1%。

其实，美国已经让原油价格在高位运行了相当长的时间后才采取行动——在2011年早些时候，当纽约市场原油飙升至每桶115美元、汽油价格将近每加仑4美元的时候，在4月份还曾创下每桶127美元的高价，即便如此，奥巴马政府也没有同意动用战略储备石油。尽管自5月以来油价一直在下降，但相对来说还是在高位，前面油价最高的时候之所以没有行动，是出于大宗期货的考虑，现在该考虑第五个原因了——奥巴马需要在这个时候动用战略储备石油，以赢得美国民众的支持。

● 美元贬值推动粮食上涨

通货膨胀几乎是一个贯穿人类历史、挥之不去的恶魔，但是，自从布雷顿森林体系解体以来，美元就一直扮演这一角色。

公元前20世纪，古罗马帝王奥古斯塔斯下令，帝国境内的所有金矿昼夜不停地开采，为帝国提供财政支持，但仍然跟不上帝国的支出，其中不少都是用于奢靡享受；公元1023年，中国宋朝政府官方开始发行纸币，但最后因通货膨胀而失去信用。16世纪，西班牙殖民者在美洲大陆大量开采金银矿，然后运回国内，结果造成整个欧洲的“价格革命”。美洲金银硬通货大量输入，导致法国在18世纪也爆发通货膨胀。在美国，亚伯拉罕·林肯总统曾经根据《法定货币法案》(*Legal Tender Act*)授权政府发行货币，为战争提供财政支持，但最后陷入难以挽救的通货膨胀，这场巨大的通货膨胀实际上一直延续到1913年，直到建立联邦储备制度之后才算终结。第一次世界大战后的德国也经历了痛苦的通货膨胀。通货膨胀几乎是一个贯穿人类历史、挥之不去的恶魔，但是，自从布雷顿森林体系解体以来，美元就一直扮演这一角色。

“对大多数从未离开过本土的美国人来说，为什么要去关心美元是否贬值呢？答案其实很简单。你身边的一切——无论是牛奶、鸡蛋、汽油还是建筑材料，只要是你能想到的东西，现在都需要花费更多的美元，而且多得多。”([美]安迪森·维金(Addison Wiggin)：《美元的衰落》，刘寅龙译，机械工业出版社2009年版，第2页)美国权威消费杂志《消费者报告》报道说，知名食品品牌卡夫、哈根达斯与Tropicana等，他们“全都在玩缩小包装的游戏”：“生产商偷偷改变产品分量而不调整售价，是因为当售价上升时，买家会找更便宜的替代品，其背后理论是消费者对价格变化的反应比包装敏感。”哈根达斯对此解释说：“乳品、鲜蛋与所有天然成分，如覆盆子与香草的成本平均上升了25%。"食品价格的通货膨胀在美国也很明显。据美国农业部的数据，2007年上半年，食品价格上涨7.5%，远远超过2006年全年2.1%的上涨幅度；2008年上涨幅度是4%。2007年以来的两次粮食危机中粮食价格大幅上涨人们记忆犹新，但对导致这一变化的一个基本面不甚了解，那就是美元长期贬值导致了粮食价格上涨。

在阿兰·格林斯潘就职美联储期间，所采取的政策是鼓励借款和高消费。1913年美国制定了《联邦储备法》(*The Federal Reserve Act*)，联邦政府把美国宪法赋予它的货币控制权转交给非国有经济组织，也就是美联储。美国宪法的第一章规定，"议会享有铸造货币并对其价值加以管制的权力"。但国会却把这项权力转授予美联储，而美联储在本质上不过是一个银行业联合会。美联储拥有这项权力之后，所制定的金融政策多是以华尔街的利益为优先考虑的。

"从美元的支付能力方面考虑，可以说，贸易赤字是经济的第三条轨道。事实上，以前的美国是在生产商品，然后在国内乃至全世界出售这些商品。以前我们曾经是领导者，但现在，这早已经成为过眼烟云。在很多生活必需品的生产领域，我们已经不再是主宰者，而是不得不面对这样的现实：把领先位置拱手让给其他国家(最有可能的是印度和中国，而紧紧跟在身后的还有哥伦比亚、俄罗斯、巴西和墨西哥)，今天的美国人是纯粹的'消费者'，而不再是'销售员'。""眼下最大的问题在于，这种债务驱动型经济到底能持续多久呢？如果放弃现在的工作，用住房作为抵押进行再融资，凭借这笔钱，你也许能过上一段好日子。房产价值越高，你的好日子就越长远，你可以用这笔钱不断地消费、消费、消费，但是在用完这笔钱之后，该怎么办呢？""这恰恰是美国经济未来的前途，也许在不远的将来，我们就不得不面对这个每个人都不愿看到的现实，强迫自己去改变生活方式。"([美]安迪森·维金(Addison Wiggin)：《美元的衰落》，刘寅龙译，机械工业出版社2009年版，第28页)

"美国的确不缺少财富，但美国人消耗财富的速度太快了。历史告诉我们，不管你多富有，如果不去创造，迟早有一天，你会完全耗尽这些财富。"

(同上,第30页)如今的资本主义四处出现主权债务危机,仿佛已经成了一个没有资本的资本主义。

与约翰·梅纳德·凯恩斯(John Maynard Keynes)同时代的另一位著名经济学家琼·罗宾逊(Joan Robinson)曾经说:"如果资本流只能带来超过生产的消费,那么,这个经济就已经走上了毁灭之路。如果它能带来超过个人储蓄的投资,结果就取决于投资的性质了。"(Joan Robinson, "Reconsideration of the Theory of Free Trade", *Collected Economic Papers*, Volume IV, 1973.)

安迪森·维金、琼·罗宾逊如此警告美国不要过度消费,然而,其实美国并不惧怕财政赤字,这是因为,美国拥有美元,可以利用美元杠杆将全世界的财富吸纳至美国——对于美国,这是造富过程。"美国经济的信仰基础在于:借钱也是创造财富的过程。"(同上,第33页)

● 以后,美元建立在粮食上

以前,通俗的说法是,美元是建立在石油之上的,那么以后就可以说美元将建立在粮食之上。

列宁曾说过,粮食是"货币的货币"。

所谓的"反恐战争"实际上是"石油战争",这已经不是什么神秘之事。自苏联解体后,世界上再没有什么国家能制衡美国,美国于是迅速向中东、中亚大举进军,这既是为了填补苏联解体后的真空,也是为了控制石油。继海湾战争之后,美国又连续发动了阿富汗战争、伊拉克战争,策动了"阿拉伯之春"革命等,这些战争、革命中都有一个最有价值的目标,那就是石油——冷战之后,哪里有石油,哪里就有美国战机,这早已是"全球共识"。

"二战"结束后国际实际粮价高涨发生过四次,第一次达到最高峰在20世纪70年代初第一次石油危机之后,受布雷顿森林体系解体影响,当时世界主要谷物价格以去除美元通胀后计算，相当于目前粮价两倍以上；第二次实际粮价峰值发生在20世纪90年代中期，之后在90年代后期和世纪之交粮价保持下跌；第三次是2007至2008年；第四次是2009至2010年。中国粮食供求与世界粮价波动大致相同，也经历了三个运行周期。1995年粮价达到阶段性高峰，粮食产量、进口和库存都大量增加；90年代后期开始步入下降通道，直至2003年，又开始进入周期性上涨通道，在2005年有所回调，从2006年下半年开始，受国际粮食危机冲击，价格再次高涨。可以看出，世界粮食价格的变化与美元的变化息息相关。

最重要的是，这两次粮食冲高并非仅仅是几个跨国公司的投机性炒作，而是基于美元的泛滥——我们只要看看黄金的价格如今在多高的位置就知道美元早已是全球的洪水猛兽。美元尽管早在20世纪70年代就与黄金脱钩，但黄金仍是世界最核心的价值标尺，美元与黄金背离越远，说明美元价值越低，美元正在大幅、快速贬值。美国次贷危机导致了粮食巨头们在2008年制造了全球性粮食危机，如今次贷危机演变成全球性金融危机已经两三年，美国经济仍然低迷，美联储于是在2011年底以前一直开闸放水，执行量化宽松政策，将大量的美元投放市场，再经金融机构加工成各种金融产品，最终就产生了数倍的效应。

2007年，粮食危机爆发时，如前所述，世界粮食产量和库存量都没有明显波动，只有价格波动了，只要略加放宽视野，就会发现粮食之外两个全球性因素起了重要作用，即美元和石油。只需要把三者的价格走势图放在一起一对比就会发现：三者存在明显的关系。我们先看这一变化：

自2001年开始至今，美元经历了持续10多年的贬值，贬值已经超过30%，这一趋势直到2011年底才开始扭转；与此同时，欧元等货币相对走强；

2008年的粮食危机实际上发轫于2002年下半年，至2008年达到顶峰；

2003年，美国开始在阿富汗的战争，石油价格由此开始飙升，始终在高位震荡运行；

2007年美国爆发次贷危机，2008年演变成经济危机；

2007年国际所有大宗商品市场几乎出现全面上涨行情。

我们可以对此稍加整理：时间上，美元长期维持疲软，这是基本趋势；粮食危机与大宗商品期货危机以及美国房地产泡沫是在2003年前后开始的，同时这一年开始阿富汗战争，粮食价格也在2002年下半年开始上涨，虽然稍早，但考虑到粮食的季节性，基本属于2003年范畴之内；石油也是同期开始上涨，并一直在高位震荡；一切又在2007至2008年达到另一个转折点：2007年次贷危机爆发，2008年演变为金融危机和经济危机；与此同时，出现了一轮所有大宗商品期货价格普遍上涨行情，这一切难道都是巧合吗？是否存在某种关系？

我们首先可以这样考虑，在现今的全球性商品中，哪一类是需求稳定、且又供应弹性空间较小的呢？总体比较下来，只有两样：黄金和粮食。排在第一位的，肯定是黄金，黄金是千古不变的价值载体，但是黄金炒作不易，且影响巨大，不是短期炒作的理想对象；排在第二位的就是粮食。因为全球粮食贸易多年来始终稳定在2.5亿吨左右，而且粮食属于生存和经济基础商品，不可或缺，再者，影响粮食生产的因素很多，价格在理论上可以产生相当幅度的波动。最重要的是，由于国际储备货币美元长期贬值，粮价理应随行就市，在欧元等货币坚挺情况下涨价本身就是必然的。那么，如果你是国际炒家，你会选择哪一个呢？对美元来说，狙击哪个更容易？

所以，巴菲特、罗杰斯等国际著名炒家与欧美众多投资银行不约而同地、几乎在差不多同一时间段大量购入小麦、玉米、大豆、棉花、大米等农产品期货合约。自2007年11月至2008年1月，短短三个月的时间里，芝加哥大宗商品期货交易中农产品持仓就由6万手骤增到7.5万手，绝大多数为买多。加拿大、澳大利亚、日本等紧随其后，投机性买入也大幅度增加，全球各类农产品期货几乎全线上涨，之后各类粮食产品轮番大幅度上涨，其规模远远大于以往的囤积性炒作——显然不是一般性投机操作，而是欧美早有蓄谋的一场粮食期货囤积炒作。

由巴菲特、罗杰斯等巨头炒家具体出手的这轮粮食炒作是在美国粮食战略的指导下实施的，他们是一线的操盘手。美国制造的这一次粮食危机实际上只是一次开幕表演，紧接着在世界还没缓过神来的时候，在2009至

2010年又上演了一次，手法基本相同。

美国导演的这两次粮食危机当然不仅仅是为了让炒家巨头们大赚一笔，在国家竞争层面上，美国也等于确定了打击新兴经济体、掠夺财富的一场战役，并由此奠定了日后的粮食战争模式，以及要在未来几十年里都占据优势，就像控制石油一样控制粮食。仅仅利用粮食手段，美国就可以迫使新兴经济体吐出从发达国家赚取的大量外汇，削弱其外汇储备。

在发动粮食突袭的同时，我们看到，石油价格也在同期高涨，而次贷危机也引发了金融危机和经济危机，这说明欧美正在从金融层面开始大改革，刻意制造金融危机，以摧毁过去引领经济发展的房地产，因为其泡沫已经非常严重，继续这种泡沫繁荣既不可持续，也有害于经济发展，到了必须要做出调整的时候了。利用粮食制造危机，可以从新兴经济体中获取一笔不菲的资金，这样就可以填补金融危机造成的漏洞，同时也为美国从虚拟经济向实体经济转型作铺垫。日后，粮食价格肯定会在种种危机中持续上扬，就如同石油价格波动一样，完全由美国控制，因为虚拟经济渐失功能后，美国需要用粮食代替金融手段，从新兴经济体“收回”美元，掠夺财富。

据国际能源署(IEA)的预测，中国在2010至2020年期间石油对外依存度将从61%上升到76.9%。如果说过去中国一直没有获得与自己进口份额相匹配的国际能源定价权，那么未来恐怕也很难获得与自己进口份额相匹配的国际粮食定价权。

第六章 粮食上帝——洛克菲勒家族

在“二战”前，洛克菲勒等家族就明白，凭借美国的实力，一定能够决定战争的进程、走向和胜负，因此，美国赢得胜利是必然的。这些权势家族在战前就已经在描绘战后美国统治世界的景象。把粮食作为控制全球的手段和掀起政治经济风浪、打击敌对国家、削减全球人口的武器的想法已经形成。

● 纽约对外关系理事会

第一次世界大战结束后，美国的权势家族就开始谋划如何统治世界。1919 年 5 月，也就是在凡尔赛和约期间，欧美权势家族举行了一次圆桌会议，会议决定建立一个为政府提供外交建议的咨询机构，这就是纽约对外关系理事会(CFR)。实则，这是一个反映美国东海岸权势家族整体意见的组织，或者说是东海岸集团对政府的未来政策施加影响的机构。

美国是有“天定命运”的思想的，他们认为只有美国人才是上帝的子民，也只有美国人才能建造山巅之城。所以，无限扩张是美国与生俱来的国家使命，把全球纳入美国体系并不是侵略，而是美国的责任和义务。

对于美国来说，早在第一次世界大战时期就已经发现美国拥有超越欧洲老牌殖民帝国的实力，并且这种实力几乎相当于整个欧洲的总和，这其实已经让许多美国权势家族看到了统治全球的宏伟前景。但是，欧洲几个老牌殖民帝国还具有相当的实力，尤其是新崛起的布尔什维克俄国更是异军突起，所以，美国需要欧洲再进行一场混战，一是可以削弱欧洲老牌殖民大国，二是要沉重打击与资本主义格格不入的布尔什维克俄国，因为这个国家是对整个资本主义的巨大威胁。所以，华尔街支持德国复兴，并且直接出资帮助德国重整军备，扶植纳粹上台。

在“二战”前，洛克菲勒等家族就明白，凭借美国的实力，一定能够决定战争的进程、走向和胜负，因此，美国赢得胜利是必然的。所以，这些权势家族在战前就已经在描绘战后美国统治世界的景象。他们认为，英国那种依靠武力直接征服和占领殖民的做法并不高明，而且殖民地的反抗永远都存在，这导致维护殖民地的成本过高；而且，最重要的是，殖民地民众绝大多数处于贫困之中，这也导致市场严重不足，所以，洛克菲勒家族认为，战后美国应该建立的是一个商业帝国。这其中，粮食是一个全球化的商品，这已经为洛克菲勒家族所注意，并且，他们已经有了一些关于利用粮食控制全球的基本想法，尽管还很模糊，但把粮食作为控制全球的手段和掀起政治经济风浪、打击敌对国家、削减全球人口的武器的想法已经形成。

在第一次世界大战结束前夕，美国权势家族已经在运筹帷幄，准备进军欧洲，为此，1918 年促使国会通过了《韦布-波密伦法》，该法案的主旨是为那些能够促进出口的企业提供规避反托拉斯法的办法，也就是提供豁免权，当时洛克菲勒家族的标准石油公司等就是主要受益者。1919 年美国国会又通过了《艾奇国际条例》，为直接从事国际贸易和资本输出的权势家族企业提供豁免权。这两项法案的通过为美国权势家族进军欧洲打开了法律通道。

第一次世界大战结束后，美国的权势家族就开始谋划如何统治世界。1919 年 5 月，也就是在凡尔赛和约期间，在巴黎的马杰斯酒店美国一些最高层人物召开了一个小范围会议，出席者有 J. P. 摩根银行的代表托马斯·拉蒙特、洛克菲勒家族标准石油公司的代表、美国总统伍德罗·威尔逊的顾问爱德华·豪斯上校（此人是让美国加入第一次世界大战的主要幕后人物之一），另外还有欧洲的一些重要人物，如英国著名殖民主义政治家塞西尔·罗得斯等。这次圆桌会议属于秘密会议，会议决定建立一个为政府提供外交建议的咨询机构，这就是纽约对外关系理事会（CFR）。实则，这是一个反映美国东海岸权势家族整体意见的组织，或者说是东海岸集团对政府的未来政策施加影响的机构。当时参与组织这个理事会的有 J. P. 摩根、约翰·D. 洛克菲勒、奥图·卡恩、伯纳德·巴鲁克、雅各布·希夫和保罗·沃伯格等，这些家族的企业总部通常设在东海岸的纽约，因此也被称为东海岸集团。至今，世界最著名的外交方面的刊物《外交》杂志就是该理事会的会刊，其中的讨论或者外交观点往往成为美国外交政策变化的风向标。

伊赛亚·鲍曼在“二战”中成为东海岸集团委托的理事会领导人，也正是他为美国战后设计了诸多主要机构，如联合国、布雷顿森林体系和国际货币基金组织等。当然，这非他一人之力，但他的确提供了许多有价值的建议，且也是主要策划人之一。该理事会为“二战”后的设计总共起草了 600 多份文件，从政治到经济的每一个领域，可以说战后的设计——包括宏大的蓝图和细致入微的细节，早在战争结束前都已经缜密出炉。

由于纳粹德国是美国一手扶植起来的，因此，美国对德国的所有军事计划了如指掌，因而在1939年德国入侵波兰前几周，洛克菲勒家族就在纽约对外关系理事会内组织了一个"纽约对外关系理事会战争与和平研究组"，这个小组不是为了战争而建立的，而是为了战后而组成的，它的任务就是为国务院提供战后规划设想和建议。研究小组的经费为洛克菲勒基金会所提供，从1939年11月至1942年夏季，洛克菲勒基金会给这个小组提供了35万美元的经费；1942年夏季之后，该小组已经成为国务院的正式机构，从国务院直接领取研究经费和人员薪金。

研究小组认为，大英帝国经过这场战争后必然全面衰退，再无力支撑大不列颠国际体系，由于英国与美国的特殊关系，美国可以和平地从英国手中接过领导权，英国不但不会反对，而且还会协助美国，这是历史上第一次和平地移交国际领导权。研究小组还认为，英国虽然让出了领导权，但大不列颠体系已经支离破碎，战后必然会经历一次大规模独立潮，各殖民地会在英国势力退潮之际揭竿而起。美国在接手后应该建立起符合时代的国际体系，这个体系应该是以经济目标为主，而不是企图恢复或者重新缔造一个殖民体系。理由很简单，美国与英国不同，英国的经济模式是建立在殖民经济之上的，而美国是建立在商业经济之上的。美国在对外关系上，应该基于"民主和自由"的思想，这也符合世界反殖民浪潮，更能博取世界的欢迎，这至关重要，因为不仅可以化解敌意，而且这是开创新时代所需要的思想，美国不能成为一个没有思想的商人，这样是走不远的。最重要的是，宣扬"自由和民主"符合美国的商业扩张目的，因为美国进行商业扩张需要世界成为一个自由市场。

● "绿色革命"之墨西哥

这场轰轰烈烈的"绿色革命"隐含着巨大阴谋和危机。

纳尔逊·洛克菲勒在“二战”期间就已经开始在拉丁美洲和美洲其他地区进行粮食战略布局，其中墨西哥是一个重要之地，因为墨西哥是世界的玉米主产区。战后，洛克菲勒家族为了提高粮食的介入手段，特别提出了“绿色革命”的口号，并由洛克菲勒基金会和福特基金会共同出资，在墨西哥设立了国际玉米小麦改良中心、在菲律宾设立了国际水稻研究所、在尼日利亚设立了国际热带农业研究所。

“绿色革命”提出得很巧妙，它借当时美苏冷战风云，以自由国家农业对社会主义国家农业对比所显示出来的显著的高效率为宣传，打着为亚洲、美洲以及非洲第三世界国家提高农业生产率的旗号，开始介入这些地区的农业。

“二战”期间，陶氏化学、孟山都、杜邦、赫克力士火药公司都通过生产炸弹赚了不少战争钱，战争结束后，他们突然面临产能过剩的问题，但洛克菲勒家族提出的“绿色革命”给他们提供了又一次大销售的机会。原因很简单，炸药中的主要成分氮，也是化肥的主要原料，因此可以立即转产化肥、硝酸铵等，所以他们都非常积极地支持“绿色革命”；至于嘉吉公司、大陆谷物公司、邦吉公司、ADM公司等，那就更不用说了。

于是，纳尔逊·洛克菲勒和约翰·洛克菲勒三世于1953年成立了农业发展理事会，纳尔逊负责美洲地区，约翰负责亚洲地区。

纳尔逊·洛克菲勒在“二战”中已经深入墨西哥。1941年，洛克菲勒基金会的会长福斯迪克从墨西哥回来后与当时的美国副总统华莱士进行了一次谈话，他说，如果能将墨西哥的玉米和大豆的单位亩产率提高10%，墨西哥的饥饿问题就能基本解决，这得到了华莱士的支持。此后，纳尔逊指示基金会再详细研究墨西哥玉米和大豆的改良问题。此后，纳尔逊决定派三名专家前往墨西哥，包括一名植物病理学专家、一名遗传和玉米专家、一名土壤专家，他们分别来自明尼苏达大学、哈佛大学和康奈尔大学。三名专家在墨西哥进行了广泛的考察，行程达5 000英里，并与墨西哥农业部进行了详细商谈。1942年，墨西哥农业部正式向洛克菲勒基金会发出邀请，请其改良墨西哥农业。1943年，双方签订了意向书，墨西哥政府提供土地、一些实验室和设备以及部分经费，基金会承担大部分经费并在墨西哥成立一个改良团队，由美国植物病理学家哈拉尔领导。

这项工作持续进行了很多年，洛克菲勒基金会派出了许多专家，至60年代中期，已经为墨西哥培训了700名农作物改良专家。成绩的确很显著——据1963年联合国的统计数字，通过18年的努力，墨西哥玉米在此前的10年中平均增产达7%；同期墨西哥人口增长了60%，但玉米实现了自给。

此后，洛克菲勒基金会再通过墨西哥把一些由他们培养的专家派往哥伦比亚，同样是由基金会提供大部分资金，同样也在哥伦比亚取得了不俗的成绩。

在"帮助"墨西哥期间，从1956年开始，洛克菲勒基金会还向印度先后派出了12名专家，并于1958年在新德里成立了印度农业研究院研究生院。此后，在印度各省、各主要农产区都建立了合作项目。福特基金会在这一年发表了《印度粮食危机及应对措施报告》，其中没有把印度农业生产中根本的社会因素，如土地所有制、财产制度等作为改革的主要目标，而是强调应该从技术角度进行改革，对种子进行改良、改造灌溉、使用化肥等。与此同时，福特基金会还为印度制订了"集约化农业发展计划"，实际上就是把美国20年代的大型农业综合体模式复制过来，更换上符合印度口味的名称，并为其提供农业补贴、信贷和优惠价格等。这些计划做得很漂亮，而且让人看上去就能感觉到一定能见效，因此印度接纳了这些建议和计划，毫不犹豫地实施起来。

1970年，曾经在墨西哥工作的基金会专家诺曼·博洛格(Norman Borlaug)还因在印度培育出新型杂交水稻获得了诺贝尔奖——但是，他所获得的是诺贝尔和平奖而不是生物奖。

菲律宾当然也是一个重点。洛克菲勒基金会与福特基金会共同于1959年在菲律宾设立了国际水稻研究所，福特为此出资700万美元建造实验室等，洛克菲勒基金会提供专家，并每年提供50万美元的日常运营费用，菲律宾提供土地。这一研究所拥有200亩实验田，并且拥有先进的实验设备等，1962年正式运营，其中还有泰国、日本、印度、菲律宾和中国台湾的代表。

实则，这场轰轰烈烈的“绿色革命”隐含着巨大阴谋和危机，这具体表现在以下几个方面：

其一，亚瑟·莫舍是这时期洛克菲勒农业发展理事会的执行理事，他在宣传手册中告诫发展中国家农民应该抛弃现有的旧习惯，接受商业农业，发展中国家应该发展经济农业，这在今天看来实际上是在改变发展中国家的农业生产模式，意在使之放弃旧有的农业模式，改为采用美式农业。然而，旧有的农业模式是经过千百年千锤百炼形成的适合当地经济和自然环境的农业模式，除非有真正高效的农业生产模式，否则不宜轻易改变。

其二，那些增产明显的农作物，其实最主要的增产原因是使用了过量的化肥。前面说过，倾销化肥正是陶氏化学、孟山都、杜邦、赫克力士火药公司在战后所要做的。墨西哥、印度等地的粮食产量在使用了美国化肥后增产明显。

其三，土壤营养结构失去平衡。过量使用化肥的后果实际上非常严重，因为大量的化肥会导致土壤营养结构失去平衡，而均衡的营养才能让农作物生长得更健康。土壤营养结构失衡会导致土壤长期不利于农作物，且单一作物种植更加剧了这种失衡。相反，如要恢复原有的平衡往往需要很多年，或者再使用另外的过量化肥，这种方法短期内效果明显，但会造成更长远的伤害。

其四，经过改良的种子实际上存在一个巨大的缺陷，那就是繁殖能力很低。也就是说，经过一年之后，虽然单产增加了，但可以作为第二年使用的种子却大幅下降，这迫使农民每一年都需要购买种子。

其五，推广“绿色革命”其实就是推广美式农业，这需要从美国购买大量的农业机械和零配件，给农民和一些企业增加了许多债务负担。

其六，农民的债务变得越来越多。由于使用了美国提供的杂交种子，为了提高单产就必须要使用大量的化肥，而种子、化肥都不是免费赠送的，这些都需要农民花钱购买。美国农业专家往往会同时建议这些国家为农民提供小额贷款，以帮助农民购买种子和化肥，当产量增加后，农民既能归还贷款也能增加个人收入，看起来是对国家和农民都有利的好事。但实际上，经过十几年的发展后，墨西哥、印度、菲律宾、巴西、哥伦比亚等国的农民收入不但没有增加，相反背负债务的农民越来越多，破产的农民也越来越多，这究竟是为什么呢?

很简单，前四条归结起来就可以发现，这些国家的粮食产量在前些年的确增加了，但很快就一年不如一年，粮产量呈现递减状态，这主要是化肥、种子、土壤以及繁育力四方面的负效应都开始显现出来。而当农作物大量减产后，农民自然也就不可能在当年通过增产偿还贷款，结果年复一年，随着逐年减产，农民的债务负担也就越来越重，直至破产。

对这些国家来说，悲剧还不仅仅限于农民，在推行“绿色革命”期间，往往要兴建许多大型水利灌溉工程，这些工程在当时起到了不小的作用，但其副效应也在后期显现，许多江河湖泊的自然状态被改变，生态环境遭到破坏，自然环境随之改变，自然灾害变得频繁。农业生产中还因大量使用杀虫剂等农药，结果导致农作物本身含有毒副作用，也给自然生态带来影响，导致生物链断裂或者发生变化。

相反，美国与粮食相关的企业却从中大发其财，如陶氏化学、孟山都、杜邦等倾销了大量化肥，孟山都等更是从墨西哥、菲律宾、印度、尼日利亚、巴西等国获得了大量优良种子资源，并且通过各地的研究所获得了大量技术资料和信息，为日后的转基因种子积累了丰富的资料和基础研究；嘉吉、邦吉等公司当然也在期间大大地扩张了他们对粮食的垄断；农业机械制造公司也卖出了大量机械。

就这样，洛克菲勒等不但销售了大量的石油，而且还成功地完成了全球粮食战略的第一步：大量的国家已经被“绿色革命”所改变，而这种改变是不可逆转的：土壤结构已经改变，但土地不能闲置让其恢复，粮食必须是每年都要生产的，所以要想继续种植粮食和获得相当的产量，那就必须购买更多的化肥；如果要想获得高产，那就还必须要从美国的种子公司那里购买种子；大量的农民破产，农业耕种方式和生产方式已经建立起机械化生产模式，只能继续这种模式；粮食生产和销售也已经按照美国的方式进行了商业化改造，因此也只能继续这种模式。因而，经过十几年，这些国家普遍发现，他们已经成功地被美国改造了。

●“绿色革命”之南美

如同墨西哥成了美国“绿色革命”的第一个牺牲品一样，阿根廷也成了美国转基因的第一个牺牲品。

在20世纪80年代，阿根廷农民和牧民还是世界上最幸福的人，他们的农业体系多样化，而且土地肥沃，家庭农场收益很不错，既拥有大片土地，也有相当的牧场。阿根廷的粮食、蔬菜和牛奶、牛肉都是享有盛誉的，尤其是阿根廷牛肉，与美国最优质的得克萨斯牛肉不相上下。然而，20世纪70年代爆发的两次石油危机，也严重地冲击了阿根廷。为了继续购买紧缺的高价石油，阿根廷不得不举债。洛克菲勒家族看准了这一机会，立即通过家族的大通曼哈顿银行、花旗银行、波士顿银行、巴克莱银行等，再联手其他家族的银行，为阿根廷提供美元贷款。

1973年，基辛格为了促使智利总统、社会主义者萨尔瓦多·阿连德(Salvador Allende)下台，精心策划了一场“粮食战争”。其首先与智利国内的反对派、右翼大农场主和粮食企业联合，使其破坏粮食生产，导致智利粮食进口量大增，本来就不富裕的外汇很快耗尽。此后，智利国内粮食紧缺，通货膨胀加剧，导致中产阶级也因粮食价格高涨而不满，底层民众更是因为面临饥饿而充满怨气。阿连德政府只好向美国求助，这当然被尼克松一口拒绝了。此时，时机终于成熟，于是基辛格再策划政变，推翻了阿连德政府，军事独裁者奥古斯托·皮诺切特于1973年上台。此后，美国开始向智利提供大笔粮食援助。但是，这些粮食并没有直接“援助”最需要的底层社会，大部分都由军队销售，换回的资金又有一部分用来购买美国武器，结果是美国一箭三雕：推翻了亲苏的阿连德政府，保持了南美后院的稳定；出口了粮食；销售了军火。

美国学者斯塔夫里亚诺斯在其著作《全球分裂——第三世界的历史进程》中曾列出一份“美国政府与世界银行对智利的援助”表格，用以说明美国是如何操纵世界银行颠覆智利阿连德政府以及支持发动政变的军政府的。下列这份表格中有一项就属于“粮食换和平”计划：

时　　期	金额(单位：万美元)
1968—1970年，弗雷时期	2 500
1971—1973年，阿连德时期	0
1974—1976年，军政府时期	10 700

(数据来源：斯塔夫里亚诺斯：《全球分裂——第三世界的历史进程》)

尼克松总统对阿连德政府的态度很明确，他说：“即使是一颗螺母、一个螺栓也不许运到智利去。我们必须使它的经济变得一团糟。”于是，美国没有给阿连德政府提供一美元的粮食贷款。而到了军政府时期，基辛格又说：“我不明白为什么我们要对一个国家由于它对自己的人民不负责任而倒向共产主义竟然袖手旁观。”于是美国给智利军政府提供了1.07亿美元的粮食贷款。所以，丹·摩根总结说：“480公法计划就这样使美国把粮食分配给像埃及或智利那样的国家，以换取政治或经济方面的利益。美国发运的补贴粮食，和其他一切对外援助一样，只是因为受援国家弱、穷或缺少外汇到世界市场上去买粮，才能成为一种有效的武器。”

不过，对美国人来说，智利市场还是太小了，于是，他们又把目光转向南美另一大市场——阿根廷，准备如法炮制。1976年，在美国中央情报局的支持和主导下，曾经在美国接受培训的一批阿根廷军官发动了一场军事政变。

1976年10月，阿根廷外交部长、海军上将塞萨尔·古塞蒂来到华盛顿，拜访了美国副总统纳尔逊·洛克菲勒和国务卿基辛格。政变之后，军政府任命与戴维·洛克菲勒关系密切的马丁内斯·德·胡斯为经济部长。此人也是阿根廷大农场主阶层的代表人物。

马丁内斯·德·胡斯按照洛克菲勒家族的要求，以增加财政收入、降低财政赤字和降低通货膨胀为名，开始放开以前由政府控制的价格，其中包括生活必需品价格，如粮食和燃油等，同时压减工资增长，削减商品进口关税、提高公共部门收费和增加税收，导致阿根廷民众购买力下降，国内工业企业在低价进口的商品冲击下也日益艰难，但经过两年多的“治理”，财政赤字从1975年占国内生产总值的10.3%下降到1979年2.7%，通货膨胀率也从1975年的335%下降到1980年的87.6%。这场成绩显著的“治理”实际上是由阿根廷民众买单，填平了阿根廷的美元债务和财政赤字。

但这仅仅是灾难的开始，真正的危险在于阿根廷为洛克菲勒家族敞开了大门，大通曼哈顿银行和花旗银行最先进入阿根廷。

1980年10月，受第二次石油危机的冲击，美元再次大幅贬值，同时由于石油价格和粮食价格大幅上涨，美联储宣布主导利率提高300%，这对全球利率都产生了巨大影响。由于阿根廷外债为美元外债，阿根廷顿时陷入到债务陷阱中。雪上加霜的是，1982年，英国与阿根廷又爆发马岛战争，阿根廷在此战中失利，导致阿根廷陷入到更严重的经济危机中。对阿根廷来说，这场战争的唯一好处是结束了军政府的统治。在军政府垮台时，阿根廷经济几乎处在破产的边缘，通货膨胀高达200%，背负着巨额债务，经济一片混乱。

但是，军政府时代虽然过去了，并不意味着阿根廷就结束了黑暗，庇隆时代一去不复返，阿根廷仍掌握在洛克菲勒家族手中。至1989年，卡洛斯·梅内姆上台，他是一个比马丁内斯·德·胡斯更亲美的人物，本身就出身阿根廷富有阶层，实际上代表着官僚资本。而且卡洛斯·梅内姆更是洛克菲勒家族的代理人，梅内姆政权的财政经济部长多明戈·卡瓦罗，毕业于哈佛大学，拥有博士学位，与洛克菲勒家族关系密切，奉行的仍是马丁内斯·德·胡斯的一套做法。实际上，其所执行的经济计划基本上都是由洛克菲勒家族直接制订的，以推进阿根廷经济私有化和自由化为主，其中甚至包括教育、医疗等社会保障体系，其开放程度远远超过了军政府时期。

另外，国际货币基金组织还向阿根廷提出条件，要求阿根廷的经济改革一定要按照他们提供的方案进行，否则不会给阿根廷提供紧急贷款，而没有紧急贷款，阿根廷就无法稳定不断贬值的本国货币比索。所以，阿根廷只好屈服。

就这样，洛克菲勒家族在外通过国际货币基金组织，在内通过卡洛斯·梅内姆和多明戈·卡瓦罗的配合，并没有费多大力就完全控制了阿根廷。国际货币基金组织为阿根廷提供了24亿美元贷款，而阿根廷执行了所谓“休克疗法”，采取了很多激进措施。所谓“休克疗法”实际上就是用激进措施在短时间内完成私有化和自由化，或者干脆点说，就是把阿根廷的电信、石油、粮食等国家经济命脉交到洛克菲勒家族以及其他美国权势家族和阿根廷上层权势家族手中。

至1991年，阿根廷的通货膨胀开始降低了，似乎出现了奇迹，但实际上阿根廷的货币控制权已经被移交到“货币委员会”手中，该委员会听命于国际货币基金组织，众所周知，国际货币基金组织是听命于美国的。“货币委员会”又是怎样降低通货膨胀的呢？那就是通过固定汇率，即硬性把比索与美元的兑换率保持在1∶1。这样的确能把通胀降下来，因为只要不通过印刷钞票就可以保持这一汇率，而保持这样的规定汇率，实际上就等于把阿根廷货币与美元挂钩，比索就相当于阿根廷本地的美元，美元资本可以长驱直入进入阿根廷，不存在汇率障碍。

在改造阿根廷的过程中，洛克菲勒家族除了进入货币、金融和经济领域外，还直接进入农业领域，把阿根廷变成转基因粮食的生产基地。

1991年，梅内姆政府成立了“生物技术顾问委员会”，这个委员会的主要职责是为转基因实验发放许可证，换言之，相当于给美国转基因作物在阿根廷种植发放合法外衣。短短几年间，该委员会就给大豆、玉米、向日葵、棉花、小麦等发放了许可证，数量达到569张。

孟山都公司在1995年研制出了抗“农达”(Roundup Ready)大豆(简称RR)，这种转基因大豆可以抵抗一种名为“农达”的除草剂，这样，当农田中喷洒“农达”除草剂之后，这种大豆不会受到伤害，仍能保持产量。1996年，梅内姆政府为孟山都发放了许可证，允许其在阿根廷国内独家经销转基因大豆种子。

在孟山都取得骄人成绩的同时，嘉吉等粮商也以低廉的价格收购了阿根廷大量的土地，另外很多投资商也进入阿根廷分得一杯羹，如索罗斯的量子基金等。

● 输入美国农业模式

洛克菲勒家族所倾销的农业生产模式看起来是如此成功，即便亨利·伯恩斯坦这样被认为是工人和农民利益的同情学者甚至也认为，小农经济已经不适合现代世界。

牛津大学经济学家保罗·科利尔曾在《外交》杂志上撰文，鼓吹美国农业模式。他认为要使全球的粮食生产满足全球人口增长的需要的话，“农业资本主义产业化”是唯一的出路。科利尔说，农民既不是企业家，也不是创新者，他们过于看重他们的粮食安全。他们最好去找工作（就业）而不要想去做只有少数人才适合做的企业家。最适合富有创新精神的企业家发挥作用的方式就是商业化的农业经营方式：“农民的生产模式不适合现代农业生产，在现代农业生产中规模是有益的。在现代农业中，科技迅速发展，投资很大；交通基础设施由私人提供是应对公共基础设施匮乏必不可少的；消费者的食品链日新月异，一体化的营销链最能满足他们的需要；监管标准不断提高并追溯到农产品的源头进行监管以确保农业生产朝理想化的方向发展。”

洛克菲勒家族所倾销的农业生产模式看起来是如此成功，即便亨利·伯恩斯坦这样被认为是工人和农民利益的同情学者甚至也认为，小农经济已经不适合现代世界，因为人口持续增长，需要越来越多的粮食供应，所以小农经济的支持者们在“很大程度上忽视了养活世界人口的问题，在现代这一问题已经成为一个普遍的问题，而这主要是因为资本主义的发展在生产力方面取得的革命性成就”。

但是，世界银行在《2008年世界发展报告》中警告说，正是由于输入美国的农业模式，进行所谓结构调整，政府对农业的资金投入越来越少，大大削弱了农业的生产能力，“20世纪80年代的结构调整摧毁了精心打造的公共代理体系，正是这个体系给农民提供了获得土地、信贷、保险投入以及合作组织的机会。结构调整期望通过消除国家干预促使市场自由化，使私人经营者能够承担起这些职能，以降低他们的成本，提高产品质量，以及消除税率递减的倾向。然而，事与愿违(很多时候这种情况没有发生)。在一些地方，国家的退出充其量是一种尝试性的退出，仍限制私人进入。在其他地方，只是缓慢地、局部地出现了一些主要服务于商业农民的私营部门，而这又使小佃农面临着广泛的市场失灵、较高的交易成本和风险，以及服务的缺失。不完全市场和制度缺失把以上增长的巨大成本和福利损失强加给小佃农，这威胁着他们的竞争力，甚至在许多情况下，威胁着他们的生存”。

●《北美自由贸易协定》

《北美自由贸易协定》是一个美国统一和控制整个北美市场的大阴谋。按照这个协定，市场内遵循自由化原则，北美范围内实行商品自由化。这一协定是在美国、加拿大和墨西哥三国之间签署的，是世界自由贸易协定的最初蓝本。这个协定最初就是不平衡的——美国和加拿大都是发达国家，而墨西哥是发展中国家；而且，墨西哥最大的错误——当然也是美国最成功的地方，就是把农业也划入自由贸易的范畴之内。当时，美国给墨西哥展示了一个极其美好的图景：美国和加拿大是发达国家，需要大量的粮食，而墨西哥是农业大国，盛产玉米等粮食作物，且当时墨西哥玉米生产成本远远低于美国，因此墨西哥玉米等粮食作物拥有十分广阔的市场。对于这个蓝图，不要说当时的墨西哥喜出望外，世界许多农业大国都羡慕不已，认为《北美自由贸易协定》给墨西哥农业带来了无尽的财富。但今天人们遭遇粮食危机后再回顾这段历史，赫然发现，当时的墨西哥忽视了两点：(1) 美国拥有强大的金融实力，能够对本国农业提供巨额补贴；(2) 墨西哥正处在工业化阶段，是一个冉冉上升的新兴经济体，转型时期是最容易被介入的。墨西哥本该对一切自由贸易小心谨慎，不轻易进入，尤其是与美国这样的超级大国进行自由贸易，无异于与虎谋皮。但这些都是事后诸葛亮，当时不仅墨西哥无法预见到美国的粮食阴谋，整个世界除了西方极少数国家以及粮食巨头们，工业化时期的大多数国家和新兴经济体都没有这样的远见卓识。相反，新兴经济体在向工业化迈进的时候最需要三样东西：金融支持、技术支持和广阔的市场，而这三样东西都在欧美手中，再加上那诱人的前景，又有多少人还能保持理智呢？

就在《北美自由贸易协定》签署后不久，美国就发动了对墨西哥玉米的攻势。

在缔结《北美自由贸易协定》前，墨西哥的玉米耕地面积占总耕地面积的60%，总人口中的8%(300万)人依靠种植玉米生存——墨西哥是世界玉米的发源地，也是世界玉米的主要种植地。至今墨西哥还有40多个独特品种在种植，另外还有数百个其他玉米品种；玉米是墨西哥人的主要粮食。1994年1月1日，墨西哥比索遭到了美元的攻击，大幅贬值，幅度高达42%。货币贬值，对出口相对来说是有利的，墨西哥玉米因而出口量有所增加，墨西哥因此扩大了玉米种植量，岂料这之后墨西哥玉米就遭遇了低价的美国玉米，结果一败涂地。扩大种植面积不但未能获利，反而中了美国的圈套——首先通过美元攻击导致比索大幅贬值，促进玉米出口，当玉米种植量扩大时，再用低价的美国玉米直接发动玉米攻势，结果墨西哥玉米因产量增加、国际价格又大跌，最终造成灾难。美国粮食巨头由此深入墨西哥，一举垄断了墨西哥玉米生产、加工和出口。当美国垄断了玉米价格后，玉米价格就开始一路飙升，墨西哥人从此再也得不到低廉的玉米饼了——墨西哥人常把玉米做成小圆饼，这是他们最常见的日常主食。1994年1月时，玉米圆饼的价格还只有每公斤0.5比索，到了1999年价格就上涨了7倍，达到每公斤3.5比索。我们会注意到，这与比索大幅贬值同期，价格上涨自然有通胀的因素，但仅是通胀不会达到7倍，其中更主要的是玉米价格的上升。而且，也不单单是玉米价格的上升，而是整个玉米产业都在膨胀——前面曾说到，美国粮食巨头控制了墨西哥两家最大的玉米加工企业吉姆萨(GIMSA)和名莎(MINSA),这两家企业在墨西哥的市场份额高达97%,从这一简单数字我们就能理解玉米圆饼何以在短短5年内飙升了7倍。

经过这一轮打击后,墨西哥玉米加工业被美国掌握,但美国还需要根本性地摧毁墨西哥玉米。原本,相比墨西哥玉米,美国玉米本身处于成本劣势,英国皇家国际事务研究所曾经对美国玉米和墨西哥玉米做过调查,其报告中说得很清楚:"在美国生产一吨玉米需要160升油,而在墨西哥,农民用传统的方法生产同样多的玉米只需要4.8升油。2005年,能源开支占美国农业生产总成本的16%还多,其中三分之一直接用于燃料,包括电力,三分之二间接地用于化肥和农药的生产。"但美国玉米由于有巨额补贴,在国际上就能以低于成本价出售。2002年,美国玉米每蒲式耳的成本为2.66美元,而其出售价格却只有1.74美元,这就低于墨西哥玉米的销售价,因此美国玉米迅速击败了墨西哥玉米,美国粮商很快占领了墨西哥玉米市场。在20世纪90年代,墨西哥玉米接连上涨,达到原来价格的2倍。2006年后,玉米价格再次高涨,又翻了1倍,结果低收入者已经无力购买玉米,只好转而购买面粉。这时低收入者又发现,他们的工资平均下降了10%,因为有大量的破产农民加入到了打工者的队伍中,而这些破产农民中有相当部分原来就是玉米种植者。可见,欧美发动粮食危机,绝不仅仅是为了炒作获利,而是对墨西哥这样的国家的经济结构进行打击。

欧美推行所谓新自由主义粮食贸易政策,目的就是要建立一个适合欧美的舞台。当发展中国家自由化和私有化结合的时候,全球统一大粮食市场正在形成,而西方就成了经理人和操盘手。

第七章　把世界纳入美国粮食轨道

WTO谈判完成后，各个农业国的悲剧就演变为连续剧。

● 布雷顿森林体系解体

1971 年 8 月尼克松宣布美元与黄金脱钩后，导致美元泛滥成灾，世界几乎所有商品都出现了一次涨价潮，也等于给粮食涨价打开了天窗，粮食不再受到黄金的硬性压制，而是由可以上下浮动的美元来定价。

每逢战争，美国债务负担必然高涨，在 1965 至 1975 年，美国深陷三大困境：越战、西欧和日本的经济崛起、第一次石油危机。越战久拖不决，严重拖累了美国经济，加之西欧和日本的崛起使得美国又失去了不少市场份额，1973 年海湾石油国家又发动了石油涨价，结果美国经济雪上加霜，正是这三大困境最终迫使美国放弃了金本位。

自从参与越南战争后，美国经济就被这场战争拖累，美国公司面临西欧和日本的竞争，利润率不断下降，至 1965 年利润率达到顶峰后开始掉头向下，逐年下降。这期间，美国国内的工厂大多建于“二战”时期和 20 世纪 50 年代，与日本和西欧战后兴建的工厂相比显得破败不堪，机器设备和技术上也显得陈旧落后，一些传统工厂更是面临西欧和日本工厂的竞争，在电子、机械制造、钢铁等方面的领先局面已经转移至西欧和日本，美国传统工厂大批破产倒闭，工人失业，更多的工厂不得不削减工作岗位，在 40、50 年代曾经繁荣的工业区现在一片凋零，美国的支柱产业衰落的程度很惊人。由于工业衰退，金融业也度日维艰，可以获利的领域越来越少，信贷业务也陷入困境。至 1969 年尼克松上台时，美国贸易逆差正在迅速扩大，由于美国经济严重衰退，导致国际对美元产生了严重的不信任，这是美元历史上最严重的信任危机之一。实际上，自 20 世纪 50 年代后期，西欧和日本在美国援助下复兴，经济实力迅速恢复，美国竞争力已经有所减弱，贸易由顺差转向逆差；全球美元此时也出现了过剩，各国开始抛出美元，兑换黄金，美国黄金开始外流，这又加剧了美元的信任危机，于是外国纷纷要求美国用黄金支付贸易逆去。美国很清楚，如果真的用黄金支付，美国的信用必将在一夜之间崩溃，因此，美国断然拒绝使用黄金支付。1971 年 7 月第七次美元危机爆发，尼克松政府于 8 月 15 日宣布实行“新经济政策”，12 月以《史密森协定》为标志美元对黄金贬值，同时美联储停止外国政府或中央用美元兑换黄金，这等于正式宣布美元与黄金脱钩。1973 年 3 月，西欧再次爆发抛售美元、抢购黄金和西德马克的风潮，3 月 16 日，欧洲共同体 9 国在巴黎举行会议，决定联邦德国和法国等国对美元实行“联合浮动汇率”，法郎和马克之间实行固定汇率，布雷顿森林体系至此已经基本破产。美元当时虽然仍是国际储备货币，但日元、马克、英镑、瑞士法郎等都表现出竞争力，在市场上占有一席之地。

战争拖累和经济严重下滑，导致美国债务负担也日益加重，从 1960 至 1974 年，美国债务全面上涨，无论是政府债务还是公司债务、个人消费债务等都增长了 300%，甚至连房屋债务上涨也达到这一数字，而美国联邦政府的债务更是上涨了 1 000%。如此惊人的债务增长，又怎能不让世界对美元感到恐慌呢?

从 1944 至 1971 年，不过短短 27 年，美国所建立的“布雷顿森林体系”就宣告崩溃，美式民主以及美国经济模式因此也遭遇困境，整个西方世界都感到美国已经虚弱无力，这种危机已经不只是经济危机那么简单，在苏联等社会主义集团仍具有强大力量的同时，繁荣的美国却遭遇深刻的危机，甚至经济支撑体系走向崩溃，这让整个西方感到惶恐。

1971 年 8 月尼克松宣布美元与黄金脱钩后，导致美元泛滥成灾，世界几乎所有商品都出现了一次涨价潮，也等于给粮食涨价打开了天窗，粮食不再受到黄金的硬性压制，而是由可以上下浮动的美元来定价，这为粮食期货炒作打开了大门。美国粮食与饲料协会主席说:“新经济政策由于美元贬值赋予了美国农业以优势地位，这至关重要。”由此形成了 1973 年粮食危机——也正是这一年的世界粮食危机成为美国确立粮食战略的标志性事件。现在人们把过多的注意力放在了 1973 年的国际石油价格大涨上，的确，当时暴涨了约 400%，但当时的国际粮价也同样上涨了 300%多。

新粮食战略与美国以往的粮食手段既一脉相承，又更为深刻、更为宏大。1974 年，皮尔斯说服国会通过了贸易改革法案，这一法案的主旨是要求美国谈判代表在工业方面做出一些让步，以换取其他国家在农业方面做出让步。当时，美国农业正遭受西欧和日本的夹击，钢铁、制造等行业一片萧条，此时再要求在工业方面做出让步，其难度可想而知，但国会最终还是通过了该法案。一方面，这是粮食巨头们集体进行院外游说的结果，另一方面，尼克松、基辛格等人都已经对粮食战略对美国未来的重要性看得很清楚，那远比当时抛弃毫无作为的工业要重要得多。另外，工业也必须要进行产业升级，把一堆生锈的机器扔出工厂并没有什么可惜的，也只有把这些陈旧的设备扔出去，才能把新设备搬进来。

● 决定美国 40 年的“三边委员会”

1973 年，纳尔逊·洛克菲勒等兄弟约集了包括欧洲和北美以及日本在内的西方发达国家内最有影响力的精英齐聚一堂，包括 14 个国家的权势家族，共约 300 人。戴维·洛克菲勒在这次精英集会上倡议，建立一个西方发达国家全球政策决策圈，称之为“三边委员会”。

尽管布雷顿森林体系崩溃，但美国最核心的实力——美国权势家族和财团并没有受到多少损害，他们才是美国真正的生命力所在。如此深刻的经济危机，他们当然会蒙受损失，甚至损失很多，但没有伤及根本，他们这时开始思索如何挽救美国。

1969 年，理查德·尼克松入主白宫，当时美国深陷越战泥潭，国内成千上万的学生在抗议，经济状况也一片低迷，西欧和日本正在占领美国的商业地盘，尤其是美元正遭受最严重的信任冲击，外国央行要求美国支付黄金，而不是用美元结算。尼克松在政治和外交方面表现得很出色——与苏联缓和了关系，在没建立外交关系的情况下就实现了访华，与中国建立了事实上的共同对抗苏联的政治同盟，以出人意料、不循常规的手法实现了美国战略转折。但是，这一切远远不够，对美国国内的党派、权势家族和民众来说都是如此，他没有能拿出一份像“罗斯福新政”那样的经济复兴计划，所以，整个美国都对他感到失望，虽然尼克松在国际政治舞台上声望很高，在美国国内却遭人蔑视。

在看到尼克松对美国经济无能为力的时候，美国的权势家族们开始行动了，率先行动的就是洛克菲勒家族在政界的代表人物、前纽约州州长纳尔逊·洛克菲勒，他一直致力于竞选美国总统；同时，他也和其兄弟戴维、劳伦斯、约翰和温思罗普一起经营洛克菲勒基金和其他一些家族基金、企业等。当时，洛克菲勒这样的家族准备取代尼克松挽救美国，绝不仅仅是要为美国找到复兴的办法，更是要为美国制定一份长期的全球大战略。而尼克松政府与其说是尼克松的，还不如说是洛克菲勒家族的——这是因为洛克菲勒家族在20世纪60年代是美国权力家族集团的核心，该家族通过各种研究机构、大学、政党组织和私人企业以及与其他家族合作、联姻等，在美国编织了非常复杂繁密的网络，拥有无数杰出人才，当时尼克松政府中实际的外交政策和国家战略制定者、时任国务卿的基辛格自从哈佛毕业后就进入洛克菲勒基金会，与洛克菲勒家族有着十分亲密的关系。

另外一位对世界有重要影响的学者是布热津斯基，他当时是哥伦比亚大学俄罗斯研究中心的教授，该研究中心也是由洛克菲勒家族资助的。戴维·洛克菲勒与布热津斯基有过多次交谈。布热津斯基在1970年时撰写了一本书：《两个时代之间：美国在技术时代中的作用》，书中认为，美国应该由一群精英统治，而这些精英应该促进美国对技术的开发和垄断，再利用技术控制美国，对公众和社会保持严密监控，与此同时展开对世界的控制。这本书当时并未引起社会注意，但布热津斯基的想法非常符合洛克菲勒家族以及欧美权势家族的愿望，因此戴维·洛克菲勒与布热津斯基详谈数次后就接受了他的“精英统治美国、美国统治世界”的理论。在布热津斯基的建议下，戴维·洛克菲勒决定召集西方大家族共同商议。同时，戴维·洛克菲勒也接受了布热津斯基的另一个建议，那就是把日本也拉进来，这样从大势上就可以形成美国在东西两侧都有强有力的盟友，可以同时控制大西洋和太平洋，日本和西欧就像是美国的两把铁钳，有力地遏制住欧亚大陆的两端。另外，把日本拉入欧美同盟，也可以避免日本倒向苏联和中国。

当洛克菲勒等家族集团决定抛弃尼克松自行制订计划的时候，尼克松的命运也就注定了。1973年，纳尔逊·洛克菲勒等兄弟约集了包括欧洲和北美以及日本在内的西方发达国家内最有影响力的精英齐聚一堂，包括14个国家的权势家族，共约300人。戴维·洛克菲勒在这次精英集会上倡议，建立一个西方发达国家全球政策决策圈，称之为“三边委员会”（The Trilateral Commission）。所谓“三边”是指北美、西欧和日本。在“三边委员会”成立时，美国许多权势家族和政治家都是委员会成员，如布热津斯基、乔治·布什、保罗·沃尔克、埃伦·格林斯潘、詹姆斯·厄尔吉米·卡特等。仅仅从这个最简短的名单中，我们就可以发现，实际上这是一个美国未来政治组成委员会，布热津斯基是后来炙手可热的政治家，卡特后来成为总统，布什家族也出了两位总统，保罗·沃尔克和埃伦·格林斯潘先后掌管美联储，因此可以说，“三边委员会”的成立决定了美国未来40年的政治构架。另外，更重要的是资本的齐聚，该委员会包括美国的洛克菲勒财团、摩根财团，欧洲的德意志银行财团、法国巴黎银行财团、英荷壳牌石油财团，日本的东芝电气、住友化学、新日铁、日产汽车、日本精工、日本电气、日立制作、松下电气以及丰田公司的董事长或经理。“三边委员会”成立后，戴维·洛克菲勒就建议由布热津斯基担任第一任委员会执行主席。

至于怎么扳倒尼克松，那很容易，随便找个事情，然后公之于世就行了——就像雅典指责他人不敬神、欧洲领导人难以避免绯闻一样，美国没有哪一个总统不会使用一些窃听、监控的手段，这是现任总统所拥有的竞选资源。于是，“水门事件”便出现在报纸上，尼克松被迫于1974年8月离开了白宫。

扳倒了尼克松之后，卡特迅速任命“三边委员会”的人担任政府要职，卡特本人为总统，然后从副总统、总统的国家安全事务助理、国务卿、国防部长、财政部长到美联储主席等要职均出自“三边委员会”，总共达26人，可以说全面掌握了美国联邦政府大权。在卡特之后的里根政府内，仍有7人担任政策顾问和政府要职。

“三边委员会”每年 9 月由三个地区的代表轮流做东道主，召开会议。“三边委员会”并非是一个美国组织，其囊括了欧洲、日本和美国的所有权势家族，其实力在世界上无与伦比，实际上形成了一个家族大联盟，美国也不过是这个家族大联盟统治世界的工具。

“三边委员会”成立后，由另一著名政治家、哈佛大学教授塞缪尔·亨廷顿撰写了第一份政策性文件，这就是发表于 1975 年的《民主的危机》。亨廷顿所言“危机”，实际上是指“民主国家的统治能力”。当时，中国正处在“文化大革命”的热潮中，西方国家因经济衰退也出现了诸多社会不满，“造反”运动也是此起彼伏，因此亨廷顿认为“民主国家”的“统治能力”陷入危机。当然，他不是就“危机”谈危机，而是在探讨危机背后的原因以及美国该何去何从。这背后的原因就是“60 年代美国民主制度的活力在政府活动和政府权威方面分别产生了实质性的增长和下降”。这主要表现在四个方面：

一、民主对现存威权发起挑战。“60 年代民主浪潮的实质是对现存权威制度的一次全面挑战。”这是指发生于 20 世纪 60 年代的学生反越战活动；政府组织中也出现下属反对上级的现象。

二、公众信心下降。公众对政府产生了疏离，政治参与热情反而在反越战的浪潮中下降。

三、政党体制遭遇难堪。政党本来是公众利益的代表，结果公众因对政治感到失望，对政党也感到厌恶，政党支持率明显下降，“政党体制一直经受着一种缓慢的、现在又加速的分崩离析过程”。

四、政府与在野党之间的权力平衡出现失衡的迹象。由于政府公信力下降，在野党获得了较多影响力，他们对政策制定正在不断施加影响。

总之，美国的民主社会出现了大混乱，他的结论就是：“今天，在美国有关统治的一些问题正是因为民主过剩而引起的……民主在很大程度上需要节制。”

“民主过剩”这一归结可谓画龙点睛，不仅把所有问题归结到了“过剩”上，同时也等于给出了治病良方，那就是：民主再平衡。而收回“过剩”的办法是什么呢？显然，那就是削减民主，提高社会控制力，这正是“三边委员会”重新塑造美国所需要的宣传准备。

如果说布热津斯基是三边委员会的灵魂，正是他给出了美国未来利用技术控制世界的宏伟构想，那么亨廷顿就是伟大的背景设计师，他为美国提出了“文明冲突论”，这是美国发动反恐战争的理论基础；而在当时，还有一位政治大师，他就是亨利·基辛格，他则是一个睿智的实干家，既是美国外交政策的实施者，也是美国未来战略的具体策划师。

基辛格时任尼克松政府的国务卿和国家安全顾问，今天我们对他的印象大多停留在他打开了中美外交的大门这一事上，此事光彩四射，但实际上这不过是他众多杰作中的一件。也许，在今天看来，他最伟大的设计不是在外交上，而是在美国的粮食战略和能源战略上。

● “新经济政策”核心人物

威廉·皮尔斯成为尼克松的大使级贸易谈判特别副代表，他曾是国际贸易和投资政策委员会成员，但更重要的身份是，他曾是嘉吉公司的副总裁，主管公共事务。

20 世纪 70 年代后期，为了重新抢夺世界市场，美国制定了全球经济扩张战略，鼓励美国公司走出去，占有海外市场。正是在这一背景下，美国开始推动全球化(我认为从 1492 年哥伦布发现新大陆开始，全球化就已经开始，但持续 500 多年的全球化在不同时期呈现出不同的浪潮)。这场起自 70 年代后期的新一轮全球化就是美国策动的，是以美国重新争夺世界市场为主题的。

1972 年，全球粮食产量大幅减少，世界粮食储备只有 2.09 亿吨，仅相当于 2 个月的供应量，而经过多年经营，世界上大部分粮食储备实际上都掌握在西方 6 大粮食巨头手中，至 1974 年，这种垄断进一步加剧，据美国农业部数据，当年世界粮食储备的95%掌握在嘉吉谷物公司、大陆谷物公司、库克工业公司、路易·达孚公司、邦吉公司和ADM公司这6大公司手中。实际上，6大粮食巨头不仅控制着世界粮食储备，而且控制着世界各地的粮食加工企业、许多农场和牧场，另外像化肥、农药、种子等也都掌握在美国和其他西方国家手中，这就给美国施展粮食战略以“天赐良机”。

1972年，威廉·皮尔斯成为尼克松的大使级贸易谈判特别副代表，他曾是国际贸易和投资政策委员会成员，但更重要的身份是，他曾是嘉吉公司的副总裁，主管公共事务。皮尔斯认为，美国农业拥有规模、技术和资本的优势，也更有效率，这些都能使美国在世界粮食市场上占据主导、甚至垄断地位，完全能够击败苏联这样的社会主义农业，也能击败欧洲共同体这样狭隘的保护本国农业的经济体，因为他们的效率比不上美国农业。他说，美国现在是自由世界的领导者，承担着最多、最重的海外责任，因此美国也有责任承担起主导世界粮食市场的责任。

皮尔斯实际上成了尼克松在1972年提出的“新经济政策”的决策圈内核心人物之一，他在1974年成为总统“经济发展委员会”成员之一，主要负责为美国制定农业政策。换言之，美国的农业政策实际上是出自嘉吉公司在政府的代言人之手。皮尔斯在此期间实际上主要是为粮食巨头们制定本国国内的扩张政策，因为美国制定的粮食战略需要粮食巨头们有充足的实力，这需要打破美国当时有些落后的家庭农场生产模式，必须把农民从土地上驱赶出去，由大型农业综合企业接手他们的土地，进行大面积综合农业生产。皮尔斯于是称美国农业中存在大量“过剩的人力资源”，新政策必须要迫使大量的家庭农场破产，以便大型农业综合企业收购。在完成这一政策制定后，皮尔斯就辞去了在政府内的职务，又回到嘉吉公司——就这样，在政府内负责制定农业政策，然后回到企业再按照政策去扩张，也许，这可以称为资本主义的效率。

1974年，美国中央情报局对世界气候、人口以及粮食的情况进行了详细的研究，其报告为《人口、农业生产和气候趋势的潜在后果》，成为美国制定粮食战略的主要基础文件之一。报告结论称：世界对美国粮食越来越大的依赖“预示着美国权力和影响的增长，特别是对那些穷困的、缺少农业资源的国家来说更是这样”。第三世界缺粮“可使美国得到前所未有的一种力量，……华盛顿对广大的缺粮者实际上就拥有生杀予夺的权力”。

皮尔斯所主导制定的美国农业政策，也是为美国长远实施粮食战略打基础，主要构想是用30年的时间使得世界农业集中在几大公司手中，从种子到饭桌，实现全产业链无缝垄断，让自己处在绝对技术垄断地位，不给对手任何机会，这样就可以建立起一个粮食帝国，全球都是这个帝国的子民和市场。

皮尔斯还认为，为了能让美国成为世界粮食基地，还必须改变第三世界的饮食消费模式，使之扩大对玉米、小麦、大豆、大米、牛肉的消费，因为这些都是美国的优势粮食和食物品种，而第三世界应该主要生产水果、蔬菜、甘蔗等，这些都是美国的弱势产品，更为主要的是，这些都不是主要粮食作物，这样美国就可以更加容易地控制他们赖以生存的粮食。

皮尔斯就任尼克松政府的贸易谈判特别副代表后，皮特·弗拉尼根同时担任国际经济政策委员会主席，这两人后来成为美国参与关贸总协定多边贸易谈判和关税谈判的策略制定者。

WTO陷阱

所谓世界贸易组织，实际上是全球版的北美贸易组织，美国就是要用这个全球组织把全球经济都纳入到美国的轨道上来，成为美国经济的种植园、采矿场和商品倾销地；所谓新自由主义贸易思想也完全是殖民主义思想。

国际政治就像是一个永不休止的竞技选拔赛，所有的国家都主动或者被动参与其中，追求权力和利益是永恒的主题。处于霸主地位的美国在这场竞技大赛中就是要维持自由、稳定有效率的国际政治和经济秩序。按照这个理解，WTO就必须是对美国有利的，并且其他国家只能认可这些规则是合法的，且默认参与其中是为了让霸权国家获取利益以及由其确定国际安全体系。当然，这不是心甘情愿的，而是处于被迫，另外，确定利益输出多少是由霸权国家与其他国家对抗中达到的平衡所确定的。因而，世界贸易组织就是全球版的“北美自由贸易组织”，美国要利用世界贸易组织实施其贸易强权和贸易报复，这是再好不过的工具了。

在关贸总协定变更为世界贸易组织后，美国继续发挥主导作用。其中，美国发起并主持了WTO农业谈判，目标就是在WTO框架下限制发展中国家农产品进口关税、贸易壁垒和贸易政策，另外还特意操纵WTO通过了《与贸易有关的知识产权协议》(简称《Trips协议》)，该协议其实就是为转基因食品获得专利打开通道，提供保障。在实际贸易中，发展中国家认可在WTO中的农业贸易规则，以期出口本国经济作物，但实际上这是以在粮食贸易中作出让步换取的。当然，并不是所有发展中国家都有经济作物出口，有些国家是希望其他方面能获得出口的，比如纺织品、服装、玩具等，从而也在粮食贸易方面做出妥协。这种利益交换被称为“公平贸易”或者“利益互惠”，实际上自古以来所有的贸易规则都隐含着种种不平等，绝对的平等几乎不存在。如此，WTO就建立在这种表面公平的贸易原则上，实际上是给美国的粮食贸易规则确立了合法性。

在多哈回合谈判中，各发展中国家接受了美国主导的粮食贸易规则，但在关系各国具体的农产品出口上因利益冲突过于明显，结果又拒绝了美国的要求，这导致多哈回合谈判多次破裂。

在WTO成立后的谈判中，西方跨国公司和一些有资本背景的非政府组织成了谈判会场外的“院外集团”，他们广为游说，实际上成了一股能量巨大的力量，对谈判和贸易规则的制定有着相当大的影响力。可以这样说，在农业谈判中，美国政府实际上是嘉吉、邦吉、AMD这样的跨国粮商、孟山都这样的种子基因公司、沃尔玛这样的零售商的代表；反过来说，美国所制定的粮食战略，也是要由这些跨国粮商、孟山都种子基因公司等来具体实施，因此，跨国集团和美国政府本来就是粮食战略这枚硬币的两个面。

美国粮食战略的最终目的是要通过控制国际粮食市场以获取全球财富和维持美国霸权稳定。这些就体现在WTO的粮食贸易规则上，在WTO所制定的农业协定等方面，对美国有利之处体现在以下四个方面：

一、在WTO《农业协议》框架下，允许不公平补贴以及国内政策支持等规则的存在。这与《北美自由贸易协定》中关于农业的规定如出一辙。

如前所述，长期以来，美国一直在对玉米、小麦、大豆、高粱、水稻等粮食作物进行高额补贴，不但有对农田的直接补贴，还有从基因育种到销售所有环节的各种补贴，名目繁多，另外还对出口提供补贴和出口信贷。这些补贴在WTO《农业协议》中被肯定下来，也就获得了合法性。美国和欧盟都在制定WTO《农业协议》时给补贴、信贷等留下了足够的空间，比如美国国内和欧盟成员国都支持削减“绿箱”(Green Box Policies)以外的补贴，但美国通过对“蓝箱”(Blue Box Policies)的设计，使得美国的差额补贴计划得到豁免；此外，由于“绿箱”的支持范围过宽，美国还可以把本应削减的补贴转化为“绿箱”措施支持。所谓“绿箱”是由世界贸易组织在《农业协议》中为保护成员国的农业利益，专门设立的保护条款。它指政府执行某项农业计划时，其费用由纳税人负担而不是从消费者中转移而来，且对农产品贸易和生产者不会产生或仅有微小影响的农业支持措施。这类支农措施是允许的，成员方无须承担约束和削减义务。它包括政府的一般性服务、粮食安全目的等公共原因引起的公共储备补贴、国内粮食援助补贴、与生产不挂钩的收入支持、政府参与的收入保险和收入安全网计划、自然灾害救济补贴、对生产者退休或转业补贴、资源停用或储备的补贴、农业结构调整投资补贴、农业环境保护补贴和区域性援助等十一个方面。所谓“蓝箱”措施是指，按固定面积和产量给予的补贴(如休耕补贴)，按基期生产水平的85%或85%以下给予的补贴，按固定牲畜头数给予的补贴。这些补贴与农产品限产计划有关，成员方不须承担削减义务(注：关于“绿箱”、“黄箱”、“蓝箱”以及“S&D政策”详见附录)。

正是因为制定规则时已经预留充分的空间，所以美国在2008年6月18日推出新的《食品、环保、能源法》中，继续保持高补贴。按照这一法案，在此后的5年中补贴额度高达2 890亿美元。

另外，在给自己留有足够空间的同时，却用规则把新兴经济体将来可能进行的补贴通道堵死。如，在出口补贴方面，WTO《农业协议》规定，凡在基期(1986至1990年)未接受出口补贴的农产品今后不得提供出口补贴，在基期内已接受出口补贴的可继续提供但须逐步削减。然而，实际上依据WTO秘书处2002年统计数据，在基期内仍进行补贴的有25个国家，其中大部分属于发达国家；而根据规定，超过基期后就不能再进行补贴。这样，理论上在基期内任何国家都可以进行补贴，但实际上有能力对农业进行高额补贴的只有发达国家，发展中国家即便想补贴也没有这样的财力。而超过基期后，任何国家都不得再进行补贴，而发展中国家中一些国家(如新兴经济体)此时有能力进行补贴了，却又因规则的存在而不能进行。实则，这就是利用规则指定预先设置规定，阻止新兴经济体在未来获得补贴优势。

二、利用《Trips协议》和有关生物技术的国际公约，在转基因种子以及相关技术方面获得专利，率先利用技术优势占据垄断地位。

众所周知，孟山都、先正达、陶氏化学和杜邦四大转基因种子公司目前控制了转基因种子、农药、化肥等相关技术，美国就利用谈判主导地位，通过了《Trips协议》，另外还有生物技术国际公约，这样就可以把四大转基因种子公司的技术优势转化为专利，再通过世界知识产权保护组织(WIPO)制定的相关规则，各国的专利法也就成为美国专利的保护法，由此也就占据了垄断地位。

在制定这一规则时，同样奉行的是“损人利己”原则。如，《Trips协议》第27.3条(b)规定，允许成员国购买动植物专利，这等于为孟山都等四大公司销售专利设定了通道，但同时该条款又规定，专利使用国必须通过专利制度和专门的特别制度、或者二者组合制度对专利新品种采取保护措施，防止专利外泄。为了加强保护，美国和欧盟还在2000年11月共同推动WIPO发起了“专利议程”，制定《实体专利条约》。这一条约实际上是将全球各国专利法统一协调起来，成为这一条约的“地方法”，把各国独立的专利法变为该条约的附属法律。

三、大棒和胡萝卜，历来是美国对外政策的两个手段。利用粮食援助和贸易优惠也是诱使一些贫困国家依附于美国的手段。

非洲撒哈拉以南国家、孟加拉、斯里兰卡、菲律宾以及南太平洋一些岛国等在粮食上都处于紧缺状态，他们经常有求于联合国粮食计划署这样的机构，因此对粮食援助和贸易优惠特别渴望。其中，菲律宾的例子比较特殊，也比较典型，它是从农业出口国被美国转为粮食附属国的最佳案例。原本，菲律宾是大米等种植大国和出口国，但菲律宾无论在政治上还是经济上，实际上一直处于美国的战略附属地位，在军事上美国和菲律宾有同盟条约；在经济上，菲律宾依赖美国市场。美国给予菲律宾军事保护和市场利益当然不是无偿的，在军事上，它需要菲律宾参与构筑围遏中国的“C型包围”；在政治上，菲律宾是美国介入东南亚最好的一枚棋子；在经济上，菲律宾经济早就是美国经济的边缘补充，因而，菲律宾按照美国的“指导”，整体经济采取了重工轻农的政策，农业方面主要种植热带水果、糖类等经济作物，看似可以出口换取大量外汇，但实际上这是十分危险的舍本逐末，作为国家基础的主要农作物（如大米）等却日渐减少，甚至变为依赖进口。2008年6月，美国与菲律宾签署《农业合作框架协议》，此协议意在继续保持菲律宾本末倒置的粮食生产结构，主要粮食对美国依赖更深。为了解除菲律宾的粮食安全担忧，美国通过这一纸协议承诺给菲律宾提供粮食贷款并向菲律宾出口大米，并为菲律宾粮食品种改造提供转基因资源，实际上，这是将菲律宾变成了美国的一个种植园。

四、任何贸易总会有争端，美国因此把WTO争端机制打造成了美国打击对抗国家的利器。

WTO尽管经历了数十年、多回合的谈判，却并非完美无缺，其机制还存在很多漏洞，但美国并不急于修补，甚至有意留下一些缺口，目的是在争端出现时，美国有实力取胜，它掌握着国际话语权、法律仲裁权，在十分必要时，甚至可以动用武力威胁。

在争端中获胜，也是美国维护霸权的需要，这是现实主义国际政治中常用的“威慑战术”，用以维持秩序。

目前，大多数国家还无力与美国进行争端对抗，因为他们在粮食上处于明显劣势，争端主要出现在发达国家之间，他们之间的粮食竞争较为激烈，冲突也具有代表意义。

通常，为维护西方发达国家的共同粮食联盟，美国会做出一些妥协，比如在转基因食品方面，欧盟的态度始终与美国对立，在进口转基因食品方面制定了一系列严格的法规，明确规定转基因食品必须要有标识，而转基因食品在美国国内是没有标识的，而且美国还允许欧盟成员国对一些已经取得欧盟境内销售许可的转基因食品采取临时性的禁售措施。美国为了取得欧盟在粮食战略方面的支持，并没有强硬反对欧盟的抵制。但有些时候欧盟的措施也会激怒美国。2003 年 7 月，美国就将欧盟告上 WTO 争端解决机构，理由是欧盟对转基因上市申请采取了“事实上暂停”的做法，这显然会影响孟山都这样的转基因巨头的资本运营，为此美国指责欧盟的做法违反了《SPS 协定》、《农业协议》等相关规定。

这场争端在 2006 年 11 月 21 日有了结果，WTO 争端解决机构裁定美国胜诉，欧盟对转基因上市的确存在程序上的拖延，这是一种不当的拖延，没有充分的理由，对美国、加拿大、阿根廷等国的利益构成了损害。

另外一场典型争端发生在美国和加拿大之间，两国都是小麦的主产国，这场争端就因小麦而起。

由于粮食关系国家安全，因此很多国家都有国营大型粮食企业，这被称为 STE(State Trading Enterprise，国有贸易企业)。美国为了维护嘉吉、邦吉等粮食巨头的垄断地位，有意在 WTO 规则制定中没有对大型国有企业加以限制。这些跨国粮食巨头虽属私营企业，但其地位比绝大多数国家的国营粮食企业都巨大。美国为了保持这些巨头的竞争实力，在国内还特别制定了许多反垄断法例外法案，如“凯伯—沃尔斯塔法案”、“合作销售法案”、“农业公平行为法案”、“出口贸易公司法案”等，实际上是在反垄断法中开出种种通道，避免这些巨头被反垄断法所束缚。

美国拥有这些粮食巨头，其他国家也有种种名义下的粮食战略性组织、机构和企业。加拿大小麦进口局(CWB)就是为保护本国小麦而特别设立的管理机构。2003 年 5 月，该局遭到美国的起诉，美国认为该局为政府属性，其利用政府权力干涉小麦价格，使得其他国家企业在进出口加拿大小麦时利益受损，这既违反了 GATT 第 17 条第 1 款(a)所规定的不歧视原则，也违反了 GATT 第 17 条第 1 款(b)项，因为其从政府的角度而不是商业角度控制小麦价格。但这场争端最终以加拿大胜诉告终。

对加拿大小麦进口局的这桩诉案其实对美国影响不大，美国的本意只是为了把美国的态度公之于世，即美国反对任何国家的 STE，希望对其进行限制。此后，在多哈回合谈判中，美国高调反对的就是其他国家的国营粮食企业，以其具有垄断地位和可以取得国家财政补贴为由，竭力限制其发展。美国之所以以此立足加以反对，是因为其他国家的粮食企业为国营，而美国的粮食巨头均为私营，因为其认为在自由市场的环境中，国营企业与私营企业是不平等的。

WTO 谈判完成后，各个农业国的悲剧就演变为连续剧——菲律宾大米的遭遇与墨西哥玉米一样，墨西哥玉米在加入北美自由贸易区之后的初期出口幅度上升明显，但此后就一路下滑，最终被美国玉米全面击败；菲律宾大米也是如此，在加入 WTO 初期出口量也曾大幅上升，但之后迅速逆转，出口量连年大幅下降。从 1995 年开始，菲律宾农业总增加值也是连年下降，1995 年当年就下降 8.65%，1998 年更是下降 11.7%，大米等主要粮食进口额却连年上升，1992 年进口额为 182 万吨，10 年后的 2002 年已经上升至 462 万吨。在廉价大米等粮食冲击下，菲律宾农民破产的数量越来越多，1998 年破产农民为 71 万，2000 年增长到 200 万；反之，随着工业化进程的进展，大片农田被工厂、住宅楼占据。实际上，整个东南亚新兴经济体以及韩国、日本、中国(包含台湾和香港)、印度、巴基斯坦、俄罗斯等，都出现了类似的悲剧，只不过程度有所不同而已。

从墨西哥、菲律宾、阿根廷这些国家来看，WTO 相当于一个虎笼，是美国企图把全球装进去的虎笼；从其粮食战略来看，美国又已经给新兴经济体每个大国都量身订制了一个虎笼——即使是中国这样的大国也在美国的"虎笼"盘算之内。

世界贸易组织是全球贸易的主体组织，但它的核心理念建立在美式新自由主义思想之上。美国在这个组织中掌握着重权，或者说是生杀大权，它可以通过制定贸易规则把其他国家的贸易行为规范起来，还可以利用贸易惩罚手段对不服从的国家或者敢于对抗美国的国家进行报复性打击。世界贸易组织的农业协定就规定，通过贸易壁垒、生产控制、国营贸易等措施造成的人为价格支持是非法的。这就等于把所有成员国的农业部置于世界贸易组织的管理之下，而世界贸易组织又是美国控制世界贸易的组织，因此可以说所有成员国的农业部都被置于美国农业部的管理之下，成为其下属机构。更令人恼怒的是，美国在拒绝别国设置贸易壁垒等措施的时候，它自己和欧洲却保留对粮食的巨额补贴制度——尽管理论上别国也可以对农业进行补贴，但实际上，美国财力雄厚，打补贴战任何国家都不是美国的对手。因此，美国的农产品在国际上始终保持了低价，建立了“比较优势”。通过该优势，自1994年以来，美国已经迫使国际粮价平均降幅达30%。此外，农业协定中还有一条“最低进口准入机会”原则规定，迫使很多国家放弃了粮食自给自足战略，不得不从国际市场上购买粮食——就这样，依靠这套设计得天衣无缝的战略，很多国家沦陷了。

美国之外的许多农业大国因沦为美国的粮食附属国，导致其国内粮食小生产者大量破产，他们不得不前往工厂打工，以谋求生存，而这等于制造了大量廉价劳动力，新兴经济国家为防止大量破产农民造成社会动荡，又不得不建立大批劳动密集型工厂，这又限制了新兴国家把宝贵的资金用于提升产业结构，使其长期处于产业链的低端。且新兴经济体大多处于大体相当水平，彼此间竞争激烈，产品价格因此只能保持在最低状态，而这又等于给发达国家提供了大量廉价商品。

对中国而言，在加入WTO后多年，中国现在已成为世界上农产品关税总水平最低的国家之一，农产品平均关税从2001年的23.2%降至2006年的15.23%，仅为世界农产品平均关税62%的1/4，远远低于美国、欧盟、日本这些发达国家。其中，中国对大豆、小麦的关税仅为3%，豆油、菜籽油的最终约束税率仅为9%。而且，还有一项特别条款——中国如果要提高关税，必须要充分提前通知、变更期必须维持1年——这一条的重要性在2007

至2008年、2009至2010年两次粮食危机中充分体现出来，即当粮食涨价潮来袭时，中国无法立即通过提高关税等办法阻拦冲击，换言之，美国早已为发动粮食袭击做好了规则准备。此外，中国还承诺设定关税上限，中国即便提前提高关税，也只能在限度以内，所以，面对粮食冲击，我们的关税这道防波堤实际上已经被美国拆毁，形同虚设。

再者，我们还放弃了在已关税化的产品上标注"SSG"标志的权利。"SSG"为英文 Special Safeguard 缩写，意为"特殊保障"，为《农产品协议》中条款。该条款原本用于在某种农产品进口大幅增加时用以保护国内同类产品的手段，放弃这一权利等于又放弃了一种保护手段，这也是美国等国为发动粮食袭击而逼迫中国让步的。与此同时，我们的农业以及相关立法也相当缓慢，等于给外资布局提供了充分的时间，甚至是在鼓励外资进入——2004年制定的《外商投资产业指导目录》中，粮食产业中的仓储和加工都属于鼓励外资投资的范围，直到2007年重新修订时才把大豆、油菜籽食用油脂加工列为限制类和要求中方控股。

● 粮食泡沫

> "粮食泡沫则是由于过度耕作和过度汲取地下水造成的。这两种泡沫都给经济带来严重后果。粮食泡沫破灭时，全球范围粮价会飞涨。"

日本丸红经济研究所研究员柴田明夫认为，粮食曾被看成是一种"只要有阳光、水和土地就可以无限生产的资源"，然而粮食危机已经证明，粮食是一种在有限资源下的生产，因而"出口国会像对待原油和金属资源那样将粮食当作一种战略储备物资"。

战后，尤其是冷战结束后，20个"中等收入"国家中有10亿新的消费者阶层正在崛起，其总支出的能力用购买力平价计算，足以和美国相匹敌。韩国、墨西哥、土耳其、南非、巴西、俄罗斯以及中国和印度（占这一总数的40%）新消费者阶层富裕的两个标志是汽车和高价值饮食消费，一个扩大了石油需求，一个扩大了粮食需求。高盛公司等全球主流经济学家们预测，2011年以后全球经济将以3%或是超过3%的速度增长。但是美国地球政策研究所所长莱斯特·布朗不这样认为，他在2011年出版了新书《走在悬崖边上的世界：如何防止环境和经济崩溃》。在新书新闻发布会上，他说："作出上述预测的经济学家都没有问过这样的问题，我们是否有足够的水资源来支持这样的增长速度？或者，如果全球粮食需求加倍，将会对世界经济产生何种影响？而这些食物又从哪里来？他们没有问过这样的问题。"

布朗说，过去几十年来，全球的经济增长方式一直在破坏自然系统，如森林、草地、地下水和土壤等，而这些是支持经济增长的基础。他说，正是这样，"我们现在制造的从某种意义上来说就是一个粮食泡沫。我们都知道美国的房市泡沫，当泡沫破灭时，美国房价下跌了30%，这是过度借贷造成的。粮食泡沫则是由于过度耕作和过度汲取地下水造成的。这两种泡沫都给经济带来严重后果。粮食泡沫破灭时，全球范围粮价会飞涨"。他认为，粮食泡沫正在兴起，至于什么时候破灭还无从得知，但如果世界继续目前的模式，时间就是以年而不是十年来计算。他说，世界目前已经接近悬崖的边缘，导致政治不稳定的粮食上涨随时都可能出现。

布朗举例说，俄罗斯在2011年发生的高温干旱导致小麦大减产就是破坏自然系统的后果之一，同样规模的旱灾如果发生在中国或者美国，就会对全球产生重大影响；另外，水资源的短缺、土壤的破坏、新农业生产率低下等也都会危及世界粮食增产。与此同时，世界人口却在快速增长，越来越多的发展中国家开始工业化和城镇化，这必将改变饮食结构和生物能源需求，粮价必然上升，因此虽然目前的粮食危机与供求关系相关不大，但是从长远来看，需求会大大超过供应，因此，"我们现在的粮食价格上涨不再是因为某个事件导致的，而是一种趋势。你只要看看粮食和人口增长的等式就明白了"。他给出的数据是，1990至2005年期间，全球粮食消费量为每年2 100万吨，但在2005至2010年间，这一数字就增加到4 100万吨。

正是基于粮食供应紧张这一长期趋势，布朗认为，未来的全球安全威胁不再主要来自军事方面，而是来自粮食恐慌，为此他建议重新修订安全的定义，他说："我们今天或是未来的威胁不再是军事威胁，我们不需要担心大规模的武装冲突。我们需要担心的是气候变化、大规模的水资源短缺、土壤被破坏、人口持续增长等，这是我们面临的新威胁，对我们安全的威胁。"

不过，布朗的书中也有安慰之词，他认为，世界已经开始在拯救自然环境，美国的煤炭使用率就下降了8%，关闭了48家煤炭企业；另外，新技术会降低电能消耗，新型交通工具会提高能源利用率；低碳生活方式将给世界带来更多的绿色等。

布朗说出了粮食恐慌和由此引发的种种灾难，但他没有说出粮食恐慌的根本原因，那正是世界许多国家引进了美国农业模式和美国饮食消费模式，两种模式叠加又产生了更大的效应。

粮食生产长期在化肥、转基因种子的作用下通胀性生产。印度从1970年开始增加了粮食投入，其后实现了自给自足，但政府财力有限，只能把有限的补贴放在少数项目上，其中对尿素的补贴较多，结果现在开始出现反作用——过多使用单一化肥导致了土壤质量下降，降低了粮食产量，现在印度的大米亩产量比巴基斯坦、斯里兰卡和孟加拉国都要低，因此在遭遇粮食危机时不得不依赖进口。印度小麦进口量在2002年为1 300吨，2008年飙升为170万吨，这就是政策导致的反噬，而政策背后的根本原因则是引进了美国农业生产模式——直至两次粮食危机因为这次"农业通胀"才引起了全球的关注，但危机已经将全世界带入了"后粮食过剩时代"(post food surplus era)。在《经济学家》一篇题为《廉价粮食的终结》的文章中，编者指出，到2007年该杂志的粮食价格指数达到1845年该指数开创以来的最高点。

● 饮食消费模式也被改变

饮食消费模式越是接近美国，贫民窟里的肥胖青少年越多；越是经济不发达的地区越远离美国，饮食消费模式也仍然是传统的，饥饿就表现为营养不良。

在历史上，消瘦意味着饥饿，饥饿意味着吃不饱肚子，但现在有些不同，这种情况在非洲继续存在，但在墨西哥、巴西、印度甚至美国、英国，也就是从新兴经济体到发达国家，贫民窟里的青少年肥胖情况越来越多，这是怎么回事呢？经过研究人们发现——饮食消费模式越是接近美国，贫民窟里的肥胖青少年越多；越是经济不发达的地区越远离美国，饮食消费模式也仍然是传统的，饥饿就表现为营养不良。换句话说，我们可以用麦当劳和肯德基在全世界的分布数量做参考，凡是这种美式快餐店越多的国家，肥胖青少年越多，饮食消费模式也就越接近美国，反之，则是遵循本国传统。当粮食掌握在四大粮商手中的时候，饮食消费模式实际上也掌握在他们手中了——他们可不仅仅是卖粮食，而是控制了超市里绝大部分食品的生产、包装、销售，甚至包括货架如何摆放，当然还有大量的饮食广告，这些东西不但每天诱惑着儿童，就连成年人也逃不出他们的手掌——超市里的商品看似琳琅满目，但实际上当你走进超市，就相当于走进了一家饭店，你只能在饭店提供给你的菜单中选择，同样，你也只能在超市摆放的各类商品中选择，而每一个饮食产品都是按照他们的设计加工出来的，何种食品是怎样生产的、添加了多少防腐剂和色素、其中的营养配方是怎样的、长期饮食会产生什么样的影响，甚至这些食品可能对你的后代产生什么样的影响，他们都了如指掌，或者干脆用一句话说，任何一种食品，究竟含有多少营养物质和多少有毒物质，他们心里很清楚。只要你选择了，那就上当了，而在他们垄断一切的情况下，你实际上又别无选择，这就是为什么他们能称王称霸。

“二战”结束后，美军占领日本，令人没有想到的是，麦克阿瑟不但对日本进行了明治维新以来的第二次重大改革，而且大批美国占领军的到来还改变了日本的饮食消费模式。

日本传统的主食是大米和面食，但美军带来了面包，虽然也是面食，但与日本的面条差别很大。随着日本民众对面包的接受越来越广泛，面粉的消费量也从战前的每人每年14公斤增长到1955年时的40公斤，这意味着日本每年需要进口230万吨小麦，自然，主要是从美国进口。

1954年，《480号公法》通过后，美国已经开始有意识地执行粮食战略，虽然这时的粮食战略还不够清晰，但美国农业部已经开始在日本进行饮食宣传，推销美式饮食，包括为学校提供食谱、在商场中进行饮食制作示范、培训西餐厨师等，看起来像是时尚表演，实际上却隐含着美国的粮食战略。这种宣传不仅仅是面对普通民众，也针对日本的饮食专家和食品加工企业，美国政府经常邀请日本面包商和面粉加工商前往美国，把他们请到美国中西部小麦主产区，把那里的优质小麦介绍给他们。这些手段非常有效，至1965年，美国在日本的小麦销售量骤增了70%。不仅在日本，在韩国、中国台湾、菲律宾、马来西亚、印度尼西亚等地，美国政府都大力宣传美式饮食，营养专家和企业营销专家时常合作制定广告宣传。如“面包里有营养，包含有肉食的食品可以使亚洲人长得高大，更健壮；进口粮食可以解决发展中国家的通货膨胀，可以为工业化解放劳动力和资本；而且美国具有成为世界粮仓的天然有利条件”。丹·摩根对此总结说：“战胜者对战败者在文化和风俗习惯方面的影响是一种在整个历史长河里都可以找到的现象，但很少看到美国人在胜利后造成的其他地区人民进食方式彻底改变的情况。”

客观地说，日本、中国台湾、韩国、新加坡以及东南亚各国对美国这种隐含着粮食战略的广告宣传毫无察觉，甚至认为美国是在真心实意地为当地考虑，因为这样的宣传完全不像是推销广告，而像是为本地制定合理的饮食结构，既能减少本地的粮食负担，又能增强民众的营养。这与当时美国正在帮助欧洲和亚洲复兴配合得天衣无缝，所以，不要说普通民众，就是很多专家学者、政治家都未能看透其中玄机。

然而，当时美国农业部以及卡吉尔、康迪南特之类的粮食公司所想的却是：“必须使外国人也以美国人的方式来吃饭。”其中原因，最初还只是为了解决美国粮食过剩问题，“一种使千百万吃米饭的亚洲人开始吃面包的全球经济，可以吸收美国取之不竭的小麦生产”。

被美国改变饮食消费模式的不止有日本、韩国、菲律宾等东亚国家，伊朗也是个被成功“改造”的典型。在20世纪70年代末，伊朗并不缺粮，自己耕种的粮食和畜牧产品完全能够养活3 000万伊朗人。其畜牧产品主要是绵羊肉和山羊肉以及少量牛肉，农民每年可以生产100多万吨小麦，当时较为缺少的主要是油脂类作物，因此每年只从美国进口一部分大豆油。但是在冷战期间，伊朗与伊拉克为争夺地区霸权，与美国建立起了亲密关系，美国则借此机会介入伊朗农业领域，以帮助伊朗改造农业为名，在伊朗农业部安插了7名美国专家，并为伊朗提供了一批农业机械和种畜。实际上美国是为了改变伊朗的农业结构。

现在，这些国家都已经发现，美式消费结构正在反噬经济发展，但为时已晚。战后在美国的主导下，建立了统一大市场，这符合自由资本主义的需要；然后又破坏原农业国的经济模式，把原本供需平衡的体系破坏掉；与此同时，美国人又把一些国家的口粮输出到另一个市场去，造成本地的饥荒，最后，他们扮演上帝，名利双收。

美国人对此很清楚，但他们继续冷酷无情地干着这种罪恶勾当。

第八章　粮食是战略武器

小麦可以赢得战争。

苏格拉底的名言

古希腊的唯心主义大哲学家苏格拉底曾说:“不懂得全部小麦问题的人,没有资格当政治家。”

第一次世界大战期间,美国就曾出台过一项“小麦赢得战争”政策,即向同盟国提供大量的粮食援助,否则“同盟国可能会崩溃……很多国家就可能被无政府主义和共产主义的火焰吞没”。果然,在美国小麦的支持下,英法俄协约国赢得了胜利。第一次世界大战结束后,美国再次施展经济援助和粮食援助。

当时,“一战”后的德国陷入经济崩溃中,通货膨胀率高得惊人,美国和英国、法国等意识到应该帮助德国恢复经济,甚至重新武装德国,因为只有这样才能对抗布尔什维克的苏联。美国对盟友说:“布尔什维主义不断向西方推进,它在毒化德国。我们不能靠武器阻止它,而只能靠向饥饿的德国人供应粮食。”于是,美国为德国先后制订了“道威斯计划”和“杨格计划”,其中的主要思想就是把德国赔偿计划变为经济计划,如当时的美国国务卿休斯所陈述的:“一个令人满意的赔偿计划的首要条件是赔偿摆脱政治的羁绊,当通过强制手段解决赔偿问题产生纠纷时,唯一可行的办法是把它看作经济问题来处理。”“道威斯计划”的实施的确大大帮助了德国和欧洲经济的恢复。但在实质上,美国其实是运用了经济学上的资金流动原理,即资金的流动性对于经济的发展十分重要,通过资金的流动可以把一个经济体恢复起来,并且资金本身不但没有损失,而且还有很大收益。事实上,美国通过向德国和欧洲提供美元,使资金在欧洲流动起来,它以贷款形式流入德国,然后以赔款形式从德国到了债权国手里,最后又以还债形式流回美国,当然,债务是包括本金和利息的。仅仅从德国所获得的资金和所支付的赔款两个数字,我们就能看出德国何以在短短十余年中就从战争的一片废墟中重新崛起：1924至1930年，德国通过“道威斯计划”从美英获得贷款200多亿金马克（其中美国占70%），但它所支付的赔款仅为110亿金马克。

如果说美国帮助德国复兴是为了抵御布尔什维克苏联，这很好理解，但如果你看到另一面，可能你就费解了——在美国为德国提供美元和粮食的同时，美国也在向苏联提供粮食援助。1921年底，美国政府拨款2 000万美元，为“饥饿而失望”的苏联提供贷款，用于购买美国的粮食。这出于两个原因，其一，美国粮食在“一战”结束后出现大量过剩；其二，这批粮食实际上有相当部分是流入到了当时苏联境内的“反布尔什维克”分子手中。

在“二战”期间，美国更是大力挥洒粮食能量。美国农业部长就曾为英国提供粮食作解释，他说：“粮食是一种自卫的武器，没有我国的粮食，英国就不可能继续存在于美国和侵略者之间。”战后，在“马歇尔计划”中，美国再次把粮食加入其中，为战后一片萧条的意大利、法国提供大量粮食援助，马歇尔本人就曾明确说：“食品是我们对外政策中的决定性因素。”

“二战”结束后，美国依然频频动用粮食手段。粮食援助有力地支撑了“马歇尔计划”，使得西欧在战后迅速稳定下来，有能力成为抵御苏联的前沿阵地。同样，韩国、菲律宾、印尼、马来西亚、新加坡、巴基斯坦等国之所以能成为防御苏联和中国的“岛链”堡垒，粮食起到了至关重要的稳定作用；此外，尼加拉瓜、巴西、阿根廷这些美国后院的美洲国家，之所以能不被“赤化”，粮食也在美国的打击和稳定手段中起到了重要作用。在美苏冷战期间，同处南亚的巴基斯坦和印度都曾爆发饥荒，但美国对二者的粮食援助却截然相反。当时，美国为巴基斯坦提供了大笔粮食，国务卿杜勒斯对此解释说，巴基斯坦扼守着开伯尔山口，而此山口为苏联与南亚各国之间的通道，巴基斯坦人具有强烈的反共意识，因此向其提供粮食援助符合国际政治意义。但是，当印度在1946至1947年爆发粮荒的时候，美国却未提供一粒粮食，原因就是印度当时在印巴分治中与英美存在对抗意识，而且在战略位置上也并不处于对抗苏联的战略前沿地带，因此，印度只能忍饥挨饿。正如丹·摩根所说，“美国的政治和经济利益显然是被考虑在内的”，目的首先是“加强这些国家防止共产主义的渗透和开创新的市场”。他说：“在美国，要把同共产党人做交易与政治分开是不可能的。”

中国古代粮食战争

春秋时期，吴越两国争霸期间，越王勾践把粮食种子煮熟了，再进贡给吴国，导致吴国第二年粮食大量减产，类似的粮食战争在中国古代早就有经典案例。

春秋时期，齐国原本是海边一个诸侯国，处在边缘地带；立国之初方圆不过百里，土地贫瘠，粮食产量低，人口稀少，但在齐桓公时期短短几十年里就崛起为一个大国，这主要归功于齐国名相管仲，而管仲之所以能在一代人的时间里使齐国崛起，所施展的就是粮食手段——以粮食为支点，三策兴齐。

第一策是服帛降鲁梁。鲁国和梁国为齐国近邻，两国百姓中有一种日常纺织类经济产品，称之为“绨”，这是一种用丝线做“经”、棉线做“纬”的衣料。管仲建议齐桓公率先穿绨料服饰，并下令全朝大小官员一律都穿绨服，上行下效，结果齐国百姓也纷纷穿起绨服。举国而为之，绨料自然价格大涨。此后，管仲又特意召见鲁、梁两国商人，告知说：请你们从鲁、梁两国贩来一千匹绨料，我给你们三百金；如果能贩来一万匹，就可以给你们三千金。鲁、梁两国商人听后甚为欣喜，立即组织贩运；消息很快传遍了鲁、梁两国，百姓们纷纷把自家的绨料卖给商贩，鲁、梁两国财政也因此受益匪浅。两国国君看到可以如此轻易地获得财政增长，立即下令，百姓大量纺织绨料。一年后，鲁、梁两国很多百姓放弃了农业生产，转而大量生产绨料。但就在此时，管仲建议齐桓公改穿帛料服装，同时下令“闭关，毋与鲁、梁通使”。这等于断绝了齐与鲁、梁两国的经济往来，顿时，两国所生产的大量绨料无处销售，价格大跌。另外，由于两国百姓都放弃了农耕而纺织绨料，此时，两国农耕已误，加之齐国封闭了通商关口，两国粮食供应量严重不足，价格飞涨，仅仅10个月的时间，“鲁、梁之民饿馁相及”。

这时，管仲再令把粮食高价出售给鲁、梁两国——齐国国内粮价为每石十钱，而出售给鲁、梁时价格却高达每石千钱，结果鲁、梁两国不但把先前从售齐绨料贸易中赚取的财富全数吐出，还导致大量财富流向齐国。由于农业恢复缓慢，财政空虚，民间损害严重，因此鲁、梁两国实力大为削弱，终于在三年后被齐国所吞并。

第二策是买鹿制楚。齐、楚争斗时，齐桓公想要伐楚，又担心楚国实力雄厚，恐难获胜，于是请管仲出谋划策。管仲故伎重施，请齐桓公下令，高价收购楚国活鹿；之后又召见楚国商人，请他们多多贩运活鹿至齐。楚国百姓闻知这一消息后，纷纷开始捕捉活鹿，从而延误了农业生产。与此同时，管仲密令齐国大幅提高粮食储备，“藏谷十之六”。果然，不久后楚国农业产量下降，管仲立即封关禁商，这不仅导致楚国活鹿贸易中断，而且严重加剧了楚国的饥荒，楚国百姓不得已纷纷前往齐国，“楚人降齐者，十分之四”，大大削弱了楚国的实力。

第三策是买狐皮降代国。代国是齐国想要降服的一个诸侯国。管仲仍是使用粮食手段。楚国出产鹿，代国则出产狐狸，于是管仲再请齐桓公派人到代国大量高价收购狐皮。结果可想而知，代国民众也和鲁、梁、楚三国百姓一样，纷纷放弃了农业生产，进山捕捉狐狸。但是，狐狸是野生动物，数量本来就稀少，加之众人皆捕猎，所以很多人进山“二十四月而不得一”。也就是说，代国很多人为捕猎狐狸已经在山中居住了两三年，结果代国农业产量骤减，北方的离枝国乘虚侵扰。代国无奈，最后只好选择向齐国投降。

粮食换和平计划

美国制订的“粮食换和平”计划，迫使苏联在政治、军事等做出战略性让步。

苏联是一个农业大国，其农业在世界上占有重要地位。苏联画家雅布隆斯卡娅有一幅著名油画：《粮食》。这是一幅4米宽的油画，表现的是战争结束后苏联集体农庄的女庄员在丰收的打谷场上劳动的场面。在秋日绚丽的阳光下，集体农庄的女庄员们在打谷场上有序地劳动，背景是堆积如山的金黄色麦粒，女庄员们的脸上洋溢着幸福的笑容。俄罗斯在20世纪初曾经是世界最大的粮食出口国，约占世界粮食出口总额的45%。但是，这并不意味着俄罗斯就是一个丰衣足食的国度。1917年二月革命的发端就是“面包骚动”，结果在短短8天的时间里就葬送了延续了300年的罗曼诺夫王朝，没想到在1990年这一幕再次重演，而导致悲剧重演的主要原因之一仍然是“面包”。

20世纪70年代苏联的军事战略发生一些改变，认为除了大规模核打击与确保相互摧毁，苏军还应具有较强的常规作战能力，因而提出了利用导弹和远程火炮在常规战争中进行大纵深打击的理论。1973年苏联国防委员会命令科洛姆纳设计局(KBM)研制一种用于取代“飞毛腿”导弹的新型导弹，要求核常兼备、且具有灵活机动和精准的打击能力。这是一种战役战术导弹，并命名为9K714，绰号“奥卡”(Ока)。导弹系统由沃特金斯克机器制造厂生产，1979年首先开始配备常规集束弹头实弹打靶，1980年进入苏军服役，1981年被北约组织发现，并随之命名为SS-23导弹，绰号“蜘蛛”。

“奥卡”导弹在当时属于尖端武器，其总设计师涅波别季梅耶曾经说过：“奥卡超过美国人整整一个时代，属于无法拦截的导弹。”时任苏军总参谋长的阿赫罗梅耶夫后来在回忆录里写道：“在奥卡导弹出现之前，我们的战役战术导弹虽然也能携带核弹头，但是命中精度不高，有了奥卡导弹，我们可以任意打击北约的西欧纵深。”其在东欧部署后，就使苏联在欧洲大陆形成了相当的战术和战略优势。

当时，里根政府刚刚提出“星球大战”计划，战区导弹防御还在初期研制阶段，美欧都没有能应对“奥卡”的防御武器，因此对这种武器一直十分担忧。但是，令人没想到的是，美国却利用粮食改变了这一劣势。

1980年，因苏军入侵阿富汗，卡特政府于1980年1月4日宣布对苏联执行粮食禁运政策，加拿大、澳大利亚等粮食主产国也随即调整政策，对苏联禁运，这给苏联造成巨大困难。

从20世纪60年代起，苏联粮食产量变得不稳定，且逐年下降。1962年苏联粮食再次大面积歉收，迫于无奈，苏联决定向美国购买粮食——很明显，苏联此举一定会在美国国内激起争论。不给敌对者提供粮食援助很好理解，而给敌对者提供大笔粮食援助就需要战略思维了。伊利诺伊州的参议员保尔·道格拉斯认为，苏联是敌对国家，给它提供粮食，会“损害靠内部革命推翻苏联和中国的最好的希望”；支持者则认为，这是一个趁机敲诈苏联的好机会，因为美国粮食过剩，美国出售粮食并不会导致自身短缺；相反，通过出售粮食可以获得苏联大笔外汇和石油，而苏联的外汇储备较少，换取石油时可以压低价格，使之不得不低于石油输出国组织的石油价格，这就等于对苏联外汇和石油进行了双重打击。农业部长哈丁在给尼克松总统的报告中说，这样的销售“是为美国最大利益服务的”。当时美国民众对出售粮食给苏联很不理解，尤其是农民，认为这是在喂饱敌人，劳动部长约翰·邓洛普回答说：“你们的意思是，我们在同苏联的谈判中不能利用粮食，因为你们的利益有受到危害的可能，是不是？但这是关系到民族利益的问题。”最终，经过几年的谈判，美国给苏联提供了5亿美元的贷款，苏联则需在3年内购买7.5亿美元的美国粮食。

尽管此后赫鲁晓夫针对斯大林的农业生产模式进行了一系列改革，但粮食仍然匮乏，据1963年的统计资料，苏联的粮食产量居然还不到“二战”前的一半。尽管苏联各级领导人都信誓旦旦地说，到1965年，苏联在肉类、牛奶和黄油等方面都会赶上和超过美国，但实际情况却正相反，迫于粮食压力，苏联第一次向加拿大等西方国家购买了粮食，苏联民众私下称之为“头等货物”。因此，粮食禁运立即造成了苏联粮食严重短缺，以至在1982年苏联国庆节期间莫斯科的大型国有商店里都买不到黄油和奶酪，只能在一些小型食品店里可以买到，但也每人限量购买400克；很多市场即便是购买土豆等也需要长时间排队，而且也多有限量，勃列日涅夫也承认说80年代初“那几年是苏联国民经济最糟糕时期”。

勃列日涅夫上台后，开始推行所谓“新经济体制”，但仍无法解决粮食问题，至1970年，苏联领导人第一次承认了粮食产量不足，并一再吹嘘将增加谷物、肉类、蔬菜等食品生产。然而，1972年苏联又连续两年遭受了异常天气，粮食再度大幅减产，这使得苏联陷入了粮食危机中。

1972年7月2日，两名来自莫斯科的人住进了纽约希尔顿酒店，几天后，白宫对外宣布，已经与苏联达成一项7.5亿美元的信贷协定，将为苏联提供5亿美元，苏联则在今后3年里购买美国谷物。住进希尔顿饭店的是“全苏粮谷”公司的代表，他们与美国“大陆谷物公司”达成了协议，从这家公司购买400万吨小麦和450万吨饲料谷物，接下来“全苏粮谷”又与其他美国粮食公司签订了1 800万吨小麦购买协议，此后再增加至3 000万吨。

当时，实际上美国已经开始谋求控制全球粮食。1974年，联合国在罗马召开了“联合国世界粮食大会”，会议就人口的不断增长与粮食价格的高涨进行讨论，当然，美国在会议中起了主导作用。

美国之所以在这次大会上高调宣扬粮食危机和寻求对策，表明它已经取得了对全球粮食市场的主导权，其中一个重要原因就是在此会议召开前几个月，在基辛格的策划下，美国与苏联达成了那笔3 000万吨粮食协议，实则是以粮食换石油，既通过出售给苏联粮食控制了世界粮食市场，又通过这一举动压制了苏联的石油战略，迫使苏联在粮食和石油两方面退却。基辛格为了把粮食战略提升到国家战略高度，甚至把制定农业政策的权利从农业部收回，直接由最高层决策。

不过，向苏联提供粮食的数额巨大，超出了美国国家粮食储备，于是政府开始与嘉吉合作，由嘉吉提供大部分粮食。

向苏联出售大批粮食的举动不仅仅是美苏之间的事，而是强烈震动全球市场的大事——由于数额巨大，仅仅几个月内世界小麦和大米价格就上涨了70%，小麦从每吨65美元涨到了每吨110美元，大豆价格上涨了100%；与此相反，中国、印度、印度尼西亚、澳大利亚、孟加拉等国在这一阶段又因干旱等自然灾害大幅减产，这就更加剧了全球粮食市场的供应紧张，这也是美国所乐于见到的，因为这种状况可以加快美国控制全球粮食市场的速度。

通过这场由基辛格主导策划的对苏“粮食换石油”战略行动，美国获得了四层巨大收益：其一，出售了巨额粮食，在粮食价格高涨的时期这无疑大赚了一笔；其二，在石油价格高涨的时候，美国却从苏联获得了低廉的石油，这显然又等于赚了一大笔；其三，美国由此获得了真正意义上的全球粮食主导权，此前社会主义集团一直与全球市场保持隔绝，通过这一协议，苏联被纳入到了美国主导的全球粮食市场中；其四，美国在国家层面上赢得战略优势还只是一方面，从长远看，嘉吉、ADM、邦吉和大陆谷物等美国粮食巨头从中获益最大，它们不但扩张了市场，而且为美国长远的粮食战略奠定了基础。

苏联的粮食问题此后并没有得到缓解，相反，在勃列日涅夫执政的18年中竟有10年粮食减产，1979年以后更是连续6年歉收。据西方估计，1981至1984年，苏联年均产粮1.71亿吨，而实际需求量为2.2至2.3亿吨。巨大的缺口迫使苏联再次向美国提出购买粮食，因而在1980至1990年间苏联已经成为世界最大的粮食进口国，在世界粮食进口总额中占16.4%。

1987年，苏联粮食产量为2.114亿吨，占世界粮食总产量的10.9%，仅次于中国和美国，居世界第三位。其中小麦产量为8 331万吨，次于中国，居世界第二位。主要经济作物中的棉花、糖用甜菜、向日葵籽、长纤维亚麻的产值均占世界第一位。各类牲畜存栏数中，牛占世界的9.4%，略少于美国；猪占世界的9.6%，仅次于中国，羊占世界的9.8%，居首位。1988年，其肉类产量为1 920万吨，次于美国和中国，居世界第三；奶类产量10 595万吨，居世界之首；鸡蛋465.6万吨，次于中国和美国，也居世界第三。尽管这些物产产量位于世界前三之列，但由于消费很高，所以缺口仍然很大。美国利用苏联对粮食的需求增长，抬高了粮食价格，小麦价格从1987年的每吨133美元涨到1989年的207美元。

自然，这次大量购买美国粮食仍然需要付出代价，美国为此制订了“粮食换和平”计划，即迫使苏联在政治、军事等做出战略性让步。其实以粮食作为手段迫使对手让步早在“二战”期间就已经有雏形，这项计划最早的发起人是当时的参议员休伯特·汉弗莱，他在向参议院一个委员会介绍这项计划的成果时说得很地道、也很野蛮，他说："人们将为了粮食的缘故而依赖我们。我明白，有人会认为这不是个好消息。依我看，这却是个好消息，因为人必须先吃东西，才能干些事情。如果你想找一种办法让人家依靠你，仰赖你，也就是与你合作，那么，粮食方面的依赖似乎是绝妙的一招。"

事实上，不仅是战略性让步，长期的粮食窘困，最终让苏联积累了越来越深的社会矛盾，成为苏联最终解体的主要因素之一。至1985年，随着粮荒的深入，苏联社会变得不稳定，戈尔巴乔夫的上台正符合西方的胃口。在随后重启的"中导条约"谈判中，苏联所做出的让步让西方都感到意外，竟然完全同意了美国所坚持的，即必须将射程在500至5 500千米中程和中近程导弹全部销毁的要求。不久后，美苏两国于1987年12月签订了《中导条约》。按照条约规定，所有106部"奥卡"导弹发射装置、306枚"奥卡"导弹(包括部署在华约其他国家的导弹)及其生产线连同大部分设计图纸在美国人的监督下被彻底销毁。这一销毁将苏军在欧洲的优势大部分消除了，时任美国国务卿的乔治·舒尔茨因此傲慢地说："克里姆林宫必须要用核导弹来换口粮。"

苏联粮食的问题不在于产量的问题，而在于高额的农业补贴。苏联投入的机械设备和收购价格高于西方市场的价格。这导致农业长期严重依赖补贴，造成投入产出不成正比，其收购价格和投入的农业机械等设备相加大大超过了国际市场上的粮食价格，因此，苏联就开始进口一部分粮食用作饲料。加上苏联经济结构严重不合理，长期过度重视重工业，轻视轻工业，工业化又造成农业发展长期滞后，比例严重失调。

十月革命后的苏维埃俄国还是个农业国，其工业化大体上是在1931年开始的。在工业化开始后，苏联并没有充裕的资金兴建工厂，只好大量输出农产品换取外汇再购买工业设备。当时苏联以输出小麦等粮食为主，其第一个五年计划期间，农产品产量的20%用于出口欧洲，甚至在乌克兰大饥荒时出口数量不但未减少还有所增加。在农民陷入饥饿的时候，城市中的工人仍有较为充足的定量粮食供应。

1929至1933年，苏联粮食产量大幅下降，但出口量没有减少。斯大林当时对苏联大饥荒的真实情况进行了压制，不许报道。在最严重时，苏联粮食收购量大约下降了一半，斯大林于是派出了"征粮队"，到农村进行强制"征粮"。

至1937年，苏联粮食产量才恢复到正常水平——或者说工业终于可以帮助农业了，康拜因(联合收割机)和拖拉机开始大量使用，这大大提高了农业生产率。但是经过第二次世界大战，乌克兰作为粮食基地受损严重，苏联其他粮食主产区也受到不同程度的破坏。另外，从1950至1971年，苏联农业劳动人口不断递减，1950年苏联农业劳动力为499万，到1971年下降到368万，也就是20年下降了三分之一。这也说明苏联人均农业生产率提高的程度是惊人的。但苏联农业劳动生产率的提高是建立在高额农业补贴上，以投入产出的观点来看，进口粮食更划算。因此苏联在保证基本粮食安全的情况下，每年总要进口一部分粮食。

在20世纪60至70年代，苏联的农业机械化程度是美国的200%，土壤综合比较也与美国相差不大，只是气候较美国不利，但苏联可耕种面积较美国大，所以，综合比较下来，苏联农业在主要指标方面要超过美国，但苏联的粮食产量却无法与美国相比。美国也对农业提供高额补贴，但两者的效果截然相反。

赫鲁晓夫曾这样评价苏联和阿尔巴尼亚的关系，他说："我们同阿尔巴尼亚的关系不单纯是兄弟关系，兄弟是平起平坐的关系，而从提供援助的角度来看，应该是长幼之间的关系。"他把自己描绘成了社会主义国家救世主的形象，1959年，他访问阿尔巴尼亚，受到了热烈欢迎。他当时对阿尔巴尼亚领导人说，阿尔巴尼亚位于地中海边缘，气候良好，为什么要种粮食呢?应该种植柑橘等经济作物。如果你们粮食不足，那我们可以援助你们。苏联一年老鼠吃掉的粮食就足够养活阿尔巴尼亚人。实际上，这是赫鲁晓夫想要对阿尔巴尼亚实施粮食战略，即让阿尔巴尼亚种植柑橘等经济作物，换取苏联的粮食，这等于是要求阿尔巴尼亚把粮食主权交给苏联。美国与苏联也不是平起平坐的关系，苏联迫使阿尔巴尼亚接受的，美国也在迫使苏联接受。1990年,美苏首脑举行会谈期间,布什为了鼓励和支持戈尔巴乔夫,送给他两份礼物,其中之一就是新的5年谷物交易协定。1990年11月4日,英国《星期日泰晤士报》发表文章说:“西方国家担心,食品的严重短缺,甚至可能的饥荒,可能在苏联引起强烈的抗议,从而严重损害戈尔巴乔夫为使这个国家走上自由市场道路而作的努力。这些努力受到白宫和华盛顿的欢迎……西方对苏联的援助同苏联奉行的国内外政策是密切相关的,西方国家一直以经济援助为诱饵,促使苏联政策朝着它们所期望的方向变化。事实上,援助问题不只是一个经济问题,而是一个极大的政治问题。”

这场对苏粮食战争还产生了“附带效应”——非洲许多国家成为饥荒之地,其中一个原因就是美国大幅减少了对非洲的粮食援助。

非洲撒哈拉以南国家在1982至1984年曾爆发大面积干旱,这导致了大饥荒。据世界银行资料,这场干旱遍布36个国家,约1.87亿人口受到饥荒的困扰,其中46%的人处于严重饥荒状态。在1984年灾情最严重时,撒哈拉以南国家谷物比1981年减产14%,豆类及根茎类作物也出现大面积歉收或绝收,导致这一地区缺粮1 840万吨。共有约100万人直接死于饥饿,另有3 000万人严重营养不良,重灾区埃塞俄比亚在1984年2至11月的9个月当中,饿死人口达30万。乍得、马里、贝宁、布基纳法索等国每天可以得到的食物热量不足2 000卡路里,这又导致很多儿童后来死于营养不良,到1988年约死亡30万儿童。

非洲的饥荒问题其实是长期存在的,动乱、战争、经济落后、政权更迭频繁等诸多原因导致撒哈拉以南地区始终动荡不安,天灾人祸几乎从未间断。20世纪80年代前期这场大饥荒还不是最严重的,90年代初非洲又爆发了规模更大的饥荒,共有2 700万人受到饥饿的威胁,苏丹、埃塞俄比亚、利比里亚、安哥拉以及莫桑比克五国最为严重,仅这五国急需270万吨粮食,其他地区还需要120万吨,这些都是仅仅能维持生存的最低需求。导致非洲连续出现大饥荒的直接原因当然是非洲的种种灾难,间接原因就是美国把以往原本用于援助非洲的粮食转而出售给了苏联,当时,在美国和苏联达成粮食协议后,美国就终止了对非洲20个国家的粮食援助。据埃及《金字塔报》1994

年6月3日一篇文章中的数字，第三世界每年有2 000万人死于饥饿，每天有4万儿童死去。

面对此情此景，美国参议院营养和人类需要特别委员会主席麦戈文曾感慨地说："我们处理剩余粮食并不是根据哪里最需要这些粮食，而是根据对外事务方面权力与政治上的考虑。换句话说，我们用粮食作为弹药……我们'粮食用于和平'计划中的粮食很少运往非洲，虽然非洲有成千上万的人活活饿死。"相反，1974年，美国政府根据《480号公法》，把对南越的粮食援助增加到了2.07亿美元。国会此后把对外经济援助削减了20%，于是白宫又利用《480号公法》条款，把援助额增加到了4.99亿美元，另外还规定，南越和柬埔寨可以自动获得100%的金额，可以直接用于军事。当年，美国国会通过一项修正案，规定70%的对外援助必须用于联合国所列出的遭受"最严重影响"的国家，但是白宫又把《480号公法》的援助金额从10亿美元提高到16亿美元，再次确保了对越南战争的支出。

就这样，非洲事实上成了美苏冷战殃及的"池鱼"。

● 中国曾与粮食阴谋擦肩而过

中国在20世纪60年代差点成为"粮食换和平"战略的牺牲品。

20世纪60年代初，是一个风云激荡的年代。当约翰·F.肯尼迪1961年1月20日就任美国第35届总统之时，中国正处在矛盾的状态中：一方面从1958年兴起"三面红旗（总路线、大跃进、人民公社）"的政治经济热潮，另一方面却是处在经济每况愈下的困境之中，从1959至1961年出现了三年自然灾害，这是一个粮食大短缺的时期。

对于中国出现饥荒，美国当然不会放过这样的战略机会，1961年1月25日，肯尼迪在其第一次记者会上表示，如果中国希望从美国获得粮食援助，美国会认真考虑，不过他同时又说："我们没有来自中国共产党方面的表示，即他们会欢迎我们提供任何粮食。"显然，此话的意思是，要求中国向美国低头，做出乞求的姿态。为了压迫中国屈服，2月1日，肯尼迪总统在主持入主白宫以来第一场国家安全委员会会议时，按照一些委员的提议，批准了一个决定，那就是拒绝给驶往中国的加拿大、澳大利亚等国运粮商船加油。情报局长艾伦·杜勒斯认为，中国饥荒情况严重，这样做可以迫使中国让步。

当时，中国的确很需要粮食援助，1961年1月，周恩来总理在一次会议上也说："至于进口，目前正在谈判，可能与美国签合同。"但是，当时冷战正酣，中国是不会首先向美国低头的，因为全世界都清楚，"粮食换和平"计划是美国对社会主义国家"和平演变"和渗透颠覆的战略组成部分；中国需要粮食，但也只会同美国民间组织洽谈。在等了数月之后，美国中央情报局最终向肯尼迪报告："即使在饥荒遍野的情势之下，我们相信北京也不会接受美国提供的食物。"(《特别国家情报估计》)

无奈，美国很希望打开中国粮食这个大门，美方代表比姆于6月29日第105次中美大使会谈中，向中国大使王炳南表示，可以允许美国公民以邮寄粮食包裹的形式为中国提供粮食援助，但王当即拒绝，称中国会依靠自己的力量克服自然灾害。话虽如此，实际上中国已经通过商业渠道从加拿大、澳大利亚等国购买粮食。另外，在11月，中国也通过缅甸总理吴努向美国表示，可以以缅甸为中介，从美国购买小麦。但是美国国务卿腊斯克于11月27日拒绝这一建议，理由是中国现在正在向东南亚输出革命。

并且，中国也通过美国"全国立法之友委员会"从法律和政策角度探寻从美国进口粮食的问题。该组织最终给出的答案是，美国政府不会阻止粮农向中国出售粮食。于是，1962年，美国西雅图国际贸易公司向美国商务部递交了两份出口许可证申请报告，报告称中国和朝鲜通过香港的中介机构分两批向美国购买600万吨和450万吨粮食。

美国国家安全委员会成员罗伯特·科默在1962年1月29日给总统国家安全事务特别助理麦乔治·邦迪的备忘录中说，中国所需粮食应该远远超过这几百万吨，这两批购买应该是中国在试探美国，是否会真正为中国提供粮食。因为当时台海局势也相当紧张，台湾会反对美国为中国大陆提供粮食。台湾担心，一旦中美之间开始了第一批粮食贸易，以后就会有第二批，然后还会有其他贸易，而中美一旦恢复贸易，那对台湾是个巨大打击。而且，当时中国还在研制原子弹、卫星、核潜艇等，中美恢复贸易无疑对这些研制有帮助。在国际上，中美进行粮食贸易，必然会产生一系列影响，甚至可能由此解除对中国的经济封锁。

1962 年 2 月 6 日，美国副国务卿鲍尔斯向肯尼迪建议，可以用粮食作为杠杆，撬动中美经济关系，他愿意利用前往亚洲和中东的时机，与缅甸总理吴努商谈。肯尼迪同意了他的建议。但是，正所谓天有不测风云，就在鲍尔斯准备启程的前一天，缅甸忽然发生军事政变，吴努政府被推翻了。

既然无法再沟通，又有这种种担忧，3 月 23 日，美国商务部不得不拒绝了西雅图公司的申请。

但美国没有放弃努力。1962 年 5 月 20 日英国外交大臣霍姆向腊斯克建议，应该给中国提供粮食，腊斯克当时未置可否。

中国不肯屈服，美国也不可能长久僵持下去，这样对执行“粮食换和平”计划并没有什么好处，那么不妨转换一下态度，首先做些低调的表态也未尝不可，毕竟执行这一计划才更有意义。于是，1962 年 5 月 28 日，腊斯克和肯尼迪再次讨论这一问题，认为还是应该再通过波兰渠道（中美大使谈判在波兰进行）向中国表示，美国关注大陆灾情。同时认为，美国应该做好准备，一旦中国向美国提出粮食问题，美国应有预案。

5 月 29 日，英国又向日本首相吉田茂提出了相同的建议，并建议国际组织向中国提供粮食，但日本和国际组织都需要得到美国的首肯，因而也没有结果。

5 月 30 日，美国指示新任驻华沙大使、中美谈判代表卡伯特，在下次与王炳南会谈的时候，可以以尽可能低调的方式向王告知美国愿意考虑粮食问题。

6 月 18 日，腊斯克访问西欧，在访问英国时，他解释了美国为何迟迟没有表态，是因为美国现在把这个门打开着，但是希望中国首先表示需要粮食，美国才会考虑此事。但英国人说，中国人恐怕不会首先低头。

但是，这之后由于中国大陆与台湾战争危险加剧以及中印边境爆发冲突，中美关系也变得更加敏感，虽然肯尼迪总统还希望与中国达成粮食购买协议，但可能性已经微乎其微。

施压朝鲜

1996 年，克林顿上台后，对朝鲜执行“接触”政策，但是，美国的援助一向都是附带着条件的。

2011 年 1 月，朝鲜请求联合国世界粮食计划署（WFP）开展一项额外调查，称由于冬季天气恶劣及蔬菜歉收，粮食供给意外大幅减少。联合国检查员估计，朝鲜约有 500 万人营养不良，占总人口的 20%。朝鲜每年的粮食缺口始终保持在 100 万吨左右。

美国国务院发言人菲利普·克劳利（Philip Crowley）表示，华盛顿方面没有恢复对朝鲜粮食援助的计划。他同时说，如果有特殊需要，美国将要求对朝鲜实施密切监督，以防粮食被“转移给精英阶层”。

1984 年以前，在朝鲜发展最好时期，粮食产量曾达到年产 1 000 万吨，不但完全自给，而且还略有出口，但此后粮食产量连年下降。

朝鲜 2 300 万人，以人均 400 公斤计，应该年产 920 万吨才够满足需求，但 2008 年的产量是 431 万吨，实际缺口在 400 万吨以上。

中、美、俄、日、韩 5 国以及国际粮食计划署、联合国粮农组织，还有一些其他国家和国际组织，多年来一直为朝鲜提供粮食援助和现金援助，每年在 100 万吨左右。自 1991 年后，朝鲜每年都需从国外进口 80 万至 130 万吨粮食，但仍不敷所需，不得不向国际机构求援。然而朝鲜同时却在进行核武器研制、导弹研制等，美国等于是对朝鲜进行经济封锁。加之朝鲜连年遭受旱灾、洪水等，导致农业产量一直不足，粮食也由短缺变成了危机。

1996 年，克林顿上台后，对朝鲜执行“接触”政策，对朝粮食援助有所上升，也相对稳定，当年向朝鲜提供了1.9万吨粮食。但是，美国的援助一向都是附带着条件的，克林顿的条件是，朝鲜必须履行1994年美朝两国在日内瓦签订的《核框架协议》。美国为鼓励朝鲜弃核，此后3年中不断提高粮食援助数额，至1999年达到了70万吨。

2001年，日本通过世界粮食计划署向朝鲜提供了50万吨粮食，但此后发生了“日本人质问题”，结果日本在2002年一粒粮食也没有提供给朝鲜。

不过，朝鲜和美国的积极互动在2002年达到了高潮，时任朝鲜国防委员会第一副委员长赵明录访问了美国，朝美双方发表了《联合公报》。双方表示要结束敌对状态，增强外交接触、建立互信等。但是，在小布什上台后，双方关系再次急转直下，尤其是在2003年美国开始进行反恐战争以后，美国对朝鲜的粮食援助从2001年的35万吨锐减到4万吨，2006年还一度暂停，2008年才恢复。

联合国朝鲜人权问题特别报告员蒙丹蓬2006年10月23日在纽约联合国总部的一个记者招待会上说：除了导弹试射和核试验招致联合国安理会制裁外，“(2006年)7月和8月在朝鲜发生的重大水灾也加重了粮食短缺的问题”。蒙丹蓬认为，朝鲜7月的导弹试射以及10月9日的核试验是“极度浪费资源的做法”，“耗费在军火方面的开支能更好地用在处理粮食问题方面”。2008年，迫于粮食问题严重，朝鲜为向国际社会展示其“弃核”的意愿，炸毁了宁边核设施的冷却塔。作为补偿，美国承诺向朝方提供50万吨粮食援助，但美国发现，这批粮食大部分流入到了朝鲜高层和军队系统中，为此美国指责朝鲜粮食分配不透明。2009年12月美国朝鲜问题特使博斯沃思访问朝鲜，一年多后，2011年5月24日，美国朝鲜人权事务特使罗伯特·金率领一个8人专家小组抵达平壤，他们来此是“评估朝鲜的粮食缺口”，以便美国政府对是否恢复对朝粮食援助做出决策。

联合国儿童基金会于2011年3月发布的一份报告称，朝鲜居民中的37%处在饥饿中，急需海外粮食援助。美国在2009年因朝鲜核问题、“天安舰”事件等中止了对朝粮食援助；韩国也同样大大减少了对朝粮食援助。奉行保守主义政策的李明博在2008年上台后，即中断了每年给朝鲜提供40万吨粮食的计划，只允许民间组织提供少量人道主义援助。为了应对粮荒，英国《卫报》2011年2月曾披露说，朝鲜政府甚至给40多个驻外使领馆下达了命令，命令这些使领馆必须从所在国获得粮食援助，而且硬性规定了数额。美国前总统卡特扮演了“慈善天使”的角色，他对美国媒体说：“你（奥巴马政府）把挨饿的朝鲜人民逼到墙角，对自己有什么好处呢？要知道这个国家声称自己拥有核武器，要是把他们逼上绝路，美国也没好果子吃。”

粮食武器

1980年，里根政府的农业部长约翰·布洛克在一次听证会上直言不讳地说：“粮食是一件武器，而使用它的方式是把各个国家系在我们身上。那样，它们就越发不愿意和我们捣乱。”

2003年3月15日，美国“空军一号”专机徐徐降落在亚速尔群岛拉日什空军基地，在这里，美国、英国和西班牙三国领导人召开了峰会，讨论是否向伊拉克开战，伊拉克的命运就在此地被三国决定。

亚速尔群岛位于葡萄牙大陆以西约1 600公里处，距美洲东海岸4 000公里，东接西欧和地中海，西连北美，南眺非洲和南美，地处欧洲和中东战略要冲，扼横跨大西洋的航道。亚速尔群岛是葡萄牙领土，由9个小岛组成，被称为葡萄牙在“大西洋的九个女儿”。群岛绵延628公里，总面积2 335平方公里。这9个岛屿本无多大经济价值，但自从1427年被葡萄牙航海家发现以来就一直是大国的必争之地，在16世纪英国和西班牙争夺全球霸权的时候就曾在此海域进行过数次海战。“二战”期间希特勒也曾企图夺取亚速尔群岛。1943年8月17日，英国和葡萄牙签订英葡协定，同年10月12日，英军在亚速尔群岛登陆。1944年11月28日，美国和葡萄牙达成秘密协议，允许美国使用圣马利亚基地。美军进驻后扩建了拉日什空军基地，基地面积达14平方公里，跑道长3 600米，宽100米，可供各种大型飞机起降，成为

"二战"后期盟军的主要空军基地之一。

"二战"结束后，美国本应归还拉日什空军基地，但这里是美国大西洋战略的重要支撑点，出于冷战的需要，美国与葡萄牙谈判，继续使用该基地。当时，美国每年付给葡萄牙5 900万美元的租金，另外，美国还使用粮食手段，向葡萄牙提供贷款用以购买美国的粮食，换取葡萄牙同意延长军事基地的使用权。

拉日什空军基地后来果然在海湾战争、阿富汗战争以及伊拉克战争中发挥了重要作用。

美国前农业部长厄尔·布茨在1974年11月19日的《时代》杂志上曾这样说过："粮食是一种手段，它在美国外交谈判中是一种武器。"1980年，里根政府的农业部长约翰·布洛克在一次听证会上直言不讳地说："粮食是一件武器，而使用它的方式是把各个国家系在我们身上。那样，它们就越发不愿意和我们捣乱。"80年代曾担任美国政府一个援助委员会顾问的欧内斯特·格雷夫斯说："如果我们没有看到这些政府做必须做的事情，我们就应该把给它们的援助推迟到它们这样做为止。"

粮食在最近几十年，已经被赋予了多重属性，其一为公共生存物品属性。粮食不同于其他物资，属于人类生存的基本物质；其二为商品属性。粮食本身就是基本的经济要素，可以说粮食是世界上最古老的商品，粮食贸易自古以来就十分兴盛，现在又是工业和服务业的基础，所以，现代粮食贸易更是经济运行的不可或缺部分；其三为金融属性。这也是现代金融资本主义的必然行为，粮食期货已经是最具炒作意义的金融产品；其四为能源属性。粮食可以转化为生物燃料，这是科技进步的结果，也是能源紧张的产物，更是美国粮食战略的手段；其五为政治属性。在人类复杂的政治争斗中，原则上，任何物质都具有政治属性，只要这种物质为国际社会所需要，这类物质的富有国就一定会把其当作战略物资，赋予政治理念。

美国的粮食武器不仅用来对付苏联这样的敌对者和不服从美国意愿的第三世界国家，而且有时也用来轰击欧洲和日本，教训一下伙伴。1973年，尼克松政府为了逼迫日本和西欧在东京回合的贸易谈判中作出让步，宣布禁运大豆。

曾参与关贸总协定乌拉圭回合谈判的一位人士说:“一切事情都像是美国想要恢复世界统治。粮食市场是重要的地理政治市场。华盛顿拼命要控制绿色大权。”

第三世界国家缺粮“使美国得到了前所未有的一种力量……华盛顿对广大的缺粮者实际上拥有生杀予夺的权利”。美国中央情报局的报告中这样说。

经过多年的粮食战略与投机性操作,美国的粮食战略战术已经运用得炉火纯青。

从理论上来说,当粮食价格暴涨时,泰森食品、百威英博、通用磨坊、家乐氏、卡夫、雀巢这些食品巨头本应泪流满面,但实际上他们也许是正在“偷着乐”,因为一方面他们可以水涨船高,并不惧怕食品原料上涨;另一方面他们本身同时也往往参股粮食巨头,且拥有多种金融手段——通过这些公司在粮食危机后所发布的企业信息就可以得到印证,他们都已经采用了大宗商品对冲策略,使公司避免了遭受小麦、玉米和大麦价格飙升的影响。如谷物食品及方便食品生产商家乐氏在看到2010年俄罗斯出现旱情的时候,就已经对各类大宗商品进行了90%的对冲;全球最大的啤酒生产商百威英博在粮价上涨前已经对2011年底前购买的大麦进行了对冲;通用磨坊也是在俄罗斯旱情刚出现、尚未对小麦出口下达禁令前,就已经对2011年大约50%的大宗商品进行了对冲。这些跨国食品巨头就是通过这种办法锁定了远期价格。

美国在发动一场袭击的时候,无论是武器战争还是粮食危机,往往都使用复合手段,即几种战略手段同时使用,且相互配合得非常到位,表现出了娴熟的技术——西方在把粮食作为打击力量的使用上其实有着老道的经验。

19世纪末,曾发生了一场遍及中国北方、印度和巴西的大饥荒,这场灾难被西方解释为“厄尔尼诺饥荒”,因为当时发生了由热带地区引发的严重干旱,但实际上自然因素只起了一部分作用,更主要的因素是英国殖民者破坏了中国、印度和巴西原有的粮食自给系统。这场灾难共造成 3 000 万至 6 000 万人死亡。英国人统治印度期间，早就开始推行资本主义制度，把印度粮食商品化，大量收购粮食用于出口，这等于破坏了印度原有的粮食生产和储备结构。在此之前，印度没有铁路网，也没有全国统一的粮食市场，农村中的粮食通常有不少富余，就由农民自行储备；另外，印度土邦为稳定的世袭制，这种世袭土邦也建立起稳固的农业经济模式，各地区之间经济联系较为松散，不会产生大面积投机炒作。但是，当英国人来了以后，一切都变了，铁路网建立起来了，电报局也出现了，因此各地粮食信息几乎能不费力地短时传播，加之英国殖民者有充裕的资金可以用于收购，另外英国殖民者和土邦贵族们往往勾结一处，使整个印度的粮食逐渐形成了一个系统，并且可以利用铁路快速运输，电报又把交易信息即时在英国殖民者、英国政府、大粮商以及大资本炒家之间迅速传递。因此，印度实际上已经被纳入到了英国人主导的世界大市场中，大量的粮食被运出印度，卖给世界各地的市场。结果，从 1875 至 1900 年，原本丰衣足食的印度出现了长达 25 年的粮食匮乏，导致局部出现饥荒，全国都陷入粮食恐慌中。

印度历史上曾发生“寺庙工资”引发的大暴动。所谓“寺庙工资”指在当时印度总督李顿勋爵的强力统治下，由孟加拉副总督于 1877 年提出的，其目的是削减孟买和马德拉斯两地政府提供的救济支出。结果，导致大米配额数量大为减少，底层劳动者付出艰辛的劳动，但所得连每日的基本营养都不够，终于由此引发了“救济罢工”，饥饿的人群组织了大规模抗议活动，离开工厂和农田。这次罢工也取得了印度本土工商业的支持，形成了民族主义运动。英国殖民统治者只好提高大米配额、降低工作强度。

第九章　饥荒与人口绝育阴谋

陀思妥耶夫斯基的小说曾描绘，在 11、12 世纪俄罗斯爆发饥荒时，有个人吃了 60 个僧侣 6 个婴儿。

爱尔兰大饥荒

800万人的爱尔兰因为大饥荒损失了300万人口。

1845年,爱尔兰人赖以为食的马铃薯爆发了枯叶病,这场空前的灾难,导致100多万爱尔兰人饿死,另有100多万人辗转来到新大陆,他们中的绝大部分成了契约奴,也就是历史上有名的“白奴”。原本总人口只有800万的爱尔兰仅仅因为这次大饥荒就损失了300万人口。

爱尔兰大饥荒爆发后,奥斯曼土耳其帝国苏丹阿卜杜拉·迈吉德一世宣布,将给予爱尔兰农民1万英镑援助。但是英国女王维多利亚却请求迈吉德一世只捐助1 000英镑就行了,因为她自己也只捐助了2 000英镑。迈吉德一世答应了维多利亚女王的这一请求,但仁慈之心难宁,于是派出了3艘船,装满食物偷偷运往爱尔兰。然而这一行动被英国情报机构获知,英国王室试图阻拦,但土耳其水手们还是坚持把船开进了爱尔兰港口。此次爱尔兰大饥荒,博得了不少同情,甚至连美洲的一个印第安部落都捐助了710美元。然而,令人奇怪的是,就在饥荒期间,爱尔兰出口的畜牧品、肉类等不但未见减少,反而有所增多,因为英格兰的粮食商们要求爱尔兰农场主履行合同,继续把各种肉类产品运往英格兰。为了防止中途被饥饿的人群抢食,英国政府甚至派出了部队武装押运。

1845年秋,英国首相罗伯特·皮尔拨出10万英镑,下令从美洲购买印第安玉米和麦片,第一批玉米和麦片于1846年2月运抵爱尔兰。但是,这批宝贵的粮食并不是免费食品,而是以1便士1镑的价格出售,绝大多数贫困的爱尔兰人当然无力购买,只有那些稍为富有的人才买得起。实际上,这是一次“趁火打劫”,英国政府意在利用这次大饥荒,以高价食品掠夺爱尔兰人的财富,进一步削弱爱尔兰人的抵抗力量。历史学家塞西尔·伍德姆-史密斯在《大饥荒:爱尔兰1845—1849年》一书中详尽地叙述了英国人这段不光彩的历史。

19世纪的爱尔兰女诗人珍·王尔德在爱尔兰《国家报》上写诗控诉英国当局:“你们播种下了什么?尸体正在等待复仇……苍白的母亲,为什么哭泣?我们的孩子比我们先昏倒,我们无法给他们面包吃。”

在欧洲的历史上,饥荒并不罕见。1315至1317年间,欧洲北部,包括法国北部、不列颠岛、爱尔兰、斯堪的纳维亚半岛、德国、波兰西部、低地国家以及波罗的海周边国家和地区爆发大饥荒。饥荒在一些地区一直延续到1325年,导致欧洲10%的人口直接死于饥饿,在一些严重的城镇甚至达到了25%。

在欧洲一些文艺作品中也时常能见到对饥荒的历史反映。比如德国雕刻家狄贝利(Theodorus de Bry,1528—1598,比利时出生)的木刻:巴西土著屠宰、分割人体及烧烤图,反映的是16世纪西班牙殖民者和美洲土著人一同烤食人肉的景象,图中人老幼妇孺皆有,儿童甚至拿着头颅骨在水边玩耍。狄贝利本人并未离开过欧洲,他的刻画完全是依照从南美洲回来的海员们的描述。

● 人口与纳粹优生学

> 印尼总统尤多约若早就说:“到2045年,世界人口将达到90亿,其中超过一半在亚洲。大家想想,对粮食、能源、水以及资源的压力吧。如果我们不能共同管理好这些问题,下一场经济战争将会是对稀缺资源的争夺。”什么是稀缺资源?就是淡水、良田、能源、肥料等,归结起来就是粮食。

到2045年,拥挤的世界人口中亚洲人口占世界一半,那么亚洲是世界粮仓吗?非也,世界粮仓是北美。我们曾在“文革”期间不得不从美国和加拿大购买小麦和玉米、从日本购买尿素,那时候美元、日元外汇可是十分宝贵,但粮食更宝贵；苏联虽然与美国对抗几十年，但也曾向美国提出粮食援助，这就是过去的现实。现在，世界粮食总产量为22亿吨，其中中国为5亿吨，美国为3亿吨，但是，中国人口近14亿，美国是3亿，因而美国的粮食盈余很大，它是世界粮食市场的“蓄水池”——“蓄水池”是一个美称，如果放在国际粮食市场中，那么这个“蓄水池”就应该换一个名词了，那就是“垄断仓库”。所谓“垄断仓库”就是说，美国可以经受世界粮食的丰产和减产，“仓库”也就相当于“囤积”，即掌握着实际粮食市场的供应，也就可以操纵粮价。中国的问题正相反，人口数量庞大，粮食产量增长有限，所以，人口与粮食在美国是优势，在中国是劣势；所以，中国长期以来一直以控制人口增长为国家目标之一。

中国从20世纪70年代的前半期开始实行计划生育政策。从60年代后半期开始到2000年代的上半期，中国人口的出生率从3.66%降低到1.36%，人口增长率从2.61%降低到0.65%。随着婴儿死亡率的降低和平均寿命的延长，在较短的时期内，实现了从“高出生率、高死亡率、高人口增长率”的发展中国家模式向“低出生率、低死亡率、低人口增长率”的发达国家模式的“人口转型”。

但任何事情都是有利有弊的，在人口得到控制的同时，人口中的年龄结构也发生了很大变化。根据以14岁以下为少儿人口，15至59岁为劳动年龄人口，60岁以上为老年人口的三分法来看，少儿人口的比重从1980年的35.5%降低到2005年的21.4%，而老年人口的比重从7.4%上升到10.9%。反映着少儿人口比重的降低幅度超过了老年人口的增加幅度。劳动年龄人口的比重从57.1%升至67.7%，抚养比率（少儿人口与老年人口的总和/劳动年龄人口）从0.75降到了0.48。

中国的年平均人口增长率从20世纪60年代的2.4%迅速下降到了2000年的0.6%。预计2010年代中国的人口年平均增长率将下降至0.5%，2020年代将下降到0.2%。2030年代以后中国人口将转为负增长。那么从2010至2030年这20年间，只要保证粮食供应量增长10%，就可以至少能保证口粮，不至于出现大饥荒，当然，这没有把工业化和城镇化粮食需求计算

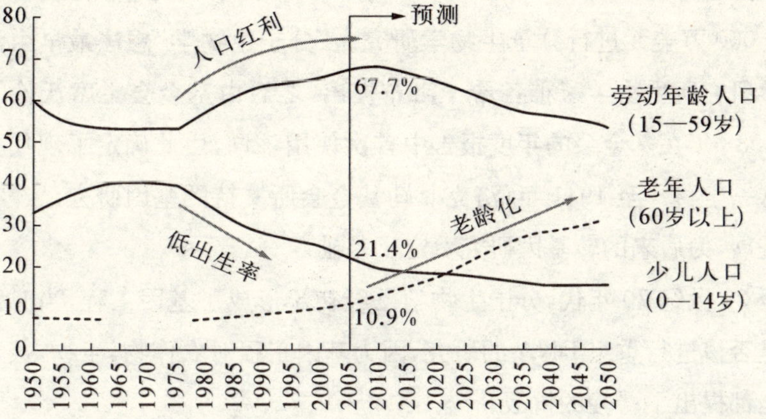

（图为联合国的人口预测，源自联合国《世界人口展望：2004 年修订版》）

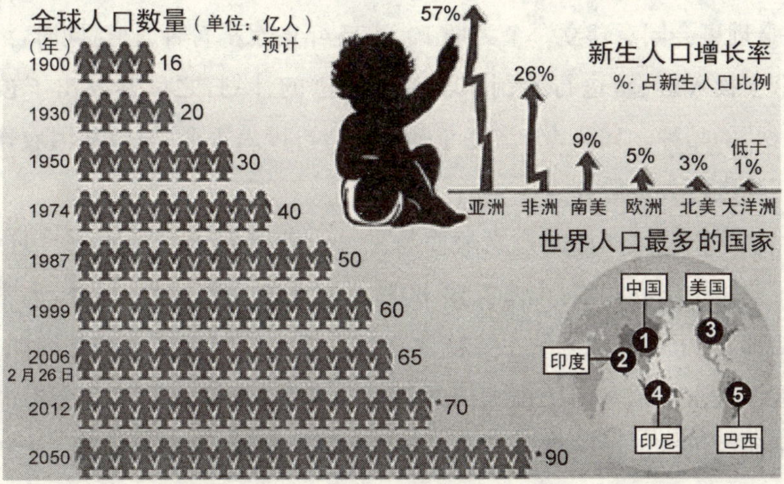

（源自联合国《世界人口展望》2006 年）

在内。

但是，全球人口并没有像中国这样得到控制，战后世界人口一直猛增。

怎么才能养活这么多的人口？这是个残酷的问题，但是更残酷的是，种族主义者认为，那些劣等民族应该被人为地减少。

由于洛克菲勒家族与纳粹德国关系密切，且对德国的种族主义理论和“优生学”十分推崇，因此早在 20 世纪 30 年代，洛克菲勒基金会就开始投入大量资金进行这方面的研究。在1932至1957年间，洛克菲勒基金会总共投入了9 000万美元进行分子生物学研究。“分子生物学”想法最早由洛克菲勒医学研究所生物学家雅各希·洛布提出，之后由基金会主席沃伦·韦弗尔于1938年在基金会的年度报告中首次使用该词，由此确定了现代分子生物学这一学科。至1941年，洛克菲勒基金会所支持的基因研究已经有了相当的进展，为后来的转基因研究奠定了基础。

至20世纪70年代，分子生物学已经初步形成了基因工程，当时已经在争论是否该进行重组DNA的研究，因为基因工程对农作物、生物，甚至人类的安全都提出了严峻的挑战。

1982年，洛克菲勒基金会在一些农业和基因专家的劝说下，决定投资当时还处于边缘科学的应用分子生物学，主要进行植物育种研究。1984年12月，基金理事会同意建立一个为期10至15年的水稻育种研究；同时，洛克菲勒基金会投入资金，进行绘制水稻基因图谱的计划，之后开发出了被称为“金水稻”的品种。1985年，洛克菲勒基金会再投入资金，对转基因农作物的商业用途进行大量研究。

绘制水稻基因图谱的意义显而易见——世界上90%的水稻产自亚洲，其中主要是中国和印度；大米又是80%亚洲人的主要粮食；另外，大米也是非洲西部、拉丁美洲地区的主要粮食，所以，如果绘制出了水稻基因图，就等于掌握了进入水稻基因工程大门的钥匙。至今，洛克菲勒基金会资助的各种水稻研究机构已经培育出了1.4万个水稻新品种，实际上已经大大扩展了自然界水稻品种。

1993年，联合国《生物多样性公约》规定，所有国家应加强对本国种子资源的保护，但美国却修改了这一公约，规定所有由国际农业研究咨询机构所拥有的基因资源不受该公约的限制。当时，国际农业研究咨询机构已经掌握了世界40%的种子基因，而所谓国际农业研究咨询机构大多数为发达国家所控制，且其中洛克菲勒基金会控制着大部分。

美国著名经济学家、地缘政治学家威廉·恩道尔曾经撰写了《石油战争：石油政治决定世界新秩序》，向世人揭示了世界石油争夺背后的欧美石油战略，2008年，威廉·恩道尔又推出了《粮食危机》一书。在新书促销时，他对媒体记者说，该书真实地记录了英美“精英分子”意欲控制整个世界粮食链条的种种图谋。他们的目的不仅仅是追逐利润，而是以一种新的生物战争形式，实行种族灭绝和“人种改良”。他说，英美已经控制了一些重要种子的专利，而这些种子是作为动物的饲料和人类口粮的，包括转基因玉米、转基因小麦和转基因水稻。2008年夏季在罗马召开的粮食峰会上，美国政府和孟山都等公司合谋推出一个政策：世界粮食短缺导致价格上扬不是因为生物燃料，解决粮食紧张必须推广转基因种子，由此可以看出美国政府和一些利益集团的政治意图是蓄谋已久的。威廉说：“当我发现孟山都、杜邦等几家化学公司巨头控制了化肥和转基因种子的时候，我意识到发展转基因种子的危害。在越南战争中，为了消灭游击队，他们帮助美国国防部研制出了化学毒剂。”

1974年，美国政府主要人物包括国防部长、农业部长、副国务卿和中央情报局局长等收到了一份题为《国家安全研究备忘录第200号》的报告，报告是通过洛克菲勒基金会发出的，起草人是基辛格。报告的主题是实施“世界人口计划”，也就是要大幅降低世界人口。实际上，这份报告与1939年美国纽约对外关系理事会伊赛亚·鲍曼所领导研究的“战争与和平研究项目”有渊源，而这个研究项目又与当时纳粹德国宣扬的“生存空间”和“种族论”密切相关。基辛格所起草的这份报告，就有当年德国纳粹的“生存空间”论调，或者干脆说这就是美国版的“生存空间”论。其观点是，世界大多数矿藏、土地资源、能源都存在于发展中国家，而这些国家都是“劣种人”，这严重阻碍了美国和欧洲“优等民族”国家获取资源；而且，“劣种人”国家占据了大片土地，严重污染了环境，还消耗了许多资源。所以，美国必须制订长期的人口消灭计划，为此就必须要首先控制粮食，制定粮食战略，以此作为国家的权力工具，当那些发展中国家出现饥荒的时候，就可以要求其国民实行绝育，否则就只能饿死。甚至，也可以通过控制粮食，人为制造大饥荒。报告中还举例说，可以要求巴西这样的国家进行大规模绝育手术，把波多黎各这样的国家变成人口控制的试验场。

这份备忘录全称为《国家安全研究备忘录第 200 号：世界人口增长对美国的安全及海外利益的意涵》(*1974 National Security Study Memorandum 200：Implications of Worldwide Population Growth for U. S. Security and Overseas Interests*)，简称《NSSM－200》，因由基辛格主导起草和阐述具体建议，又称《基辛格报告》。基辛格主导完成后，再由美国国家安全委员会于 1974 年 12 月 10 日推出。当时这份报告为绝密文件，直至 1989 年才解密。洛克菲勒家族对美国安全委员会和中央情报局影响很深，这份备忘录就是按照洛克菲勒家族的掌门人约翰·D. 洛克菲勒三世的意旨撰写的。

洛克菲勒三世早年曾受到纳粹德国"种族论"、"优生论"的影响，之后又对马尔萨斯推崇备至。在 1950 年他曾进行过一次东南亚之行，这次旅行使他看到当地的民众不但贫困，而且人口膨胀速度很快，他对"劣等人"人口数量的增长感到担忧。1952 年他创办了人口理事会(The Population Council)。该理事会的主旨是研究人口增长的影响以及如何减少人口，其中一些秘密课题就包括对"劣等人"进行绝育和制造饥荒。

据解密文件，接替尼克松上台的福特总统上台伊始就立即签署了命令，使之成为美国联邦政府的正式政策，这也是美国粮食战略最隐蔽的基础文件之一。

据美国学者威廉·恩道尔在其《粮食危机》一书中披露，在这份备忘录的原始提纲中，基辛格写道：

(1) 相应的发展速度，特别是穷国的发展速度；

(2) 对美国出口需求，特别是对粮食的需求，以及由于资源的竞争美国可能面临的贸易问题；

(3) 人口增长或者不平衡导致破坏性的外交政策和国际不稳定的可能性。

……

这项研究应该关注人口增长对国际政治和经济的影响而不是关注生态、社会或者其他方面。

这项研究应该为美国处理海外人口问题，特别是发展中国家的人口问

题提供可能的行动路线,尤其应注意下列问题:

(1) 如果有必要,为了让国际社会关注人口问题美国需要采取哪些新的行动;

(2) 技术创新或者发展是否有可能减少人口增长或者改善人口增长的影响。

威廉·恩道尔引述了基辛格写于1974年12月的、对全球人口增长的详细政策论述:“短期和中期来看最严重的后果就是世界上某些地区,特别是那些最贫困的地区可能发生大规模的饥荒。世界需要粮食产量每年增长2.5个百分点甚至更多……现在,人类已经开始大规模应用化肥,并对土地进行了充分的灌溉。因此,粮食产量的增加将主要来自更高的产量。人口多的国家无法承受持续增长的粮食进口,但是对于他们来说通过一两代人的努力,使粮食生产稳步增长2到4个百分点也是极为困难的。集约化农业所需的资本和外汇数量很大,能源价格上涨、化肥稀缺和价格上涨更是雪上加霜。改造传统农业所面临的制度、技术和经济问题也是很难逾越的。”

报告中甚至建议美国采用纳粹方式:“如果这些劣等人种妨碍我们获得充裕的廉价原材料,我们必须想办法除掉他们。”

所以,“美国的战略应该支持那些在妨碍实现生育控制目标的关键问题上取得重大突破的一般行动。例如,通过生物医学研究开发更简单有效的避孕方法将惠及所有人口迅速增长的国家;改进衡量人口变化的方法将帮助许多最不发达国家来确定当前人口的增长速度,评估随着时间的推移人口和计划生育行为对社会经济的影响”。

基辛格甚至拟定了13个国家作为重点目标,这些国家是印度、孟加拉国、巴基斯坦、尼日利亚、墨西哥、印度尼西亚、巴西、菲律宾、泰国、埃及、土耳其、埃塞俄比亚和哥伦比亚。

整个NSSM-200(《国家安全研究备忘录第200号》)长达百余页,无法作为附录完整地呈现在读者面前。如果把这份报告完整展示出来,再与“二战”前纳粹德国的人口种族论文章放在一起比较,就会发现两者之间的思想、策略何其相似!

[附录]波多黎各试验场

把波多黎各岛当作人口削减的试验场并非仅仅停留在纸面上，而是曾实实在在地进行过。早在20世纪50年代，这里就建有一个巨大的实验室，用来检验理事会的一些设想。根据波多黎各卫生部门后来的调查，至1965年，大约有35%的波多黎各妇女被做了永久绝育手术。当时，正是纳尔逊·洛克菲勒担任美国卫生、教育和社会福利部副部长，也正是该部发起了这场绝育运动。当时发起这场运动的理由就是波多黎各人口过多，绝育不但可以让妇女少生，而且还能促进身体健康，增加家庭收入。有些绝育手术是这些妇女和其家庭同意的，有些则是暗中进行的——当时美国在波多黎各建有条件良好的医院，在进行一些接生或者其他手术的时候，同时就进行了输卵管结扎手术，而妇女并不知情。

另外，巴西实际上也是一个大实验场。1989年这份备忘录解密后，巴西立即对本国妇女进行了调查，1991年《巴西杂志》公布了调查结果，结果令人震惊——调查发现，巴西年龄为14至55岁的妇女中竟然有44%已经永久绝育，其中大多数都是在70年代中期后作了绝育手术；而实施手术的包括各类组织和医疗机构，既有国际计划生育联盟、美国开拓者基金会、自愿外科避孕手术联合会和国际家庭健康组织这样的国际机构，也有巴西本国医疗机构，但所有的这些组织和机构背后都有美国国际开发署(USAID)的影子。在调查中还发现，在绝育的妇女中，大部分属于非洲裔妇女，巴西当时人口为1.54亿，其中一半是非洲裔，这意味着非洲裔在巴西人口中的比例将大幅下降。美国这种行为实际上就是一种人口灭亡，或者说是种族屠杀，只不过进行得十分隐蔽，而不像纳粹德国对待犹太人那样明晃晃。

被美国当作试验的不仅仅是波多黎各和巴西，全球很多国家的民众都曾被有意施以手段，如孟加拉国的自来水大多都曾受到砷污染，这实际上就是国际机构在对其进行援助时刻意引导的结果；还有在给一些发展中国家发放的疫苗中，一些科研机构也发现其中含有能导致人绝育的成分，医学上称之为“双重疫苗技术”，也就是既可以预防传染病，也能避孕和绝育，当然后者是不会在说明书上注明的。墨西哥、菲律宾、尼加拉瓜等国已经发现，在20世纪90年代使用的破伤风疫苗实际上就是“双重疫苗”。

基辛格当然清楚这一切，在一份美国政府的报告中说及此事，并且说“整个实施过程中，美国必须掩盖真实目的，而让人觉得美国的计划不是自私的而是利他的。否则有可能引起其他国家强烈反弹。美国必须隐瞒从发展中国家获得自然资源的真实意图，而说服发展中国家的领导人和民众相信：减少人口是符合他们自己的最大利益的”。

大规模消灭巴西人口，这不仅仅是人口实验，而且也有战略考虑——当时在南北美洲，巴西是一个领土面积与美国接近的国家，人口规模也在接近美国，而且其一向是南美大陆的地区大国，如果其经济发展起来，必然会成为美国美洲后院的一个隐患。因此，基辛格有意将巴西列入13个目标国家之中。

如果说针对一些国家的绝育运动还让其他国家庆幸没有被列入名单的话，那么2001年的一条消息恐怕就会让全世界战栗了，这条消息就是，美国加州圣地亚哥的一家名为Epicyte的生物技术公司宣布研制成功一种转基因新玉米种子：“避孕玉米”。顾名思义，这种玉米可以起到避孕的作用，其主要是通过杀死精子起到避孕作用。然而，玉米是主要粮食作物，使用范围极其广阔，谁又知道什么时候吃了这种玉米呢？这家公司在2004年已经被一家名为Biolex的生物技术公司收购，而这家公司的股份中，就有孟山都的影子。

第十章 中国，身处危机阴影中

中国因连续 8 年粮食丰收，短期内不会面临重大粮食安全问题，但美国的粮食战略已经潜心经营了 30 多年，而中国又被美国视为潜在威胁，所以美国早已制定了针对中国的粮食战略，并且已经完成了布局，现在到了发起攻势的时候了。

中国古典粮食意识

我们常言“民以食为天”，实际《汉书·郦食其传》所述完整句为：“王者以民为天，而民以食为天。”这说出了中国古典的粮食与政权思想。

中国是一个农业古国，对粮食的重要性、粮食危机以及种种应对政策有着丰富的经验。

春秋时期，《管子牧民》中记录了齐国政治家管仲对粮食生产和储备的论述，他说：“凡有地牧民者，务在四时，守在仓廪。国多财则远者来，地辟举则民留处。仓廪实则知礼节，衣食足则知荣辱。”

对于粮食的重要性，他强调了两点，其一“五谷食米，民之司命也”；其二“粟者，王之本事也，人主之大务，有人之途，治国之道也”，粮食是一个国家的基本，否则国无以安，“不生粟之国，亡；粟生而死者，霸；粟生而不死者，王。粟也者，民之所归也；粟也者，财之所归也；粟也者，地之所归也。粟多，则天下之物尽至矣。”其意为：不生产粮食的国家，国家必亡；粮食生产仅能自足者，只能称霸；粮食生产充足并有富余的国家，才能够统治天下——而这正是当今美国利用粮食统治全球的霸策。

《礼记王制》曰：“国无九年之蓄，曰不足；无六年之蓄，曰急；无三年之蓄，曰国非其国也。”其中之“蓄”就是指粮食储备。《管子轻重甲》说：“天下有兵，则积藏之粟，足以备其粮。天下无兵，则以赐贫甿。”

管仲之后，商鞅在秦国推行变法，也明确提出“僇力本业，耕织致粟帛多者，复其身；事末利及怠而贫者，举以为收孥”（《史记》卷六十八《商君列传》），并为建立粮食储备立法，制定了《仓律》。

西汉时，政治家晁错向汉文帝上《论贵粟疏》，提出了其所制定的政策就是“重粮贵粟”之策，实际上就是建立在管仲的粮食理论之上，他进而建议以立法的形式，明确国家粮食战略："贵粟之道，在于使民以粟为赏罚"，法令中规定，民众可以用交纳粮食方式，"得以拜爵，得以除罪"，"如此，富人有爵，农民有钱"。这就是以立法的形式鼓励粮农生产。自然，粮食价格也会由此上升，吸引更多的人从事粮食生产。在论述粮食储备时，晁错说："夫腹饥不得食，肤寒不得衣，虽慈母不能保其子，君安能以有其民哉！明主知其然也，故务民于农桑，薄赋敛，广畜积，以实仓廪，备水旱，故民可得而有也。"贾谊说："夫积贮者，天下之大命也。苟粟多而财有余，何为而不成？以攻则取，以守则固，以战则胜。怀敌附远，何招而不至？"(《汉书》卷二十四，上，《食货志上》)

汉文帝采纳了晁错的建议，于文帝十二年(前 168)颁布卖爵令，取得了预期效果，西汉国力因而迅速得到恢复。

隋朝虽然短命，但却建立了中国古代最完善的粮食仓储制度，《贞观政要》记载说其"仓库盈溢……计天下储积，得供五六十年"(《贞观政要》卷八《辩兴亡》，上海古籍出版社 1978 年版)。

唐中期著名政治家陆贽也对建立国家粮食储备有所论述，且认为不但要建立官方粮食储备，而且还应该建立民间粮食储备，他说：

> 《语》曰："百姓足，君孰与不足？百姓不足，君孰与足？"此言君养人以成国，人戴君以成生，上下相成，事如一体。然则古称九年六年之蓄者，盖率土臣庶，通为之计耳，固非独丰公庾，不及编甿。《记》所谓"虽有凶旱水溢，人无菜色"，良以此也。后代失典籍备虑之旨，忘先王子爱之心。所蓄粮储，唯计廪庾。犬彘厌人之食，而不知检；沟壑委人之骨，而不能恤。乱兴于下，祸延于上，虽有公粟，岂得而食诸？故立国而不先养人，国故不立矣；养人而不先足食，人故不养矣；足食而不先备灾，食故不足矣。为官而备者，人必不赡；为人而备者，官必不穷。(《全唐文》卷四百五十六，《均节赋税恤百姓六条其五请以税茶钱置义仓以备水旱》)

唐朝为此建立了粮食储备制度，制定《厩库律》，共计二十八条。开元二十七年(739)，唐玄宗敕令曰："理国者，在乎安人；安人者，在乎足食。以古先哲后，立法济时，使家有三载之储，国有九年之蓄，虽遇水旱，终保康宁。……宜因丰穰，预为收贮，济人救乏，孰先于兹。宜令所司速计，料天下诸州仓，有不充三年者，宜量取今年税钱，各委所由长官，及时每斗加于时价一两钱收籴"(《册府元龟》502《邦计部平籴》)。唐之所以成为中国古代最富足的王朝，就是因为粮食充盈，唐玄宗天宝八年(749)，"通计天下仓粮、屯收并和籴等见数，凡一亿九千六百六万二千二百二十石"(《通典》卷二十六《太府卿常平署》，中华书局，1984 年版)。当时唐朝总人口约为五千万，人均储粮达到 480 公斤。

明清时期，中国商人中形成一群著名的徽商，徽商中的主体就是粮商，他们和茶商、木商一样古老。江浙一带历来有"江浙熟，天下足"、"湖广熟，天下足"之谚，可见江浙、湖广都是中国的粮米之乡，徽商就是从这两地向全国各处通过水路、陆路贩运，明嘉靖《徽州府志》中记载说，徽州粮商"转他郡粟给老幼，自桐江，自饶河，自宣池者，舰相接肩相摩"；明天启《休宁县赋税官解条议全书》中也记载说："徽郡仰给江浙，旧例买稻俱派水商……屯溪系一邑总市，商牙辐集，米船络绎相继。"

《明熹宗实录》有一段记载，称徽州粮商在灾年囤积不售，以抬高粮价，结果惹怒民众，"万历庚申(1620)(苏州)因遏籴米腾，一二饥民强借徽商之米，有司稍绳以法，而遂有万人屯聚府门，毁牌殴役，几致大变"—— 一个浅显而又明确的道理：民众没有民主、自由还能忍受，但若没粮吃，那就忍受不了多久了。

在应对粮食危机中，中国也不乏真知灼见。据史载，唐元和三年(808)秋天，歙州(徽州前身)遭遇干旱，粮食价格因此大涨，于是朝廷官员和民众都要求宣歙观察使卢坦发布政令，压制粮价。但卢坦说："宣、歙土狭谷少，所仰四方之来者；若价贱，则商船不复来，民益困矣。"

但是，古典智慧并不一定意味着中国人在现代也是精明的粮食商人。

中国古代在世界历史中算是一个奇迹，因为中国自秦统一后一直延续了2000年，直至清朝灭亡，高度统一，而且社会模式和国家制度甚至文化发展都表现得非常稳定，其间尽管多次经历革命，但无一例外都是改朝换代，而非真正的国家革命、制度革命和思想革命。中国为何能保持这样的高度稳定和传承呢？其中一个非常重要的因素就是中国历代政府都强调一点：重农抑商。

中国最基本的国情是20世纪80年代以前一直是个农业大国，直到1980年代才开始工业化。重农抑商并非像我们过去几年曾经批判的那样，过于重视农业而忽视了商业对社会的贡献。过去，中国统治者的确把商业活动看成是不劳而获的人进行的种种罪恶活动，他们认为只有安心于农事才是良民。尽管这种认识相当粗浅，但不可否认，重农抑商给中国的统治者提供了一个稳定的基本面，而抑制商业又在一定程度上削弱了商业投机活动，从而避免了给社会造成持续不断的动荡。这种朴素的认识其实给一个依靠农业立国的帝国带来了稳定的基础。当然，中国历史上农民起义比比皆是，但这起因于统治层的贪婪和压榨，中国古代的基本矛盾是官民矛盾，而不是商业利益矛盾。同时，频繁的农民起义给粮食安全作了一个注脚：如果饥饿蔓延，必然会引发暴动。

综观当今世界，大部分国家实际上都蕴含着粮食风险，而这些国家的“粮食风险”对美国来说，就是巨大的粮食商机和利润。

英国著名风险分析公司Maplecroft在2011年8月末发布了“2011年粮食安全风险指数”。该数据是在对全球196个国家粮食供应的充足性和稳定性进行调查后得出的，其中“非洲之角”索马里风险指数第一，其周边地区的厄立特里亚、埃塞俄比亚和吉布提以及刚果都属于“极度高风险”国家，撒哈拉以南、南非以北地区都是高风险区，亚洲的高风险区是南亚，中国为中等风险；美国、加拿大、澳大利亚则是世界最低风险区。

粮农组织总干事雅克迪乌夫将世界超过10亿的饥饿人口称为“我们现代的悲剧性成果”。非洲之角历来是灾难的驻足之地，2011年又遭遇了60年来最严重的干旱，连续两个雨季没有降雨，导致大量农作物绝收，至2011年8月，仅索马里南部地区就有2.9万名年龄在5岁以下的儿童死亡，约

30%的人营养不良；东非地区大约 1 750 万人陷入饥饿。在摩加迪沙，2011 年 6 月玉米价格已经与去年同期相比上涨了 100%，高粱上涨了 180%。

Maplecroft 首席执行官艾莉森·沃赫斯特（Alyson Warhurst）称，“粮食安全问题不仅会导致人道主义灾难，还会为社会动荡带来不稳定的因素。由于全球人口不断地在增加，对粮食的需求也在随之增长。这将会让世界各国越来越重视粮食安全的重要性，各跨国机构也会将这一问题提上风险议程”。

如果说中国成功抵御了 2007 至 2008 年的粮食冲击，那么面对 2009 至 2010 年的第二波粮食冲击就没有那么幸运了——食品价格上涨是中国本轮通胀的直接推手，在中国 CPI 中食品价格的权重占了近 30%。从 2011 年夏季的情况来看，食品价格上涨已经有所回落，但全球干旱的蔓延极有可能再度推升国际农产品价格。

● 中国的农业生产

中国是一个公认的农业文明古国。

中国古代很早就实行了连种制和复种制，而欧洲直到近代还一直在采用休闲制，因而中国粮食单产在世界历史中一直处于高水平，周朝就已经达到“上农九人，中农八人”，即一个农民可以养活 8 人或 9 人。

董恺忱在《从世界看我国传统农业的历史成就》一文中指出：(1) 中国是世界上栽培作物起源中心之一；(2) 中国框形犁是世界上最发达的传统犁之一。它的特点是具有曲面壁和摆动性。西方近代犁吸收了中国犁的特点，成为近代农业革命的契机；(3) 中国是世界上有较高土地利用率的国家之一，和南欧中世纪长期实行休闲制不同，中国很早就实行连种制和复种制；(4) 在世界农业发展较早的国家中，我国是没有出现地力衰竭的几个仅有的国家之一，这主要得力于中国农民善于利用生产、生活上的废弃物给土地施肥；(5) 我国传统农业一度处于世界领先地位，主要表现在精耕细作农艺和较高的单产上。

据日本学者熊代幸雄对古代农业播种量与收获量比值的研究，西欧“在以小麦为主食的英格兰，这一比值在中世纪略少于4倍，到了近代则提高到6至11倍之间”。在六世纪前期的华北(《齐民要术》所反映的时代)，粟的比率倍数为20至40倍，“与欧洲相比高出10倍左右”。据《沈氏农书》等资料，直到明末清初嘉兴地区稻米产量最高为每公顷6 700至8 400公斤，而今天美国加州稻米产量仅为每公顷6 500公斤。从总体上来估计，西欧中世纪收获量只有播种量的三四倍，而中国达到十几倍、几十倍。

中国兴修了许多大型水利工程，进一步提高了生产效率，相比之下，欧洲的大型水利灌溉就少得可怜了。但是，这一切都是历史，或者说已成历史，在现代，我们的农业生产率与美国相比也可以用“低得可怜”来形容了。

我们通常认为土壤是大自然固有的，而且是永不枯竭的，但实际情况不是这样，土壤也和湖泊一样，如果过度捕捞，会造成渔业资源枯竭，中国成语中有“涸泽而渔”之说，如今土地中大量使用化肥和各种无机肥料以及农户或者种植公司按照粮商巨头或者政府的要求进行单一种植，对土地而言，就是“涸泽而渔”。无机化肥和单一种植实则打乱了土壤和雨水、空气中的碳、磷、氮等物质的自然循环，土壤养分越来越匮乏，农业生产也就越来越依赖化肥和农药，同样也就更依赖石油。当土壤峰值(peak soil)与石油峰值和价格峰值叠加在一起的时候，必然造成极其可怕的后果，世界贫困地区必然会出现大饥荒，新兴经济体也必然遭受沉重的打击。

水资源也是一个日益严重的问题。据联合国教科文组织数据，生产1吨谷物所需的水，小麦是150吨，大米是2 659吨，玉米是450吨，大豆是2 300吨，平均需要约1 000吨。粮食竞争的结果必然是促进生产分工，其中的经济学道理就是：用1 000吨水进行工业生产更合算还是进行农业生产更合算？人们显然会选择生产附加价值高的，如果农产品获益更多，那就生产农产品；如果工业产品获益更多，那就生产工业产品。所以说，一个国家内工业和农业也存在水争夺战。农业用水在水总消费量中的比率因经济发展而下降，亚洲大约是70%至80%，美国大约是40%，日本大约是60%。可见工业化程度越高，对水的占用比例越高。

在20世纪，水资源使用的增长速度是人口增长速度的两倍。尽管尚未出现全球性的水资源匮乏，但已经有28亿人口（约占全球人口的40%）已经处在水资源短缺的边缘；其中有12亿人生活在水资源面临枯竭的地区，因为所在地75%的河流已经断流。北非、西亚、中国和印度是最严重的。2011年8月，第21届"世界水周"论坛在瑞典首都斯德哥尔摩开幕。联合国环境规划署特别发布了名为《通过生态系统方法实现水和粮食安全》的最新研究报告，该报告由联合国环境规划署、国际水资源管理研究所以及其他19家国际组织的50位专家共同撰写。报告称，在中国华北平原、印度旁遮普邦和美国西部等一些世界主要粮食产区，地下水水位正在迅速下降。报告警告说，目前有16亿人生活在水资源短缺的地区，如果照此发展，很快就会增长到20亿人。按照现在的人口增长速度，到2050年，世界人口将达90亿。

水资源匮乏不仅表现在淡水湖泊和地下水水位下降，而且表现在水资源受污染严重。

水资源匮乏的后果可能甚于粮食危机，因为粮食危机相对来说是粮价高涨，只要有足够的购买力，还可以购买到，而且粮食危机相对短暂。但水资源匮乏就不同了，这是一个几十年甚至数百年的问题，淡水资源的恢复绝非一朝一夕，环境污染的治理同样也需要漫长的时间。再者，水资源匮乏往往会引起种种自然灾难，比如干旱，或者极端天气，如冬季特别寒冷，夏季燥热，或者干旱与洪涝突然逆转（2011年中国就曾爆发这种情况）等诸多自然变化，因为水蒸气是自然循环的重要因素，它的任何改变都会引起其他变化。

中国水资源的情况实在不容乐观，据中国科学院资料，中国从降雨等获得的水资源是6 100立方千米，仅占地球淡水总量的0.017%，与之对比的数字是，中国国土面积约为世界7%、人口约占20%。中国总供水量的约80%是地表水，约20%是地下水。结果，随着中国工业化程度越来越高，黄河自然断流已经出现多年，黄河下游只能靠抽取地下水维持；而地下水也普遍需要越打越深。中国水需求总量的近70%是农业用水，但最近30年来，工业用水和城市用水分别增加了1.5倍和3.7倍。美国《纽约时报》2011年6月1日说："华北正在枯竭。徘徊不去的干旱正肆虐农田，戈壁沙漠逐渐南移，被称为中华文明摇篮的黄河污染严重，大城市的快速增长——人口分别为2 200万的北京和1 200万的天津——已吸干需数千年时间才能补给回来的地下水源……"浩大的南水北调工程耗资约620亿美元，相当于两个三峡工程。"东线工程的监管人员已发现，从长江输送到天津的饮用水被严重污染，必须修建426座污水处理厂。据中国官方媒体报道，水污染防控已占到东线工程投资总额的44%。""在一个屡遭干旱和洪涝循环灾害的国家，治水向来是中国统治者的重要使命。"然而现实却存在着"城市规划者欲将北京打造成为一个遍布高尔夫球场、游泳池和滑雪场的城市——西方设定的模式。"

农业成本增加也是近年来越来越严重的问题。石油价格的一路飙升不但导致全球性能源紧张，而且还导致农业成本的上升，因为石油是化肥生产的原料。因而，石油价格的上涨带动了化肥价格的上涨，而化肥价格的上涨、汽油价格的上涨结果就是农业成本的上升。同时，由于农业在社会经济中的基础地位，许多国家都对农产品价格有较为严格的控制，这就使得农业变成了无利可图的产业，农民们要么转产其他利润相对较高的农作物，或者干脆放弃土地。以中国为例，尽管中国目前由于连续多年粮食丰收，因此总体上尚不担心世界性粮食危机，但中国农业的成本却是令人担忧的：2007年1公顷水稻的种植成本为1 050美元，而2008年的成本已经大幅上升到了1 350美元，而且收割、存储、运输的价格也在增加，但国家却严格控制粮食的批发价格，这就意味着种植谷物和大米是一个赔钱的买卖。

就农业生产的基本单元——农民个体来说，粮食价格的风吹草动都能影响他们的收入，而一旦遭遇粮食危机，虽然市场上粮食价格暴涨，但实际上农民的田间交易价格却是在下降，因为田间收购价格掌握在粮食巨头手中，并不是由农民直接拿到市场上出售。这样，当粮食价格出现低价的时候，农民的收入会更低；粮食价格上涨的时候，基本与他们无关，因此，实际上农民长期处于低收入状态或者亏损的边缘，一旦粮商大幅降低收购价格，农民如果不想离开土地，那就只有负债继续耕种。而粮食巨头们如果想要得到农民手中的土地，就会让农民陷入这样的恶性循环中：亏损出售—负债经营—再亏损出售—再背负更多的债务—破产。

粮食危机导致扩大种植面积，扩大种植面积必然扩大灌溉水量，结果淡水资源更加紧缺，水力发电也因此受到影响，这反过来又提高了煤炭和石油的需求，而美国则能控制石油价格。中国在2011年爆发了大干旱，导致鄱阳湖水量骤减，只有往年的10%，这逼迫三峡大坝不得不减少发电量为下游供水。另外，由此引发的生态问题可能会长久难以恢复。

● 中国粮食危机四伏

莱斯特·布朗发表《谁来养活中国?》一文后，引发了世界对中国粮食问题的关注，中国人对此反应强烈，认为布朗侮辱了中国，中国人可以自己养活自己。然而，当我们以理性的态度看待这个问题的时候，我们就发现，布朗不是在危言耸听。

世界各国虽然在2008年的粮食危机中受了一场惊吓，当时也的确做了很多调整，但是一来农业本身就是个长期产业，见效很慢；二来，好像在这几年中人们又好了伤疤忘了痛，发展中国家粮食产业没什么大变化。于是，在2010年最后一个月，粮食价格指数攀升至214.7点，超过了2008年6月创下的历史最高水平213.5点。依据路透社的数据，2010年，美国芝加哥市场小麦期货价格攀升47%，玉米价格的涨幅超过了50%，大豆价格也劲升34%。联合国粮农组织经济学家阿巴斯安因此警告说，如果世界粮食价格继续走高，可能再次出现冲击全球的粮食危机。

在国际上，一般把资源安全线设在30%，即如果一个国家进口的资源超过30%就触到了安全底线，国际上此种资源的任何风吹草动都会影响这个国家的安全。比如，2010 年 9 月中、日在钓鱼岛发生了撞船危机后，中国在短时间内先后出台了众多措施，其中一项就是切断稀土供应。这在中国采取的一些措施中是最有效的，也是具有战略威胁性质的手段，结果在国际上引发了“稀土地震”。众所周知，中国掌握着世界稀土资源的绝大部分，而稀土是现代工业、通信、计算机、航空航天等所有工业所必需的资源，用量不大，但不可或缺。因此，当中国宣布限制对日本稀土供应之后仅仅 36 小时，日本就宣布放人。

另外的例子还有石油——1996 年以前，中国还是石油出口国之一，但在这一年，中国变成了石油净进口国，中国非常依赖海外石油，所以整个中国的国防战略和经济安全战略不得不据此调整，包括军事上扩大海军。据此，甚至国外有些别有用心的媒体声称中国正透过资助等各种方式在海外执行“珍珠链”战略，即从南中国海一直到波斯湾构筑一系列海外基地，目的是保持石油供应线的安全。另外，还不得不与中亚、俄罗斯谈判，修建石油管道，购买他们的石油。这些，就是因为中国石油早已超过了 30%安全线。

那么，粮食呢？总体上，还没有达到 30%需要进口的程度，但是，警灯早已亮起——如果美国切断中国的大豆供应，中国超市里的食用油就会飞涨！

食用油市场虽然早已江山易主，但中国人从不缺乏夺取江山的翻身精神，当中国人意识到农产品被控制的危险性之后，必然要重新夺回控制权，因此，今后 5 至 10 年必然是农产品贸易战、控制战最激烈的时期。国家一定会对国有和民营食用油企业提供资金、政策、流通、贸易、技术全方位的支持——实际上，近期对家乐福、沃尔玛等跨国超市的不良行为进行曝光，以及对国内猪肉、奶粉等粮食产品频频“动手”已经说明，本土资本与国际资本的粮食战争已经打响。

我们自诩为传统农业大国，我们的文明也是典型的农业文明，但是我们的历史上几乎年年都会发生饥荒——据统计，自公元前 18 世纪以来的 4 000 年间，中国历史中共计发生各种灾害 5 500 次之多，平均每半年即发生一次灾害。

如前所述，中国不缺乏粮食安全思想，早在《礼记·王制》中就提出了

"耕三馀一"思想，即按粮食的年度计算，年末库存率（包括政府和民间库存）相当于半年的粮食消费量；"国无九年之蓄，曰不足；无六年之蓄，曰急；无三年之蓄，曰国非其国也"。《范氏·计然》中也言曰："五谷者，万民之命，国之重宝"；《齐民要术》序中说："洪范八政，食为政首"；晁错在《论贵粟疏》中提出"贵五谷而贱金玉"，"粟者，王者大用，政之本务！"但是，中国历史上又为何频现饥荒呢？

粮食安全的概念，在现代是联合国粮食及农业组织1974年11月在第一次世界粮食首脑会议上提出的，即：保证任何人在任何时候，都能得到为了生存和健康所需要的足够粮食，并为此制定了安全标准，即世界粮食当年库存至少相当于次年消费量的17%至18%；1983年4月，联合国粮农组织对粮食安全概念进行了第二次界定：确保所有人在任何时候，既能买得到又能买得起他们所需要的基本食物；1996年11月，第二次世界粮食首脑会议对粮食安全概念作出了第三次表述：让所有的人在任何时候都能有充足的粮食，过上健康、富有朝气的生活；最近几年对粮食安全又有了最新的修正，其概念是：强调"所有人都有获得粮食的能力"。无论怎样变化，其中的核心是让人得到他们所需要的基本食物。而如果按照4 000年中出现5 500次种种灾难来衡量的话，中国甚至可以说是一个饥荒大国，粮食极度不安全。

从1950至1977年，中国约有二分之一的人口常年得不到鸡蛋，营养匮乏是普遍性的。改革开放后经济发展迅速，饥饿似乎远离了中国，但静水流深，粮食的深层问题正在迅速发生危险的改变——改革开放刚刚20多年，中国农民就陷入"大豆困境"，这是很让中国难堪的一件事——一方面中国有广阔的大豆市场，每年需要进口大量的大豆，另一方面是大豆种植户很难从种植大豆中获益，跨国公司已经掌握了中国大豆产业的几乎所有中间环节，中国大豆被跨国粮商肆意操控。

实际上，在国际大粮商介入之前，我们自己的粮食政策也总是给市场制造动荡，粮食市场本应保持平稳，然而自改革开放以来粮食生产总是大幅波动，时而大幅增产，时而大幅减产，增减幅度在100%至400%，这样的剧烈波动是怎样出现的呢？这主要归因于中国农业政策和地方财政对农业的影响。

1990 年以来我国粮食库存消费比平均保持在 30%以上，2000 年更是高达 72.3%，远远超过联合国粮农组织建议的 17%至 18%标准。其中原因就是中央的粮食政策核心思想是认为粮食产量越多越好、粮食储备越多越安全，于是鼓励农民多种粮。然而，当粮食出现丰收时又没有相关的政策保护粮价，结果农民发现粮食丰收时粮食不能卖出好价格，导致种粮情绪低落，于是粮食产量又开始下降；当粮食产量大幅下降后，中央及各地政府又开始担心粮食安全，于是再鼓励农民多种粮，如此又制造了另一个丰收。这就形成了一个不良循环：丰收导致粮价低落，粮价低落导致产量下降，再次激励粮食生产，又获丰收，粮价再次下降。其中一个主要原因是中央粮食政策是与地方财政直接相连的——当粮食主产区丰收时，地方必须要拨出财政专款来收购粮食，由此粮食大量丰收必然给地方财政造成巨大负担；粮食短缺时，地方财政又不得不提高收购价格，还是给财政造成压力。如此，地方总是在想方设法减少财政压力，在粮食丰收时打压粮价或者“打白条”，打击了农民种粮积极性，最终的结果就是粮食产量剧烈波动。可见，中央的粮食政策往往停留在了有一个好的出发点上，而没有缜密的财政政策相配合。

中国的城市化运动 30 年来蓬勃发展，但城市化导致了耕地面积大幅下降。工业化和城市化是发达国家的象征，这因而成了许多发展中国家努力的方向。另外，全球人口的增长主要也是在发展中国家，再者，发展中国家在战后大多经历了相对稳定的发展和繁荣，社会进步明显，生活品质越来越向发达国家靠拢，这些都导致向农业提出了越来越多的要求：工业化要求农业提供原料、城市化要求农民让出土地、人口增长要求粮食也要增产、生活品质提高要求食品越来越精细，因此浪费了大量粮食，结果，发展中国家简单追求发达国家的标准却导致农业承受了越来越多的压力。随着城镇化和工业化进程的持续，中国耕地面积已经连续 12 年下降，2008 年与 1996 年时相比，耕地面积已经减少了 1.252 6 亿亩，耕地数量越来越逼近 18 亿亩的政策“红线”。耕地质量方面也是如此，20 世纪 80 年代我国耕地平均有机质含量为 20.5 克/公斤，目前全国耕地有机质含量平均已降到 10 克/公斤；耕地水资源情况也很让人担忧,现有的18.26亿亩耕地中约有一半(9.8亿亩)为无灌溉条件的干旱地。另外,中国水资源本来就分布不均衡,秦岭以北耕地面积占全国总耕地面积的63.7%,粮食产量约占全国的52.3%,但水资源量只占12.7%。至于全国农田灌溉设备,更是陈旧落后,大多还停留在20世纪50至70年代水平。

再说农业机械化方面。从粮食产量计算,美国1个农民可以养活50个国民,而中国1个农民只能养活5个国民,可见差距之大。主要原因是美国农业机械化程度非常高,大型农业机械很普遍,美国农民拥有私人农业飞机很常见,而中国农民所拥有的农业机械化程度仍然很低。虽然农机总动力从1990年的2.8亿千瓦提高到2008年的8.22亿千瓦、2008年耕种收综合机械化水平达到45%以上、2008年大中型机械保有量达到240万台左右(联合收割机保有量超过70万台,玉米收获机械4.1万台,插秧机20万台),看起来也不错,这些年增幅不小,但仍然与美国相距甚远。

另外还有许多方面还是很落后,如亩产量、育种水平、新种子研制、化肥、运输、仓储、粮食加工、销售等,总体上,中国农业与国际平均水平相差20年,与美国相比相差50年以上。但是,现在中国农民与美国农民却是在面对面地竞争,而不是与50年前的美国农民竞争。

在政府层面,更是缺乏现代农业管理。比如,中国的农业预测和预警能力还很弱,对内,政府的信息公开程度很低,农业数据也不太可信,农民只能依靠市场价格进行判断,形成了对价格的单纯反应,粮食产量因此剧烈波动。

信息公开程度低,实际上也容易造成社会恐慌,比如在粮食危机期间,人们对国家粮食储备情况一无所知,不仅对总储量不清楚,更不清楚储备的品种、数量、质量以及遭遇危机时的投放机制等。这不仅让普通民众感到恐慌,也给粮食产业的各个企业、各个环节造成了不安,他们得不到来自政府的可靠信息,于是整体表现得无所适从。

说到根本,还是中国的粮食战略思想太过陈旧。比如,在粮食储备上,国际上一般认为17%至18%最为合理,而中国一味地认为越多越好,结果粮食储备明显过剩，如 1990 年以来我国粮食库存消费比均值高达 32.6%，最高的 2000 年达到 72.3%，2008 年仍达到 30%。粮食储备是需要巨大花费的，这样高的储备量，明显是非经济状态。

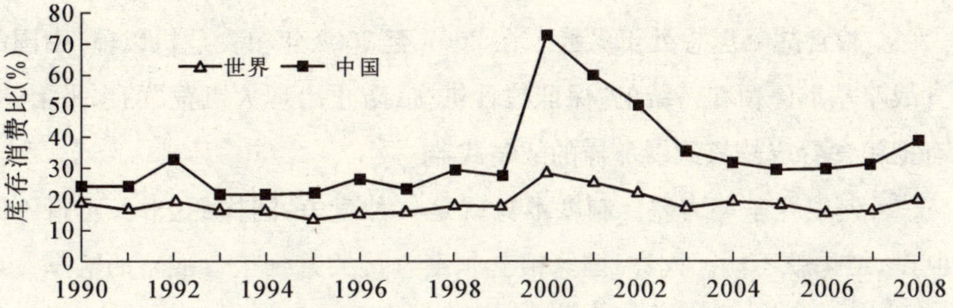

（图为 1990—2008 年世界和中国粮食库存消费比变化。数据来源：美国农业部）

在粮食流通上，中国的运输能力也较低。中国现在粮食综合产量为 5 亿吨左右，其中商品粮约为三分之一，加上进口粮食，粮食流通量每年在 2 亿吨左右；而中国粮食主产区和主销区之间不平衡，粮食主产区在北部和西部，经济中心和工业中心以及人口集中地多在南部和东部，因而粮食运输就是一个关键，很多农业区交通不发达，与铁路网衔接较差等，还有运输成本高，无论铁路运输还是公路运输，运输环节的费用大大高于国际平均值。

市场管理更低级，这又是一个问题。发达国家对粮食市场相当重视，因此市场准入门槛较高，而中国粮食市场的门槛很低。依据 2004 年《粮食流通管理条例》，粮食收购的门槛主要是两个条件：一是要有 3 万元以上的资金，二是要具备 50 吨以上的仓储条件。显然，这样的条件很容易满足，不要说企业，即便是个人也有不少能做到。结果，符合条件的企业过多，市场竞争一片混乱，处于过度竞争的状态中。

在市场价格形成上，中国也缺乏先进的机制，如一到耕种季节，化肥、农药等主要农资价格大幅度上涨；一到收割季节，农机收割、运输等就上涨；在此后的粮食销售中，期货和主要粮食品种竞价都没有与国际标准程序和竞价相当的机制，期货交易以及粮食资本运作，更是相去甚远。

这些看起来是中国的“家务事”，做好做坏是中国自己的事，但是，在全球经济一体化的今天，全球所有国家的“家务事”都是全球经济的一部分。或者，直接地说，粮食环节的大事小事都与粮食主权密切相关——过去常说，外交无小事，今天粮食也无小事。

那么，哪些方面可能危及我们的“粮食主权”呢？

一、粮食战略思想处于劣势。在2007至2008年粮食危机以前，中国的粮食战略基本停留在传统的“保证粮食供应，防止出现大饥荒”的水平上，并没有把粮食看成是核武器那样的战略武器。

二、制度竞争能力差。制度本身就是一种竞争，同样的公司，实行不同的制度，结果就不同。同样，国家粮食制度直接关系到粮食战略的输赢。这方面，欧美从战后就开始通过跨国粮商向外扩张、布局，而在同一时期欧美之外的国家几乎无一制定相当的粮食战略。而且欧美早就有比较成熟的符合粮食战略的国内制度。比如美国就通过国内补贴制度为美国大豆赢得了国际市场的价格优势地位。尽管我们的农民是世界最勤劳的农民，我们的东北大豆也是世界最优质的大豆，但美国大豆何以能在中国把中国大豆打得几乎灭种？

三、企业竞争力太弱。目前，ADM、邦吉、嘉吉和路易·达孚等四大跨国粮商垄断世界粮食交易量的80%，仅在2008年，ADM、邦吉、嘉吉、丰益国际四家企业的净利润分别达到18.02亿美元、10.64亿美元、39.51亿美元、15.31亿美元，共计约合人民币578亿元；与之相比，2007年我国粮油加工企业有11 977个，工业总产值4 880.7亿元，利润总额149.4亿元。约12 000家企业利润总额只相当于四大粮商的四分之一，这已经不是颜面问题，而是战略安危问题。

国内众多的粮食企业，不仅规模小、竞争力弱，而且是一盘散沙，所以跨国企业在进入中国后能够按照其既定计划按部就班地进行布局，一家接一家的中国优质企业被收购，一个接一个的品牌沦为外国品牌的附庸。

四、中国的粮食对冲能力几乎没有。从改革开放以来，中国粮食产量总体充足，并且有足够的粮食储备，这点从1996至2007年的粮食出口中就可以看出，如下图：

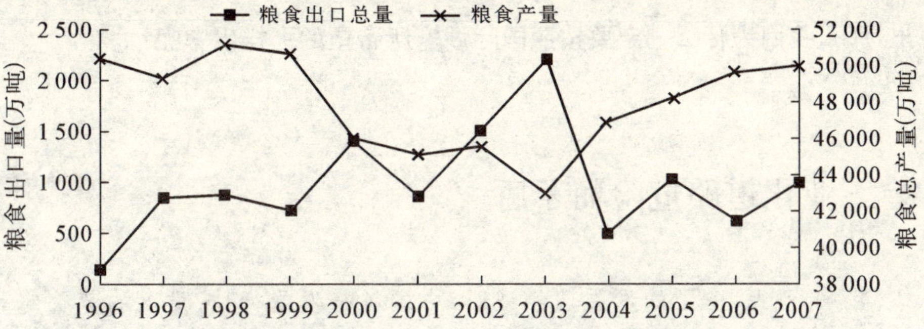

(图为 1996—2007 年我国粮食出口与粮食产量波动。数据来源：中国农业部)

从这幅图中可以看出，即便在 1999 至 2003 年粮食产量有所下降的时候，中国粮食出口依然在增长，可见粮食储备相当充足。在 2011 年前，中国又是连续 7 年丰收，拥有了数量可观的粮食储备。但是，从另一幅图中可以看出不同的情况，如下图：

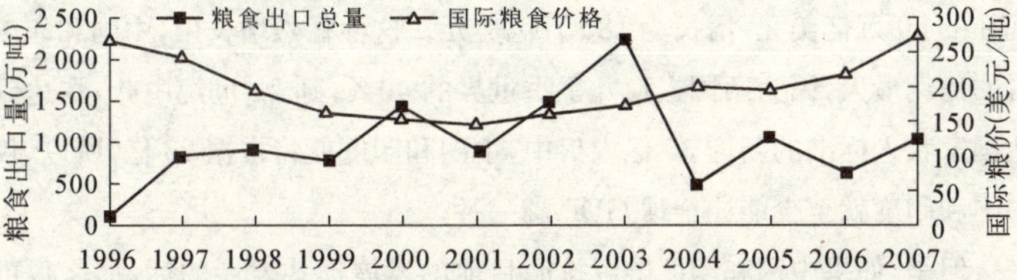

(图为 1996—2007 年我国粮食出口与国际粮价关系。数据来源：中国农业部)

从这幅图中可以看出，中国出口粮食的时候，大多是在国际粮价下降的时候，而且，国际粮价高的时候出口量少；国际粮价低的时候出口量多。1996 年国际粮价高达 268.6 美元/吨，当年我国粮食出口量仅 143 万吨；2003 年国际价格下降到 174.2 美元/吨时，我国粮食出口量却达到 2 221 万吨；2007 年国际粮价再次上涨到 272.4 美元/吨，我国出口量却又缩减为 1 032万吨；2008 年国际粮价继续迅速上涨，而我国粮食出口量继续萎缩，当年粮食出口量不到 500 万吨。

如此低价大卖、高价少卖，显然违背了商业获利的基本原则。即便是在

2007至2008年粮食危机期间，大幅减少了出口，但这场危机的主因并不是全球粮食大减产，而是投机炒作。众所周知，炒作都是短期行为，获利即退出，那么我们为什么一定要按照国际炒家所希望的那样出牌呢？

● 工业化道路危险而矛盾

> 今天，中国的发展已经证明，中国越是发展得快、发展的势头越是强劲，中国的自然资源消耗和环境污染就越是严重。

最近几十年，全球经济的增长主要依赖于发达国家和新兴经济体，其中新兴经济体在能源消耗、城市化、汽车销售、航空旅行以及代表工业的碳排放方面增长更为突出，明显超越了发达国家的增长。据估测，到21世纪中叶，世界的中等收入群体将从今天的10亿增加为45亿；全球GDP总量将以现在的60万亿美元，增长为180万亿美元。这种猛烈增长中，中国和印度所占的比例最大，因为两国人口几乎占世界的40%，到21世纪中叶，在达到发达国家收入标准的新增35亿人口中，中国和印度就将占据25亿，所以，仅仅中国和印度就至少能让全球GDP翻一番。

但是，如果中国和印度继续按照目前的发展模式发展的话，那么很可能这一宏伟蓝图不会变成现实，因为中国和印度以及新兴经济体目前主要是模仿西方发达国家的发展历史，而中国和印度的人口是美国的数倍，其经济规模也将是美国的数倍，而所消耗的资源和产值将会是十几倍，如此一来，即便全世界的资源都供给中国和印度也不够。而且越是发展，中国的国内矛盾越突出——今天，中国的发展已经证明，中国越是发展得快、发展的势头越是强劲，中国的自然资源消耗和环境污染就越是严重，“中国和印度都将大自然视为无偿的原料开采地和垃圾堆放场，它们肆无忌惮地互相攀比”（[德] 葛勃尔·施丹戈特(Gabor Steingart)：《为财富而战——对权力和资源再分配与再争夺的世界大战》，国际文化出版公司，2007年版，第157页）。

国内的收入分配不公、地区差异、阶层分化、贪污腐败等种种矛盾也越来越多，“占世界75%的人还一直没有失业保险，对这些人来说是不利的，但对他们的产品是有利的。疾病、贫穷和养老引发的风险完全由他们自己承担，而不是由他们生产的产品的费用来承担。这在西方却正好相反”（同上书，第135页）。

瑞士“国际关系与安全网”2011年6月1日以《应对中国的快速崛起》（作者克里·布朗）为题发表文章，说：“中国已迅速成为‘富裕的穷国’，很难将其归类。其激动人心却不平衡的增长造成许多挑战。对外部世界而言，中国未来之路的不可预测性令人沮丧，但有一点能肯定：中国将继续需要世界其他国家，就像后者需要中国那样。”“中国是世界上第一个‘富裕的穷国’：人均贫穷，总量则很富裕，这种矛盾表象令外界对其产生了截然不同的看法。第一种观点把中国看成维护现状的国家——按其自身说法，是希望和平崛起，不干涉别国内政及不称霸。第二种看法与此相反，把中国视为破坏性的国家，认为今后几十年其惊人增长几乎肯定会引发资源冲突，且中国不断增加军费，对蒙受工业化列强百年屈辱怀有历史积怨，因而有充分理由寻求形式的报复。第三种观念认为，中国其实是一个正面典范，对寻求自金融危机以来已名声扫地的资本主义市场以外途径的发展中国家具有示范意义。按照这种看法，中国的崛起是双赢的，它创造了相对于美国霸权之外的另一个权力中心。”“很难将中国归类。这个国家不能被简单划入任何框框中，原因有很多。该国迅速增长和经济变迁引发种种挑战。社会分裂加剧，经济发展模式也面临严重的可持续问题的挑战。中国存在巨大的社会、文化、经济和发展差异性。不仅是外部人士，就连中国人自己也难找到某种说法对该国的复杂现状（技术和经济快速变革加剧了这种状况）一言以蔽之。”“一个与整个欧洲差不多大小的国家，其差异性绝不应被低估。对外部世界来说，今后将面临一段不确定期。从某种程度上讲，中国行事可能更加不可捉摸，游移于自信和被动之间。巨大的经济规模意味着中国无法被忽视。各国决策者需要比以往更清楚与中国相接触的领域。他们怀有的中国是全球秩序攸关方的信念将受到考验。但基本的信条——中国需要世界一如世界需要中国，当1978年中国领导层意识到与外部接触事关中国经济未来和政治生存时是这样，今后若干年依旧如此。”当然，布朗的上述言论只是其一面之词。但是，客观情况不能不考虑——中国资源有限，全球资源也有限，中国发展又必然要消耗大量资源，这就是基本矛盾。中国和印度目前的GDP只占全球的15％，中印两国就已经是影响全球的经济体，中国更是全球第二大经济体，如果GDP份额上升至25％、35％、45％乃至突破50％后，会是什么样结果？如果你想象不出，那可以这样假设，今天世界上只有一个美国，到了21世纪中叶，一个中国相当于4个美国，一个印度相当于3个美国，那么世界上就有8个美国，但地球只有1个，这会是怎样一个世界？如果你觉得这不可能，中国和印度不会达到发达国家的发展水平，而这又与中国和印度目前所追求的目标相悖。诺贝尔经济学奖得主、纽约大学斯特恩商学院教授迈克尔·斯彭斯在日本“时报在线”以《亚洲可持续增长的新模式》为题发表文章称，“对于亚洲国家尤其是中国和印度而言，可持续增长已经不是全球性挑战的一部分，而是国家经济增长的战略性问题。”“亚洲的政策决策者、商界和民众越来越清醒地认识到，发达国家遵循的历史发展道路确实无法奏效……因此，这些国家要达到发达国家的发展水平，必须创造新的经济增长模式。它们的经济规模太大，无法搭‘顺风车’，因此与可持续发展有关的激励因素逐渐内化为国家的首要任务。人们越来越快地对现状达成一致，就是可持续发展必须成为发展的关键因素。过去的模式无法奏效。”（日本“时报在线”，2011年6月7日，《参考消息》2011年6月13日第10版转载）

中国和印度要想可持续发展，必须寻找新的发展模式，但直到目前为止，全球无人知道中国和印度的经济规模相当于全球经济规模三倍时的发展模式是怎样的，这只能由中国和印度以及其他新兴经济体自己去探索、创新和试验。中国目前已经开始降低发展速度，在“十二五”规划中，经济增长预期GDP已经降至7％，这就等于为公平、可持续发展的环境创造出了“空间”。

美国制定粮食战略是基于世界经济结构的变化。大体在中国改革开放的20世纪80年时代，西方经济走过了工业化，开始向更高端的金融资本主义迈进，与此同时发展中国家，尤其是新兴经济体开始了工业化历程，发达国家工业开始向新兴经济体转移。自然，首先转移的是低端工业制造，中国、印度、东南亚、韩国、新加坡等都成为第二波工业化国家，发达国家只保留了高端制造业。

经济向工业化转变，社会自然要发生巨大变化，其中一个变化就是大量工厂拔地而起、大量矿产资源竞相开发。与此同时，工业化必然相伴着城镇化，城镇面积也日渐扩大，大量楼房如雨后春笋般出现，导致耕地面积大幅缩小，农作物产量下降。以亚洲国家为例，大多数工业化国家都出现了农作物产量大幅下降。如，日本的谷物生产与最高峰时相比下降了33%，韩国下降了31%，中国台湾地区下降了19%。其中日本有其特殊性，其虽然早已走过工业化，但由于国土过于狭窄，工业与农业的用地矛盾无论如何也难以两全，因此日本成了工农业矛盾最典型的案例。其产量从最高峰时的1 589万吨降到了985万吨，粮食自给率从77%直线下降到27%；韩国与日本情况相近，也是国土面积狭小，2003年粮食自给率只有26.9%（2002年时还是30.4%，可见下降明显）。

工业化的发展不仅侵占耕地，而且还需要更多的粮食，因为粮食是很多工业的原料，如此一来，工业化国家不但粮食产量降低，而且还必须增加进口，因此，人口只有1亿多的日本粮食进口量比人口13亿的中国进口量还大，为世界第一；即便是人口只相当于中国4%的韩国粮食进口量也比中国多，排名日本之后，居世界第二。

工业化过程中还容易造成工农业失衡。全球经济失衡是粮食危机的一个基本原因，发达国家与发展中国家的经济没能实现产业互补，相反，却产生了结构性倾斜。美国是世界第一农业大国，其粮食年出口量所占全球份额常年稳定在35%左右，其中小麦出口所占份额更是高达60%；第二粮食大国是澳大利亚，实际上也是美国粮食战略的组成部分。

在几十年前，发展中国家多为农业国家，这与发达国家形成了产业互补，以农产品出口换取工业品，但发达国家通过几十年的农业补贴，把这一互补性产业链改变了，他们不但是发达国家，而且还是发达的农业国家，农业优势转到了发达国家一边。

在过去的几年中，印度经济连续维持了8%以上的年增长速度，但作为第一产业的农业，每年只维持在3%左右的增长，而印度农民收入几乎没有任何增长，印度也从农业出口大国转变为农业进口大国。

20世纪70年代，菲律宾的工业制成品出口仅占全部出口额的7%，现在，该国工业制成品出口所占比例达到了90%。

实际上，发展中国家，尤其是新兴经济体的高速发展普遍都是以牺牲农业换取工业发展的模式。2005年，大米主要出口国泰国和马来西亚的农业占GDP总量下降到不足10%。

中国农业和工业之间，数十年来一直存在剪刀差，以农业补贴工业，这就形成了巨大的工农业矛盾——工业发展越快，对农业的侵害就越深。

美国正是对工业化国家这一变化看得非常透彻，所以制定了粮食战略——这是为新兴经济体量身定制的战略。美国为何迟至2007年才制定能源法案？就是因为如果过早实施粮食战略，那么刚刚开始工业化的新兴经济体就会被扼杀在摇篮里，这对需要转移低端制造业的发达国家来说是不利的——假如在1980年美国频频发动粮食进攻，新兴工业化国家很快就会陷入困境，难以自拔；如果再推迟10至20年，那么新兴经济体已经相当成熟，并且也会向更高阶段迈进，那也不利于美国利用粮食施加影响，如果2020年美国才制定能源法案，那么新兴经济体此时已经具备相当的承受能力。

所以，我们应该清楚，我们的工业化道路并不是我们自己一个人在走，而是许多人在陪伴着我们，他们既是伙伴，更是敌人。我们的工业化道路，与他们的利益息息相关，所以，他们会想尽一切办法来左右我们，正如同20世纪初，中国从封建王朝体系向近现代资本主义体系转化时一样，西方列强时刻保持干涉，现在尽管我们的国力与20世纪初不可同日而语，西方不会再进行“八国联军”式的直接军事入侵，但西方仍然远远强于我们，所以，干涉还会以种种面目出现。工业化道路我们已经走过了30年，但远远还没有完成，还有相当长的时间，简而言之，我们的工业化道路漫长、危险、充满矛盾，绝对不会平坦。

四大粮商布局中国

四大粮商早已对中国虎视眈眈，运筹帷幄，布局中国的行动早已开始。

从1979到2001年，西方大企业在华投资大致经历了3个阶段，大致以10年为一个阶段：20世纪80年代，外商开始进入中国，逐步积累经验，摸索市场；90年代，西方开始迅速扩大规模，对于中国大陆市场中的主要企业进行渗透，以参股、合资、控股等种种方式加以掌控；21世纪前十年，西方跨国公司的布局开始完善，基本占据了市场主导地位，因此这10年中多种投机性操作开始频繁出现，实际上是在为更大的投机进行实战演练。尤其是中国加入世界贸易组织后，中国就像当年墨西哥加入北美自由贸易协定一样，向西方敞开了大门。

由于法国与新中国建交较早，路易·达孚因而在20世纪60年代就已经与中国开展饲料和谷物贸易。1972年尼克松访华后，中美关系迅速改善，嘉吉立即行动起来，开始进入中国，至今已经在中国与34家粮食企业建立了合资公司；邦吉同样不甘落后，它的策略是大举收购中国本土的优质粮农企业，如南京华农油脂、山东日照三维油脂、天津正大等公司均被其收购，由此中国粮油著名品牌纷纷被邦吉控制；同时，ADM采取的方式差不多，它通过直接参股的方式，把中国一些有实力的粮食加工企业置于控制范围之内，如新加坡益海嘉里集团就参股山东鲁花，而该集团的大股东正是阿丹米(ADM)。

ADM 1983年在香港设立亚太分公司，2000年正式进入中国，它和新加坡WILMAR集团共同投资组建的益海(中国)集团成为扩展中国市场的先锋。其不但成为国内最大的油脂、油料加工企业集团之一,而且在小麦、稻谷、棉籽、芝麻、大豆浓缩蛋白等粮油精深加工方面向粮食产业的纵深发展,且先后投资控股和参股铁路物流、收储基地、船务、船代等辅助公司。2005年,益海集团又进入中国东北的粮食主产区,当年12月成立了益海(佳木斯)粮油工业有限公司,与黑龙江益海粮油和黑龙江龙粮储备公司合作,建设大型收储基地。现在,益海集团已在东三省及内蒙古部分地区建立了完整的粮油收购、加工、运输、仓储、贸易体系。

嘉吉在中国建有27个独资和合资公司,总部设在上海。其在中国的发展与ADM相似,并且还深入到了化肥领域,在山东建立了全资的山东嘉吉化肥有限公司,在云南合资成立了云南三环中化嘉吉化肥有限公司。

路易·达孚于1994年在中国成立路易达孚(北京)有限公司,从2006年获得玉米国内贸易许可证后,就开始在中国深入扩展,进行布局。

邦吉进入中国算是最晚的,但发展相当快。

至2008年,在大豆方面,据美国农业部当年的统计,中国全年进口3 550万吨大豆,进口依存度达70%。中国90多家主要国内榨油企业中64家已变成外资独资或合资,也就是说,四大粮商已经控制了中国85%的实际加工总量。

纵观以四大粮商为主的西方粮食资本,他们已经有百年的经验,而且在南美、拉丁美洲、印度、伊拉克、东南亚等地成功地进行了一系列粮食"战役",战无不胜,他们之所以能如此,就是因为他们拥有充足的资本、深谋远虑的计划、耐心的等待和强大的攻击能力,所以,当我们发现他们已经布局完成的时候,往往意味着我们已经陷入被动,意味着我们将付出巨大代价。

● 中国大豆陷落

粮食自给自足本来是中国的基本国策,但看起来中国的粮食长城已经被打开了许多缺口——自 20 世纪 90 年代起，中国的大豆已经从出口转为依赖进口。

2011 年，一些日本粮食商人接二连三地来到山东青岛的董家口考察，因为这里正在兴建一座巨大的港口，据说将成为未来世界上最大的铁矿石进口港，也可以成为粮食进口港。

如果你留意一下的话，你会发现，在 2008 年粮食危机期间，沃尔玛等美国零售业所采取的限量购买措施有一个特点，那就是仅限于少数品种，即大米中的部分品种，而并非涉及众多粮食品种；同样，中国超市里其他粮食商品尽管价格也有所上涨，但并不匮乏，唯独大豆油出现抢购。其实，美国并不真正缺粮，而是由于粮食危机期间大米价格飙升，为防止美国在大米贸易上付出过多美元，美国采取了限量购买的政策；而中国其他粮食作物能够自给自足，唯有大豆需要 3 000 万吨的进口，而国际大豆价格也在上涨，这使得许多大豆油生产商蒙受损失而减产，所以全国出现了一次大豆油危机。这其中有什么深层原因和联系吗？有，其中的原因就是中国的大豆已经不能自给自足。

粮食自给自足本来是中国的基本国策，但看起来中国的粮食长城已经被打开了许多缺口——自 20 世纪 90 年代起，中国的大豆已经从出口转为依赖进口。

至 2010 年，中国大豆进口量相当于日本进口量的 15 倍，占到了世界大豆贸易量的一半以上；另外，玉米也是重要的进口粮种，2010 年的进口量达 157 万吨。2010 年 12 月，美国《华尔街日报》报道说，世界最大的为食品企业服务的贷款机构和投资银行荷兰合作银行（Rabobank Group）发布了一份最新报告，称未来几年内，继成为全球第一大豆进口国之后，中国很快将成为全球最大的玉米进口国，从而使世界粮食市场形成新格局。报告预计，到 2015 年，中国对进口玉米的年需求量将会由今年的 130 万吨（约 5 100 万蒲式耳）增至 2 500 万吨（约 10 亿蒲式耳）左右，这比美国农业部在 2010 年 2 月份发布的长期预测报告中所预测的数字要高许多，其报告认为到 2015 年中国玉米进口量将达到约 7 500 万蒲式耳。对于中国的官方数据，世界上普遍不信任，日本粮商就对中国的官方粮食数据很怀疑，比如 2010 年度玉米官方产量数据为 1.77 亿吨，这比粮食机构推算的数字高出了 1 700 万吨，差不多是日本的进口量；另外，官方公布的玉米储备量为 6 000 万吨，日本粮食企业推算只有 3 000 万吨。日本大型商社负责谷物业务的人士说：中国"政府公布的数字带有政治意图"（日本《朝日新闻》2011 年 6 月 9 日），意思是中国特意提高了产量数据，目的是为了防止有人得知玉米产量不足后投机性地购买国产粮食，推动价格上涨，造成社会不稳定。

在 1995 年以前，中国一直是大豆净出口国。1994 年 4 月，中美签署《中美农业合作协议》，其中对我国大豆进口关税、主要粮食产品的关税配额、国营贸易企业经营做出了种种限制，这实际上是在为中国加入 WTO 作预设性设值——果然，这些条款在中国正式加入 WTO 后也都成为协定条款。此后，美国对本国大豆进行巨额财政补贴，由此美国大豆在国际市场上开始具有价格竞争力，结果仅仅 5 年，至 2000 年中国大豆进口量就达到了 1 000 万吨，成为世界上最大的大豆进口国；再之后，中国的大豆进口量继续连年攀升，结果，中国大豆种植面积连年缩小。仅仅在 2006 年，大豆主产区黑龙江省的大豆种植面积就比上一年缩减了 25%；2007 年与 2005 年相比，已经缩减了 40%左右，真可谓触目惊心。此后，中国大豆产量从 1995 年前的世界第一退为美国、巴西、阿根廷之后的世界第四。中国大豆最终陷落，其他如棉花、小麦、大米、玉米、奶制品、畜牧产品等也都危在旦夕。仅从中国粮食进口量就能让人感到担忧：现在中国粮食进口量已经相当于 1996 年时的 10 倍多，大豆已经突破 70%，ADM、邦吉、嘉吉、路易·达孚四家跨国公司垄断了中国 80%的进口大豆资源。

期间，美国大豆对中国大豆的进攻可以说是节节胜利——中国每进口 100 万吨大豆，就会导致 130 万农民不得不放弃种植大豆。这一切都源于美国对大豆的巨额补贴，而中国大豆种植农民没有任何补贴，反而要承受水电化肥等各种成本的上涨。

富国的粮食补贴政策是造成世界粮食贸易失衡的主要原因。

发达国家的农业补贴政策十分不利于发展中国家的资助政策。来自农民的抱怨除了天气以外最重要的一条就是许多国家的农业政策——包括本国农业政策和外国农业政策。

自人类社会进入工业革命后，在三大产业中，服务业的利润最高，工业其次，农业最低，这早已是现代社会的标志。农业无论是在世界经济还是在许多国家内部的产业中，都只是作为基础产业，农业政策也就主要要求保持稳定，因而许多国家对农业不那么重视，结果这种漫不经心在今天终于酿成危机。中国改革开放初期对农业的定位是解决温饱，主要政策是工业补贴农业，同时实行联产承包责任制，1978 至 1984 年间，中国农民名义与实际收入年均增长速度分别为 17.9%和 17.7%，也就是说两者相差无几；城乡居民人均收入比从 1978 年时的 2.57∶1，逐步降低到 1983 年的 1.82∶1，也就是说，城乡差距在快速缩小，因此这一时期中国农民的积极性相当高，粮食产量一直稳定增长。然而随着工业化的发展，中国政策悄悄重新变成了农业补贴工业，农业生产资料持续上涨，而粮价却被限定，导致农民收入重新跌入低谷，农民积极性大幅降低，结果 1992 至 1995 年，农民名义收入年均递增 22%，实际收入仅递增 4.8%，两者之间的差距达到惊人的 17.2 个百分点；同时，城乡居民人均收入比从 1983 年的 1.82∶1 扩大到了 2007 年的 3.32∶1。对于发展中国家来说，在经历粮食危机后，许多国家都调整了农业政策，改变以往轻视农业的做法，转而加强农业，保障农民的利益，保护农业耕地面积，限制城市化过程中大量侵占土地等。

与发展中国家漠视农民利益相反，发达国家一直在对本国农业进行补贴。这种农业补贴政策一直以来就成为世界农产品市场的焦点，是发达国家用以争夺世界农产品市场的强硬手段。这种政策在近些年不但未见减弱反而有所增强，美国自 2002 年通过农业法案以来，每年对农业的补贴都高达数百亿美元，欧盟国家也是如此。这种情形也正是世界贸易组织多哈回合谈判陷入僵局的主要原因之一——对比是这样令人印象深刻：美国在 2008 财政年度的农业出口额高达 1 010 亿美元，比 2007 年增长 190 亿美元；而非洲许多国家原本农作物是主要出口产品，现在却处于饥荒的边缘。

战后，发达国家和发展中国家在农业方面的对峙和竞争几乎可以用不见硝烟的战争来形容。长期以来，美国和欧洲发达国家依靠强大的经济实力对本国农业进行补贴，使得美国和欧洲的农产品在国际上越来越具有竞争力，这种依靠补贴的美洲和欧洲农产品也就逐渐占据越来越多的国际市场份额，国际农产品贸易也因此越来越倾向于发达国家，甚至在最后产生了农作物主产地大转变的结果。

通过农业补贴可以利用粮食对发展中国家低端工业品生产产生影响和竞争，如果世界经济在大萧条时期陷入恶性竞争，那么美国就可以通过粮食发动对发展中国家的打击——即便简单地从周期分析，美国只需要一年（农业周期为一年），就可以对发展中国家工业产生2至3年的影响，而这还只是直接影响，由于工业建设涉及社会方方面面，因此美国一场简单的粮食攻击就会给被打击国家产生数年的危害。2007年11月份，中国居民消费价格总水平与上年同期相比上涨了6.9%，城镇上涨6.6%，其中食品一项上涨最为突出，高达18.2%，这就是因为2007年秋季以来世界粮食价格上涨对中国产生的影响！

大豆这种农作物其实原本的主产地在亚洲，但自1995年以后，美国等发达国家对大豆进行高额补贴，这政策使得美洲大豆异军突起，来自美洲廉价的大豆迅速占据了国际大豆市场，而亚洲大豆主产国则由于无法对抗这样廉价的大豆不得不退出竞争，最终大豆市场发生了逆转：美国、巴西、阿根廷等美洲国家成了大豆的主产区，而亚洲许多原大豆主产国则变成了大豆进口国。

在中国，不仅大豆陷落了，而且食用油也已经拱手相让。1990年，新加坡的郭氏兄弟在我国投资生产小包装食用油，从此一发不可收拾，投资于食用油的外资如潮水般涌来，当我们标榜我们成功引进了多少外资的时候，赫然发现我们的大豆田里、食用油厂房里、超市货架上，都已经挤满了狼群。我们加入WTO后，关于外资企业进入我国粮食流通领域的过渡期到2008年已经结束，此时，"ABCD"四大粮商也完成了对中国食用油产业的控制——2004年，国际粮商通过投资基金打压，中国的大豆加工企业和本土榨油企业纷纷破产倒闭，外资于是抄底收购；国际粮商再通过大豆期货炒作等，美国大豆最终击败优质的中国东北大豆，握有了国际大豆定价权，于是就形成了今天的食用油现状：我们用于压油的大豆70%来自进口，食用油35%来自进口。

四大粮商中，ADM是最凶狠的，2001年它就通过益海（中国）集团进入中国，此后直接参股、控股的食用油工厂和贸易公司达38家，包括中国最大的粮油加工企业山东鲁花，其年压榨量达1 000万吨，油脂年精炼能力300万吨，分提能力达100万吨，出口豆粕占全国年出口总量的70%以上。据2008年的统计，中国97家大型油脂企业中，外资已经控制了64家，占总数的66%，也就是说，国际粮商已经控制了中国85%的食用油加工总量，所以，中国一些著名食用油品牌如金龙鱼等，实际上都已经是美国的品牌——这不是简单的食用油市场份额少些，而是整个行业正在被洋人大规模侵蚀——似乎有这么一个悖论：我们的经济越发展，我们陷入西方设置的陷阱就越深。

农业竞争的后果还不仅仅限于农业，实际上美国发起农业战争的目的也不仅仅是为了抢占更多的农产品市场，而是有更宏大的算计——破产的大豆农民有不少不得不离开土地，进入以低端制造为主的工厂打工，然而中国每生产几千万双鞋才能购买一架波音客机。由此，仅仅通过大豆一项，美国就实现了这样几个方面的丰收：攻占了中国的大豆市场，得到了中国廉价工业品，然后又卖出了波音客机这样的高端工业品，其中还包括为造船、航运、信息、交易所以及服务业提供了就业岗位。

还不仅如此，美国的工业结构是低端工业生产所占比例很少，农产品因有巨额补贴而形成强大的竞争力，于是美国便以此采取了以农产品竞争发展中国家低端工业品的手段。从生产周期上看，农产品的周期通常为一年，工业品的周期从投资生产、开拓市场、获得盈利，实际周期一般在2至3年，因此农产品在与低端工业品竞争时就占据了周期优势。另外，与工业品相比，补贴工业的成本也大大高于补贴农业。再者，低端工业品生产往往技术含量低、资源消耗大、对环境污染严重，属于劳动密集型，美国的雇佣成本要远远高于发展中国家；同等资源下，美国生产高端工业品所产生的附加值几十倍、几百倍甚至几千倍于低端工业品，资源利用率和利润产生率不可同日而语。正因为这种种原因，美国采取了补贴农业、购买低端工业品的战略。

中国大豆的陷落，足以说明四大粮商对中国的粮食战略的成功，这是他们潜心布局十余年的结果，但这还仅仅是一个序幕，这些贪得无厌的国际粮商当然不会满足于掌握中国的大豆和食用油生产及市场，他们的野心庞大到超乎你的想象，他们的目标是控制整个中国的粮食生产和市场。

第十一章　中国农业何以被攻击？

我们是农业古国，这是我们的骄傲，也是我们的软肋。我们遭受西方粮食攻击，恰恰因为我们还停留在19世纪——我们的农田里出现了农业机械，我们的农民使用了化肥，但我们的思想还是一百年前的，我们根本就没有建立现代农业机制和交易平台，这样的农业大国，正是西方眼中最好的肥肉。

人祸式饥荒

很多饥荒，其实都是人祸——人为因素有时是造成大饥荒的罪魁祸首。

马尔萨斯于1798年发表《人口论》，尽管从这一论述发表之初就不断有人反对，但“马尔萨斯陷阱”却屡屡出现，也就残酷地证明了马尔萨斯论述的正确性。“马尔萨斯陷阱”因此也被称为“马尔萨斯幽灵”，在全世界游荡，不知何时就会出现。马尔萨斯认为，由于人口呈几何级数增长，而土地供应是相对固定的，按照收益递减规律，在土地上增加其他生产要素投入，粮食产出只能呈算数级数增加。这两种力量相互剧烈较量的结果，最终只能通过对人口实施强硬的、持续的节制才能使双方达到平衡。而所谓“人口节制”，马尔萨斯认为，只有两个性质的办法：积极性的和预防性的。前者包括战争、饥荒和瘟疫等，后者有堕胎、避孕和道德约束等措施。无论我们是否认可马尔萨斯的理论，实际上，历史是认可的，而且，我们自己也在屡屡为其理论提供证明。

如前所述，中国是四大文明古国，也是农业文明的典范，但中国其实也是世界“饥荒大国”，因为饥荒在中国历史上屡见不鲜，这背后实际上有三重原因：其一，中国自然灾害频繁；其二，中国农民处于社会的最底层，抵御困境的能力弱；其三，中国饥荒中往往有人为因素。更为可怕的是，这三种因素经常叠加在一起，因而使得饥荒更加严重。

光绪初年，中国北方爆发了一次十分严重的饥荒，景象异常惨烈，这就是“丁戊奇荒”（又称“丁丑奇荒”）。这场大饥荒起于光绪二年（1876年丙子），止于光绪四年（1878年戊寅），期间光绪三年（1877年丁丑）最为严重。在中国历史上，饥荒常见，但以“奇荒”正式载入史册的还不多见——这次饥荒以及衍生的其他各种灾害蔓延北方九个省，受灾人口达两亿，死亡人数达

1 300万,悲惨程度的确罕见。

光绪二年,北方地区遭遇严重旱灾,同时有些地方还发生蝗灾、雹害、疫难等,可谓灾害连连。大灾荒一直延续到1879年,其中最严重的地方是山西、河南、陕西、直隶、山东等地,山西灾区最甚,1877年,当时任山西巡抚的曾国荃奏报称:“晋省迭遭荒旱……赤地千有余里,饥民至五六百万口之多。”“询之父老,咸谓为二百余年未有之灾。”在饥荒严重的许多地方已经发生了“易子相食”、“人食人”的惨剧。山西省原有人口1 600万,死于饥荒的高达500万人,还有数百万人被迫逃荒或被贩卖到外地,山西因此人口大减,经济遭到重创。

这次大饥荒的发生自然灾害只是直接因素,实际上有更大的人为因素在里面,那就是此前清王朝实施的“同治中兴”。从历史大观的角度来看,“同治中兴”无疑是清王朝一次振兴之举,是清王朝近代化、工业化的重要进程,但是,并不是进步的举措、改革就会带来全面的振兴,相反,对局部而言,很可能是灾难。鸦片战争之后,清王朝已经内忧外患,实施近代化、工业化需要大量的资金,为此,清王朝需要多征收20倍田赋,这对农民来说无疑是巨大的负担。同时,为了能够征到田赋,清王朝竟然允许农民种植鸦片。结果,全国很多地区都开始种植鸦片,北方地区亦然,其中山西省成为鸦片种植大省,共有60万亩良田用来种植鸦片(1877年山西省耕地面积约为530万亩,全国耕地约8亿亩)。正是因为大量种植鸦片,山西粮食产量大幅减少,结果成为饥荒的主因。曾国荃在奏报中说:“此次晋省荒歉,虽曰天灾,实由人事。因为广泛种植罂粟,民间的粮食储备渐渐耗空,遇见荒年,几乎毫无办法,只能坐以待毙。”另外,大饥荒爆发后,曾国荃的前任山西巡抚鲍源深隐瞒灾情,使得赈灾迟缓,加重了饥荒的蔓延。加之北方九省都出现了各种自然灾害,粮食普遍减产,大饥荒于是愈演愈烈。

新中国成立后,发生于1959至1961年的大饥荒虽然一直被称为“三年自然灾害”,其实其中也有很大程度是“人祸”,而且比“丁戊奇荒”更甚,死亡人数虽然至今也没有一个准确数字——从1 700万至4 200万均有,公认程度较大的是3 500万人。

据当时的中国和世界气象记录，虽然也有自然灾害，但并不算严重，但当时中国粮食减产却很明显，其中主要的原因就是“人民公社”、“大跃进”、“粮食大放卫星”，另外还有粮食征购、公共食堂粮食浪费严重等原因。在饥荒爆发后，由于受意识形态限制，中国没有从国际上进口粮食（如前文所述），也没有接受国际援助，并且不允许饥民流动，更不允许饥民流向国外，结果这场饥荒愈演愈烈。

在所有原因中，主要是政治因素，当时的浮夸风日甚一日，各地纷纷上报浮夸出来的粮食产量，在统一征购的政策下，征购的数量也相应上升，结果征收的粮食超过了农民的生存底线，于是，在既没有市场调剂也没有生存余粮的状况下，大饥荒也就不可避免地发生了。

由此可见，人为因素有时是造成大饥荒的罪魁祸首。

● 中国农业困境

相对于人口，我们是一个土地资源先天不足的国家，这是我们的硬环境，也是我们的困境。我们只有依靠土地增产才能避免马尔萨斯陷阱，但是，这又是一个悖论。

在我国，土地资源按照用途被分为农用地、建设用地和未利用地。根据国土资源部2006年土地利用变更调查结果，农用地为98.58亿亩，占69%；建设用地为4.85亿亩，占3.4%；未利用地为39.17亿亩，占28%。

农用地又可以分为耕地、林地、牧草地、园地和其他农用地。根据国土资源部2006年土地利用变更调查结果，全国耕地有12 177.59万公顷（18.27亿亩），占农用地的18.5%；林地23 612.13万公顷（35.42亿亩），占农用地的35.9%；牧草地26 193.20万公顷（39.29亿亩），占农用地的39.9%；园地1 181.82万公顷（1.77亿亩），占农用地的1.8%；其他农用地2 554.10万公顷（3.83亿亩），占农用地的3.9%。

从分布状况来看,全国有88%的耕地分布在大兴安岭—张家口—榆林—兰州—昌都一线以东的湿润、半湿润区。在全国耕地比重中,黄淮海区、长江中下游区、东北平原、西南地区为主要耕地;黄土高原、内蒙古与长城沿线区、华南区、甘新区和青藏区,所占比重较低。

耕地中,水田面积占耕地总面积的25%,主要分布在秦岭—淮河一线以南,占到水田总面积的90%以上,主要是长江中下游平原、四川盆地、珠江三角洲和潮汕平原。旱地中有23%为水浇地,具有灌溉条件,比较高产稳定,主要分布在华北平原、汾渭平原、河套地区、河西走廊及新疆天山两麓农区,其余的旱地为雨养旱作旱地,无灌溉条件,仅靠降雨供水,产量低而不稳,主要集中在东北平原、黄土高原和农牧交错区。

按照所处地势的坡面坡度大小,耕地又可分为平耕地和坡耕地。

总体而言,由于中国多山、丘陵、沙漠,平原面积较少,加之水资源分布不平衡,所以中国的耕地资源人均面积很低,高质量耕地所占比重更低,而且,耕地面积还在下降。根据国土资源部资料,1996年以来,中国人均耕地面积一直成下降趋势,耕地数量从1996年的130 039.2千公顷下降到2006年的121 775.9千公顷,减少了8 263.3千公顷,10年中耕地减少了6.4%;人均耕地面积从1996年1.49亩下降到2006年人均耕地不到1.40亩;另外,随着工业化进程,耕地质量退化严重,耕地受污染也越来越严重,如土壤腐蚀、土壤荒漠化、耕地地力退化以及水土污染等。

此外,我国是一个自然灾害多发地区,每年都会爆发多种农业气象灾害,如温度变化引起的热害、冻害、霜冻、热带作物寒害和低温冷害;水气变化引起的旱灾、洪涝灾害、雪害和雹害;风引起的风害;气象综合作用引起的干热风、冷雨和冻涝害等。

中国是农业文明古国,农业以精耕细作闻名于世,但是,从宋代到20世纪初,在长达800年的时间里,中国人均粮食产量并没有增长,相反还略有下降。人口始终在增长,但人均粮食产量不增反减,不免陷入"马尔萨斯陷阱"中,多次爆发饥荒,并引起社会动荡,直至改朝换代。

由于现代农业机械和农业科技的投入,中国农业逐渐摆脱了历史上人均粮食产量长期维持不变的局面，自20世纪90年代起，中国的粮食已经由生产不足转变为消费不足。这从两个方面可以证明，其一，各类粮食的真实价格在过去30年中总体上呈下降趋势。所谓真实价格，是指扣除了通货膨胀后的价格；其二，在最近十年中，中国人均粮食消费量基本没有过大增长，但各类农产品的消费量大幅增加，说明中国粮食已经能支撑现代工业社会和城市社会，而工业社会和城市社会对粮食的需求远远大于农业社会。

新中国成立后的60多年中，中国粮食生产总体上呈增长趋势，从建国初期的1亿吨增长到5亿吨。尤其是1978年以后，由于实行土地承包制度和取消粮食统购统销，粮食产量增长十分明显。粮食总产量从1978年3.05亿吨增加到2007年5.02亿吨，增幅为64.5%，年均增长1.74%，超过了同期平均的人口增长率1.1%。其中2004至2007年粮食产量增长迅速，增幅达16.4%。30年间，大米增幅为30%左右，小麦增长80%，玉米和大豆增长幅度都在一倍以上。从单产的情况来看，2007年稻谷播种面积2 891.9万公顷，总产18 603.4万吨，单产每公顷6 433公斤；小麦播种面积2 372.1万公顷，总产10 929.8万吨，单产每公顷4 607.7公斤；玉米播种面积2 947.8万公顷，总产15 230万吨，单产每公顷5 166.7公斤。

在总量增长的同时，粮食生产的效率也在逐步提高。1952年时，一个农业劳动力每年生产粮食平均为900多公斤；2006年，平均数字是1.6吨，增长了70%。另外，2008年，每亩稻谷、小麦、玉米生产用工时数分别为9个工日、6个工日和8个工日，与1990年相比，均下降了60%以上。

从全要素生产率（TFP）来看，1979至1984年，稻谷产量增长率为4.5%，总投入增长率为负2%，TFP增长率6.7%；小麦产量年增长率为8.5%，总投入增长率为负2%，TFP增长率10.7%；玉米产量年增长率为4.6%，总投入增长率为负3.4%，TFP增长率8.4%。总投入下降的主要因素是劳动力投入减少，这实际上也反映出当时的农业政策不当，农民不愿加大对粮食生产的投入。1985年以后，取消了统购统销，实行合同定购，合同定购之外的粮食可以自由上市交易。

取消持续了几十年的统购统销政策本来是促进农业自由发展、积极发展的良好措施,但是在制订合同定购的时候,却又将合同收购价格定得过低,结果反而挫伤了农民的种粮积极性,导致1985至1991年中国粮食TFP增长缓慢,甚至有些品种生产的TFP增长依然出现负值。据农业部这阶段的数据显示,1985至1991年稻谷产量年增长率为0.44%,总投入增长率0.55%,TFP增长率为负0.11%;小麦产量年增长率为1.3%,总投入增长率1.4%,TFP增长率为负0.14%;玉米产量年增长率为4.3%,总投入增长率2.7%,TFP增长率1.6%。这种情况一直持续到2003年,许多农业品种的总投入增长率还有负值。1992至1996年,稻谷产量年增长率为1.2%,总投入增长率为负1.2%,TFP增长率2.4%;小麦产量年增长率为1.3%,总投入增长率1.4%,TFP增长率为负0.14%;玉米产量年增长率为4.3%,总投入增长率2.7%,TFP增长率1.6%。1997至2003年,稻谷产量年增长率为负2.7%,总投入增长率为负4.3%,TFP增长率1.7%;小麦产量年增长率为1.2%,总投入增长率为负1.2%,TFP增长率2.4%;玉米产量年增长率为负1.4%,总投入增长率为负2.1%,TFP增长率0.83%。由此可见,劳动生产率的确提高了,但政策性因素所起的副作用依然十分明显。

另外,由于政策不稳定性和市场环境的变化,出现了几次大规模的波动。从1980年至今,在20世纪80年代中期、90年代初和21世纪初,曾出现了三次阶段性粮食生产下降。其背后的原因是多方面的,如随着城市经济的迅速发展,农民大规模进城打工,导致农业劳动力减少,但这些并不是根本因素。导致三次粮食减产的主要原因,还是在经济高速增长的时期,总会爆发阶段性的高通胀,致使粮食价格大幅波动,投机行为加剧,当农产品价格上涨时,农民大面积种植,并且惜售,投机行为更抬高价格;反之,当粮食价格进入下降通道后,农民减少种植面积,粮食价格低廉,购买不足,结果又出现粮食减产。三次粮食减产其实是对粮食政策的反应,这就给我们提出了警告——粮食作为社会稳定和经济稳定的基础物质,不应因政策而大幅波动。从这一角度来看,说明中国的粮食稳定政策和政府调节机制、干涉反应机制等都有明显不足,在三次粮食大幅波动中,政府的反应是迟钝的,而且事后政策修正也不到位,通过国际粮食贸易熨平国内粮食价格波动的手法也十分不足。至今,中国的国内粮食稳定政策还有明显不足。可以预见,国内还会出现粮食波动,甚至还会因国际粮食危机而出现国内粮食大幅波动——现在,中国经济已经陷入结构性长期通胀之中,其中粮食价格上涨就是主要因素之一,但政府几乎没有有效的应对手段。

尽管中国粮食在最近30年中增产明显,但瓶颈(尤其是政策瓶颈)也很明显。另外,单从粮食生产率上来看,中国与美国的差距仍然非常巨大,美国只用了相当于我们0.3%的人口就生产了相当于我们70%的粮食,平均一个美国农民生产的粮食是中国一个农民的产量的200倍,美国农业机械化程度和农业科技程度远非中国农业所能比拟,美国农民的资本存量也远远超过中国农民的资本存量,平均每个美国农民都拥有数百万的农业机械和其他设备,而中国农民基本上只处于温饱状态。另外,美国的农业政策、农业补贴、农业科技支持、国内外农业贸易机制也超越中国几十年,所以,中国农业虽然进步明显,但相比美国仍然落后几十年乃至百年。

● 失衡的城镇化

过犹不及,这是中国的古训,城镇化的速度太快,对农业的侵害已经难以遏制。

相对于全球的资源拥有状况来说,中国的人均资源占有量很低。全球人均耕地占有量大约为0.23公顷,而我国人均耕地占有量还不到0.1公顷,约为全球人均耕地占有量的40%,全国已有666个县(区)人均耕地低于联合国粮农组织确定的0.8亩警戒线。而城镇化对耕地的圈占是一个难以应对的问题,比如,按《全国土地利用总体规划纲要(2006—2020年)》,我国2020年前规划新增铁路将占用土地26万公顷,新增公路用地145万公顷、港口码头用地3万公顷、民用机场用地5万公顷。另外,从我国等铁路客运专线分布图、高速公路网以及将来的规划来看,大部分铁路、公路都要经过耕地质量较好、土地资源紧张的地区。此外,城镇化建设中各项重大民生工程、生态建设也都要占用耕地。并且,长期以来,中国基础设施、城镇工矿建设等用地多为粗放型,土地资源利用率不高,全国工业项目用地容积率、工业用地平均产出率远低于发达国家。

新中国成立以来,中国人口城市化水平越来越高,现在已经超过50%,随着中国城镇化率的提高,假设中国的城市化率达到70%,以2004年人口统计数字为依据,那么70%的城市化率就是9.2亿人居住在城市中,未来可能还会有约5亿人口城镇化,依据北京人口密度计算,每平方公里约5 000人,那么大约需要占用1.5亿亩耕地,这就占现有耕地18.27亿亩的8%。再依据2006年的粮食生产数据,假设单产不变,那么损失1.5亿亩耕地后减少的粮食产量大约为3 980万吨。相应地,在增加5亿城镇人口后,交通、工厂、办公、粮食消费等都会大幅增加,这势必加大对粮食的需求,因此,粮食缺口就绝不仅仅是3 980万吨,而很可能是这一数字的数倍,粮食安全就成了一个巨大问题。

中国的城镇化速度很快,但是任何事情只有平衡发展才是最好的,过快的城镇化速度其实并不是成绩,而是错误。1996年之后,我国进入了城市化快速发展期,城市化率由30%上升到2002年的39%。与此同时,土地粗放利用和浪费的现象也越来越严重,耕地面积也在持续减少,城市建设用地已经面临总量失控、结构失衡的局面。据住建部统计数字,1990至2004年,全国城镇建设用地面积由近1.3万平方公里扩大到近3.4万平方公里;同期,41个大城市主城区用地平均增长超过50%。目前全国人均城市建设用地高达130多平方米,远远超过发达国家城市建设用地人均82.4平方米和发展中国家人均83.3平方米的水平;与此同时,在经济最发达的长江三角洲内,人均耕地面积由20年前的1.25亩降至目前的0.4至0.56亩——在人均土地资源贫乏的国家,这样的数据实在令人惊讶。

回顾这几十年中国耕地减少的状况就能看出,城镇化建设对耕地的影响有多么严重。从1949至1980年,31年间净减少耕地2 200万亩;1981至1995年的14年中再净减少耕地约8 100万亩。其中,1986至1995年,全国非农建设占用耕地 2 963 万亩，这甚至超过了韩国的耕地总量；1997 年和 1998 年分别减少 203 万亩、394 万亩；1999 年虽然通过开发、复垦和整理，全国增加了 607.6 万亩耕地，但除去建设用地和生态退耕后，全国耕地仍净减 654.9 万亩。2000 年全国减少耕地 2 493 万亩，全年补充的耕地只有 463 万亩。另外，中国耕地还面临荒漠化的威胁。现在，土地沙漠化正以每年 315 万亩的速度发展，土地沙漠化不但导致耕地面积减少，而且土壤质量也在下降。另外，全国有 30%左右的耕地遭受不同程度的水土流失危害；还有 20%的耕地受到工业三废和农药污染。总之，各种建设占用耕地以及水土流失、耕地沙化、盐碱化、土地污染等的广泛存在，使我国有限的耕地数量不断减少，质量不断下降。

另外，由于中国人口分布十分不平衡，东部集中了相当多的人口，城镇化、工业化也主要集中在东部，而东部又是中国的粮食主产区，由此，建设用地和耕地“争夺”土地资源的情况就不可避免，且几乎可以肯定，建设用地数量的增加一定会导致发达地区耕地数量的大量减少，这又是对大片优质耕地的侵占，那么对粮食生产的冲击就可以想象了。1980 至 2007 年耕地就减少了 9.3%，只是同期由于农业机械设备和其他投入增加，单产提高，所以在耕地减少的同时粮食产量却增加了 56%，但这不等于说，耕地持续减少，单产也可以持续增加，1985 年、1991 年、1994 年、1997 年、2000 年和 2003 年这几年曾出现耕地面积和粮食耕地单产同时减少，结果造成粮食的大幅度减产。现阶段科技进步和中间品投入量增加的情况下，耕地减少仍可维持粮食稳产、增产，但增产的速度会迅速减缓，而耕地减少的现象仍会继续，最后必然打破平衡。

中央政府与地方政府的一个突出矛盾就是，中央政府出于全局考虑，要保护耕地、保护农业，但地方政府为了自身的财政收入却在疯狂地圈地，为此，中央政府不得不提出硬性的“18 亿亩耕地红线”。“18 亿亩耕地红线”就是给地方政府划出的“红线”，因为耕地如果被过度占用，不但农业受到损害，而且会产生大量流民和赤贫，结果会对社会稳定造成威胁。为此，中央政府出台了一系列政策，与“18 亿亩耕地红线”关联的政策包括：土地用途管制、耕地总量动态平衡、耕地占补平衡、基本农田保护、农用地转用审批、土地开发整理复垦、土地税费、耕地保护目标责任、耕地保护法律责任等一系列制度,但是,在中国,历来有“上有政策,下有对策”,所谓保护18亿亩耕地,本身只是在以前的各种耕地保护政策中弥补不足,设置“红线”,只是加强了原有管制措施,虽然这一政策起到一定效果,但从几十年来地方政府的所作所为来看,形势依然严峻。

说到根本,还是中国的土地配置机制的核心问题并没有得到解决,土地资源的配置依然靠政府政策调配,而不是依据市场需求自动调整,所以,设置再多的“红线”、制定再强硬的政策,也未必能守住“红线”。

由于农业用地转为建设用地后增值巨大,所以,中央政府与地方政府之间的这场博弈会继续上演,而且,只要土地资源始终是由政府垄断,那么长期博弈后,中央政府最后根本不可能守住“红线”。因为中央政府与地方政府政策目标不一致,且土地资源的操作事实上掌握在地方政府手中,地方政府的目标是保持GDP增长和增加地方财政收入以及地方融资规模,这与中央政府的目标大相径庭,但中央政府只能通过制定政策、依靠行政来进行管理;地方政府拥有种种实际运作权,中央政府的监管无论如何是无法面面俱到的,所以最终的结果只能是中央政府不得不承认现状,这在中国历史上已成为一种惯例。

● 农民没有完整地权

没有完整的地权,土地就可以被圈占,然后农民被排斥在分享城市化利益之外。

长期以来,中国一直施行农村补贴工业和城市的政策,通过人为采取“剪刀差”价格,大幅压低农产品价格,以农业补贴工业和城市,达到降低工业成本和城市居民生活成本的目的。这种政策虽然让工业成本和城市生活成本得到下降,但这是以牺牲农民利益为基础的。改革开放后的30年是城镇化和工业化的30年,但农民依然被作为牺牲者和劳动者,却难以分享城镇化和工业化利益。

按照宪法规定,农村土地属于农民集体所有,但事实上农民对于自己的土地只有承包权即种地权,并没有处置权即土地买卖中谈判和定价的权利。中国的土地资源政策是将所有土地在事实上都纳入政府统一管理,体现了国家对土地严格管控的政策取向。从1982年发布《国家建设征用土地条例》到1999年颁布的《土地管理法》,以及2004年10月21日颁布的《国务院关于深化改革严格土地管理的决定》(简称28号文)和2006年8月31日颁发的《国务院关于加强土地调控有关问题的通知》(简称31号文),虽然条例细节有所变化,但基本的框架没有变化,主要是包含了三层含义,其一,土地所有权归国家;其二,农转非土地由各级政府操控,而并不是农地的所属者;其三,农转非后的土地增值,与农地原所属者无关。因此,中国农民并没有完整的土地产权,而仅有部分权利,并且这部分权利在现有的司法体系下也得不到有效的保护。

以《土地管理法》和《土地承包法》为基本法律,"国家实行土地用途管制制度","国家编制土地利用总体规划,规定土地用途,将土地分为农用地、建设用地和未利用地"。国务院下属的农业部及各级政府农业管理部门为农用地的管理者;国土资源部及各级国土资源管理部门为建设用地的管理者,土地实行二元分割制。实际上,这种组织管理结构不仅造成了组织管理臃肿、管理效率低下,部门间还出现利益冲突、土地资源利用效能差等很多弊病,长期以来早已给粮食生产造成种种不利影响,但多年来改进不大,很多方面依然如故。

我国现行的《土地管理法》第4条对土地用途进行了明确的规定:"国家编制土地利用总体规划,规定土地用途,将土地分为农用地、建设用地和未利用地。严格限制农用地转为建设用地,控制建设用地总量,对耕地实行特殊保护。"土地国有制度是社会主义基本制度之一,但这种土地用途管制的对象并不是国有土地和建设用地,而是集体土地和农业用地及其非农转用,所以集体土地和农业用地的事实主人是政府，换言之，农民和集体不能随意变更名下土地使用方式，不能用于非农建设、土地有偿转让以及土地非农用途使用，这就等于否定了他们的土地收益方式变更权，他们就不能根据市场变化来使用手中的土地。《土地管理法》第43条规定，“任何单位和个人进行建设，需要使用土地的，必须依法申请使用国有土地”，“依法申请使用的国有土地包括国家所有的土地和国家征用的原属于农民集体所有的土地”。第44条第1款规定，“建设占用土地，涉及农用地转为建设用地的，应当办理农用地转用审批手续”。其实施细则及补充条款规定，“农用地转用和土地征收的审批权在国务院和省、自治区、直辖市人民政府”。也就是说，农民要想将手中的土地转变为非农业用途，就必须转为国有产权，实则，农民就等于失去了对土地的所有权，这是国家对农民土地资源强制的占有。

现行《土地管理法》首先利用将土地分类的办法将土地资源分割，再用农用地转用的规定将土地资源使用方式的权利转移至政府手中，这实际上是一种国家高度垄断，同时也是延续社会主义计划经济模式，归根结底，是将农民的权益转化为政府权益。

农村土地集体产权如同国有企业一样，名义上由全体人民共同所有，但实质上是“官员所支配”，农村土地是否被征收的权力掌握在管辖政府的手中，现实中许多征地事件都未经村民同意。另外，地方政府是唯一法定征地者，即在土地一级市场，法律赋予了政府作为土地唯一买家的垄断地位，且拥有定价权(补偿定价)。地方政府在实际工作中为了发展经济与提高财政收入，可以以任何名义低价征地，以低廉的价格从农民手中获得土地资源，然后转手高价出售给开发商。

在国家统一规划管理的名义下，农村土地资源被纳入国家计划，只有在经有关政府部门审批后才能转为建设用地；而城镇建设需要使用农用地的时候，土地资源由政府划拨，其中需要征用农村土地的时候，就由政府来征用，然后由政府出让给建设单位。经过这一程序，农村的土地资源实际上变成了政府的土地财政收入，而农村得到的只是一次性的补偿收益，这笔收益远远低于政府所得到的土地财政收入。现行的《土地管理法》和《国务院关于深化改革严格土地管理的决定》表面上都制定了严格的土地征用补偿标准，美其名曰保护农民的利益，但实际上土地转用后的增值收益并不归农民，而是归政府所有；另外，补偿标准实际上也是过低的。依据《土地管理法》第47条规定，土地征用实行"按照被征收土地的原用途给予补偿"的政策。这就根本上否定了农民享受土地征用后的增值利益，增值收益从一开始就与农民无关。再说补偿收益，征收耕地的补偿费用包括土地补偿费、安置补助费以及地上附着物和青苗的补偿费。其计算方式是，土地补偿费为耕地被征收前三年平均年产值的6至10倍；安置补助费按照需要安置的农业人口数计算，需安置农业人口等于被征收的耕地数量除以征收前被征收单位平均每人占用耕地的数量；每人的安置补助费标准为该耕地被征收前三年平均年产值的4至6倍，但最高不得超过被征收前三年平均年产值的15倍；如果依照这个补偿安置标准，尚不能使需要安置的农民保持原有生活水平，经省、自治区、直辖市政府批准，可以增加安置补助费；但同时又规定，土地补偿费和安置补助费的总和不得超过土地被征收前三年平均年产值的30倍。国务院出台的28号文的规定大同小异，对于补偿同样规定："土地补偿费和安置补助费的总和达到法定上限，尚不足以使被征地农民保持原有生活水平的，当地政府可以用国有土地有偿使用收入予以补贴。"众所周知，伴随着工业化和城镇化，房地产价格高涨，政府出让的土地价格飙升，土地转为城市建设用地后所建不动产价格也骤增，其价值往往是数十倍的翻升，相对而言，土地补偿就显得十分低廉了。所以，现行的《土地管理法》是一个不折不扣的剥夺农民土地收益的政策，是政府和土地开发商共同利用农民的土地资源享受工业化和城镇化利益，同时将农民拒之门外。

在利用农民土地资源上如此，在农业生产上亦如此。

《土地承包法》是改革开放以来最重要的农业生产法律，但是，《土地承包法》仅限于农民土地资源的农业用途，一旦土地改为其他用途，此法律就不再起作用，所以这部法律并非是真正意义上的农业所有权生产法，或者说并不是一个具有完整权益的土地法。

自改革开放以来，农民对土地可以承包，这大大增强了农业生产，对中国粮食产量提高作出了不可磨灭的贡献，但是，所经历的道路却是曲折的。最初，承包期限只有几年，由于粮食生产是一个长周期过程，土地自身需要长期维护才能稳产、增产，几年的时间显然太短了，农民的积极性自然也不高，为此，此后延长到15年，后来再延长到30年（草原、林地等更长周期的土地延长到50年、70年）农民这才愿意对土地增加投入。在承包过程中，实际上很多保护性法律也不配套，所以期间也经历了不断的调整。初期阶段土地发包方在土地承包后经常撕毁合同，或者利用土地调整的权利，经常是三五年就进行一次“调整”，实则是争夺农民承包收益，直到后期才逐渐在合同中规定“不得收回承包地”。多次的调整表明，中国的土地政策还并不成熟、稳定，即便是在改革开放已经经历了30多年的今天，农民的承包权益依然时常受到侵犯，如土地征用、底层官员与农争利等时常见诸报端。

中国的土地存在错综复杂的矛盾，包括国家和集体的矛盾，政府和农民的矛盾，集体和农户的矛盾，中央和地方的矛盾，部门和部门的矛盾，地方和地方的矛盾等。这些矛盾显然造成了各种激烈的利益争夺，也就给国际粮商提供了众多机会。

● 无力对抗垄断

> 中国农民，不但没有完整的地权，而且也被排斥在市场之外，这对现代经济社会来说是不可思议的；甚至，我们可以说，中国还没有现代农业市场，因而，我们无力与国际粮食垄断巨头正面对抗。

农民，仍然被排斥在市场之外。1985年，取消统购统销，实行合同定购，合同之外粮食可以自由上市。至2004年，国务院再颁发《粮食流通管理条例》和国发[2004]17号文件，规定“中央和地方储备粮的收购、销售、轮换原则上通过规范的批发市场公开交易”，确定了粮食流通领域的市场化和自由交易，但是，中国农业市场仍然是一个封闭的市场，农业交易并没有真正自由。2007 年以来国际粮食价格大幅度上涨，但中国和其他国家一样，都在世界性的粮食危机中采取了保守的限制出口措施，对粮食出口提高关税，结果使得国内农民没有从国际粮价高涨中获益。2006 至 2008 年，国内大米和小麦的价格显著低于国际市场，当时国内市场是放开了，但通往国际市场的通道还在政府手中，所以，中国农民实际上仍然被排斥在国际市场之外。另外，中国农民实际上也无法直接参与国际贸易，赚取大笔贸易差价的主要是中间商，农民实际获益几乎微不足道。

在现代世界，没有哪一个国家能离得开国际贸易，没有哪一种产品可以孤立存在，利用国际粮食贸易可以解决、缓解中国许多问题，尤其是资源性问题，比如，进口粮食，可以减少农业用水、可以节省能源，或者利用节省下来的耕地资源耕种其他农作物，增加其他出口粮食的产量等。以水资源为例，中国是个水资源紧张的国家，人均水资源拥有量排在世界第 121 位，远低于世界平均水平。在我们看重粮食安全的同时，也应该注意到水资源安全，这与粮食安全同等重要。凡是粮食生产大国必定是水资源大国，但中国人均水资源却十分紧张，所以，中国理应多进口粮食。2007 年农业用水量 3 662.4 亿立方米，占全国用水总量的 63%，其中 90%以上用于灌溉。但中国灌溉水的利用系数比较低，只有 30%至 40%，超过一半的水是在灌溉的过程中蒸发或渗透流失了。国际上通常使用农业水资源压力指数来衡量农业用水的压力。水资源压力指数为农业用水量除以可持续用水量。一般的定义水资源禀赋(可被利用的水资源的总量)的 40%为可持续用水量。依据农业部资料，在中国几个粮食主产区中，只有四川、江西、湖南三个省水资源压力指数低于 40%，此外全国其他地区压力指数都高于 40%。另外，我国水资源的分布也极不平均，主要表现为北少南多。我国北方地区的东北、西北和华北人均两亩多耕地，但是人均水资源只有 790 立方米；南方地区的东南、华南和西南人均耕地只有约一亩左右，人均水资源 3 300 立方米。这样北方有大片的耕地，但水资源相对不足，南方水资源丰富，但耕地较少，所以土地资源和水资源不相匹配，结果在最近 30 年中，南方的粮食产量并不与经济发展同步增长，相反，原本历史上的一些江南鱼米之乡现在甚至要靠运进北方粮食才能满足工业、人口、城市的需要。这样反而又加重了北方的粮食生产压力,自然也加大了北方的水资源压力。这也是中国实施巨型工程南水北调的主要原因之一,但是这样大规模改变自然地理水系分布,对自然生态和地理结构以及社会生态的负面影响究竟有多大、多深尚不得而知。

另外,南水北调的水资源利用效率可能更低,在跨越数千公里的长途调运过程中,水资源的渗透、蒸发量相当大,而且,北方地区相对干旱,水资源的损耗也就更大,即便到了灌溉区,水资源的田间灌溉率也要比南方高出许多。如在三江平原生产1公斤水稻需0.7吨水,但在北方干旱地区生产1公斤水稻就需1.5吨水,这还没包括水资源调运过程中的损耗。相反,如果以国际粮食贸易来平衡国内粮食缺口以及均衡粮食品种及产量,那么可能会更好。比如,小麦和大豆耗水量大、单产低,在保证粮食安全的前提下就应该多进口、少出口,仅以水资源消耗计算,每进口1万吨粮食平均可以节省100万吨水。

但是,进口粮食也并非那么简单——国际上一直有"谁来养活中国?"这样的疑问,除了西方政治打击中国之外,由于中国历史上饥荒不断,所以这也是一个很现实的问题。虽然在改革开放后的30年中随着经济的发展饥荒问题似乎渐渐远去,但2007年以后的两次世界性粮食危机又把这一问题摆出来,而且,中国也仍旧面临严重的粮食潜在危机,所以,这一疑问并不仅仅是政治污蔑。

这一问题的背景是这样的:"每年全球粮食交易量才2亿多吨,而中国每年的粮食需求为5亿吨,中国如果缺粮,谁都供应不起!"的确,如果单从这两个数字来看,中国如果出现大饥荒,世界是供应不起的,但问题并不在于世界粮食是否能满足供应中国的需求量,而在于另外两个层面:其一,国际粮食是否被垄断;其二,中国对国际粮食贸易的利用机制如何。看看现今世界的饥饿状态,我们就能很容易理解了——现在全球粮食产量是足以供全球人口吃饱饭的,但世界上仍有很多地区长期处于饥荒状态,比如撒哈拉以南非洲地区以及亚洲一些地区等,除去购买力、战争等因素外,世界粮食援助其实是掌握在美国手中的,这是事实上的垄断;饥荒地区存在各种各样的人为因素，也使得需要粮食的人难以得到粮食。

回到中国缺粮的问题上，假如真的出现中国粮食饥荒的现象，也不是颗粒无收，中国国内的确需要5亿吨粮食，但即使发生“百年一遇”的粮食饥荒，粮食缺口也只是在5 000万至6 000万吨，一般粮食缺口也只是在2 000万至3 000万吨，而国际粮食贸易的总量是2亿吨，所以这样的缺口是完全可以从国际粮食贸易中得到补充的。并且，中国也有一部分粮食储备，所以进口需求不会突然大幅增加，而且，粮食生产是个长周期过程，一旦粮食产量有所下降是可以提前数月甚至半年预测的，也完全有时间做出准备。对世界而言，由于北美、南半球等地粮食产量都有很大的增长空间，所以，当中国粮食需求增加的时候，通过国际粮食贸易和信息传递，这些地区也可以通过增加粮食产量来满足中国的需求；尤其是当中国粮食缺口长期存在的时候，美国、巴西、阿根廷、澳大利亚等粮食大国都会迅速做出反应，一年之内就可以提高粮食产量。简而言之，粮食属于需求约束型产品，可以根据需求做出调整，所以，也不会给全球造成巨大的粮食危机。

不过，以上这些都是建立在良好的国际贸易状态中的，事实上，很多事是事与愿违的。如前所述，四大粮商掌握着世界粮食贸易的80%，这是典型的垄断，2007年以来的两次粮食危机都是在粮食产量和消费量没有出现大幅变动的情况下发生的，完全是这些巨头粮商操纵市场所为，所以，当中国出现粮食危机的时候——甚至，中国未来的粮食危机就有可能是四大粮商制造的，四大粮商也就完全有能力操纵国际市场，紧缩对中国的粮食贸易，或者大幅抬高粮食价格。

目前，国际市场的粮食主要由美国、法国、加拿大、澳大利亚、阿根廷、泰国等国家供应，这几个国家的粮食出口量占了全球粮食出口总量的60%以上，其中美国就占了约26%，尽管国际粮食主产国并没有建立OPEC那样的垄断组织，但四大粮商控制着全球粮食贸易的80%，所以，国际粮食市场中已经形成了比OPEC更集中的垄断。

有人认为，美国等国家或者四大粮商形不成粮食垄断，因为粮食不同于石油，石油有明确的产地和开采量限制，而且可替代性较小，且属于不可再生资源,但粮食种植面广,属于可再生资源,世界粮食生产的空间足够支持世界需求。另外,世界上形成粮食垄断组织也会遭到世界性的反对,违背基本道德,明确成立粮食垄断组织的可能性不大。例如,2008年出现大米危机后,泰国于当年5月提出建立“大米输出国组织”,企图建立大米垄断同盟,但遭到大米进口国的普遍反对。所以,即便世界农业资源掌握在少数国家手中,也不会出现粮食垄断同盟。

表面看起来,的确如此,简单地看供应和需求层面也不会出现粮食垄断的可能;少数粮食大国也不会建立粮食同盟。但是,这一切都只是表面——简单的需求—供给经济学早就退出历史舞台了,垄断经济学其实是西方发达国家的主流,四大粮商现在已经形成垄断;泰国提出的建立“大米输出国组织”必然遭到反对,其一是美国等西方国家不会允许他国建立这样的垄断组织;其二,赤裸裸地建立粮食垄断组织违背道义,是垄断的低级形态,西方发达国家不会干这么愚蠢的事。他们所建立的粮食垄断同盟是低调的,但力量异常强大,遍及全球。所以,现在已经不是争论少数国家是否能建立粮食垄断的时候,而是已经处在垄断的市场中了。

国际粮食市场被垄断,与此同时,国内的贸易机制也存在弊病,这就给粮食进口再增添瓶颈。2008年的粮食危机,导致中国经历了一轮较为严重的通货膨胀,许多粮食价格都明显上涨,其中食用油价格一路攀升,此时政府进行了市场干预,中国政府试图委托中国储备粮管理总公司进口一批大豆,用以缓解国内豆油供应紧张,平抑市场价格,但这早在国际粮商的预见之中,于是立即抬高国际大豆价格,结果迫使中国放弃了进口计划。另外,2008年国内猪肉价格也是一路飙升,在国内造成很大影响,政府此时本应在国际市场上购进猪肉,并且,当时美国有相当数量的猪肉供出口,价格也并未出现大豆那样的大幅上扬,但中国政府却迟迟没有出台猪肉进口计划,据说原因出在中国的肉类检验检疫制度上,具体不得而知。仅仅从这两个方面就可以看出中国的粮食进口反应机制是多么滞后——如果机制到位,这场通货膨胀至少可以得到部分缓解。

中国是国际粮食市场的大客户,出口和进口数量都比较庞大,本应具有议价优势,但是正如铁矿石进口一样,中国在大宗商品进口谈判中屡屡处于被动地位,这说明中国在国际粮食市场中政策落后、经验不足、机制不合理。

封闭的市场

中国农业自然需要保护,但采取与国际市场隔绝的办法显然是错误的,而且也不可能。现代社会,没有哪个市场是与世隔绝的。中国农业仍然处在封闭、分散、落后的状态中,这显然不适应现代竞争。

我们不敢开放农业,最主要的是有人担心,扩大粮食国际贸易是否会损害中国农民的经济利益?这个问题肯定无法用“是”或者“否”简单地来回答。现今的世界是一个经济一体化的世界,没有哪个经济体能独立于全球经济之外,中国也不可能回到过去“两个平行经济”时代,国内市场必然要和国际市场融为一体,中国的粮食市场也肯定是世界粮食市场的一部分。扩大粮食国际贸易究竟是否损害中国农民的利益,可以这样回答:肯定会损害,但也肯定会受益。

贸易的直接目的,是为了赚取利润,没有利润也就不会有贸易,如果因惧怕利益受损而远离市场,那既不现实也是因噎废食。扩大粮食的国际贸易,肯定会损害中国农民的利益,这从墨西哥、菲律宾、巴西、阿根廷、印度等国的历史中已经得到证实,大量粮食输入,肯定会导致部分农民失业,无法再靠种粮获得稳定的收益,且中国农民长期以来一直受政策限制,竞争力低下,所以中国最近30年“农民工”数量一直相当庞大,他们其实只是农民的身份,而在现实中却实际扮演着城市工人,这也是城市化进程中必然要经历的过程。与此同时,扩大粮食的国际贸易也一定会增加中国农民的利益,比如,当国际粮食价格上涨的时候,中国农产品出口也会获得增值,只是由于目前粮食出口主要由国家控制,农民实际得到的利益微乎其微,甚至还有可能是负值,但从长远来看,对中国农民而言,市场从单一的国内市场变成全球市场,从固化的国内市场变成波动的国际市场,市场变得巨大而且活跃,肯定是有利于中国农民的。简单地说,这远比过去被政策人为地限制在社会最底层要好得多。所以,究竟是否会损害中国农民的利益,其实主要看中国给自身的农业和国内农民什么样的政策和什么样的支持。

任何一个市场,在对另一个市场开放后,必然要受到一定程度的冲击,这就像两汪池水开放后,必然要互相流动,水势低的肯定要被水势高的冲击,这是不可避免的。中国农业市场长期封闭,中国农业技术陈旧,农业竞争机制更是落后,农民本身长期处于社会底层,竞争力微弱,所以在加入WTO后中国农业受到强烈冲击,但这种冲击在表面上并未显现出很激烈的状态,这是因为美国等农业大国采取的是深层次渗透的方式,而不是19世纪那种直接的商品冲击,即所采取的是转基因种子、加工合作、技术支持、化肥农药出售等办法,这些合作的直接效果是对农业增产起到了巨大的支持作用,所以很受欢迎,但与此同时,四大粮商却已经不动声色地掌握了农业的许多关键环节,结果,中国农业在加入WTO后稳步增产,但农业许多领域已经被四大粮商控制。如此之下,一个表象就是,加入WTO之后中国农业不仅没有任何萎缩,反而竞争力更强,出口越来越多。但是,如果我们详细考察出口的农产品,尤其是细究农产品生产中的各个环节,就会发现,这竞争力许多都是来自国外,或者说这些农产品实际上是四大粮商在中国的土地上生产粮食,然后以中国的名义出口,中国农民不过是他们种植园里的农工。

既然如此,那么,如果中国将国际市场拒之门外呢?这更不可能,如果不参与国际市场,也就等于不参与国际竞争,结果就是中国的农业必定在政府强力管制之下越来越丧失竞争力。

从历史和产业发展的角度来看,相当的冲击,其实是对产业发展的激励和促进。在比较优势之下,中国农业人均资源在全球中处于平均线之下,且中国仍认为劳动力资源丰富,其实现代农业主要是机械化耕作,另外,主要竞争力已经转移至生物育种、基因技术、化学工业、水资源利用、能源技术以及其他各种相关技术上,劳动力只是农业生产中一个低级层面而已,所以,中国农业的比较优势相当弱，但通过国际市场，尽管在短期内可能面临严重的粮食安全问题，但这是必经之路，风险再大也必须要经历。

开放的农业市场，在比较优势之下，必然会导致部分农业产品在国际竞争中被淘汰出局，转而依赖从国际上进口，这是无法避免的，即便是美国这样的粮食大国也并非全产品都能自给自足，也有很多农业产品依赖进口。对中国而言，另一个有可能面对的严重安全隐患就是：将来一旦中国遭遇战争，中国还能从国际市场上获得足够的粮食进口吗？

这个问题现在看来有点遥远，但并非杞人忧天——中国周边一直存在各种热点，如钓鱼岛、南海、中国台湾、中印领土问题等，且美国等西方国家始终忧虑中国的崛起，一旦中国周边热点演化为战争，可以预见，美国等西方国家即便不直接参战，也会要对中国进行经济制裁，届时中国肯定会要面对粮食封锁。由于四大粮商掌握着国际粮食贸易，因此，中国恐怕很难从国际粮食市场通过正常交易渠道获得粮食，即使能够获得，肯定也会付出高昂的代价。当然，现代战争往往是中等规模以下的战争，全面战争的可能性不大；另外，国际市场也不大可能全面对中国关闭，因为中国也可以通过周边渠道获得粮食，美国等国家也不会愚蠢到公然进行粮食封锁，但是借战争之机大肆抬高粮食价格却是肯定的。这一点，其实我们只要看看当代几场战争中石油的价格走势就能清楚——绝大部分战争，尤其是关于中东地区的战争，石油价格都会高企。由于石油是全球性能源，因此实际上整个世界都在为战争埋单。

12 第十二章 建 言

民以食为天，这是国之根本。应该建立现代农业制度，唯有此，方能长治久安。

严控转基因种子

转基因，如同美丽的魔鬼，有着迷人的外表，但却异常险恶，然而，我们却让它自由自在、肆意而为。

任何一项科学都有其利弊，正因为如此，任何一项波及面广的科学在投入社会生产、变成工程技术之前，都要做“破坏性试验”，以了解其对社会及所在领域究竟会产生多大的负面效应，确认其可用性和安全性。转基因技术更需要这样的检测，但是，在中国已经批准的转基因水稻方面，官方所公布的正式信息中，只有一个“小鼠灌胃”假实验，这既不是正式实验，也没有真实结果。通过查询中国转基因安全论证方面的论文就会发现，几乎所有的动物实验都是 90 天喂养实验，而且都“未见不良后果”。实际上对转基因而言，90 天的试验期根本不能算是破坏性试验，因为时间实在太短了，做动物试验的目的，不仅是要检测短期内的生物学反应，而且还要检测隔代、多代反应，也包括生殖、遗传、免疫等各个方面的长期检测，然而，中国根本就没有这方面的安全性试验。

实际上，转基因种子在推广使用之前，至少要进行 10 至 20 年的破坏性试验，而转基因巨头孟山都公司在长达 10 年的时间里，一直在想方设法阻止各种不利于转基因试验结果的报告公之于众，但孟山都再强大，也无法完全阻止许多现实的转基因危害事件。最近几年，国际上已经多次报告，有些多代动物喂养实验证实，动物的生殖出现了严重的异常；在中国东北和华北，也出现了母猪流产、老鼠消失、母鸡不下蛋等各种生殖异常，其背后都有转基因农作物的影子，主要是转基因玉米。

中国尽管还没有正式的、合法的商业化种植转基因的大田作物，但事实上，转基因种子已经通过各种合法、半合法甚至非法的渠道广泛流入东北、华北以及其他地区的农田里，种植区域内的生态已经悄然改变。以转基因玉米为例，农田里的玉米早已通过“基因漂移”侵害，大规模污染农田。

中国本来拥有丰富的种子资源，然而，美国通过转基因工程，大大提高了粮食的产量以及庄稼抗病性，尽管转基因隐藏的长期风险可能更大，但对于农民来说，仅仅提高产量和抗病性就可以换得不小的当前利益，因而这样的种子对他们具有强烈的吸引力。当农民被当前利益所吸引的时候，政府就应该保持理智，承担起维护社会和农业长期安全的责任，这也是政府天经地义的职责，然而，政府却为孟山都这样的公司敞开了大门——阿根廷的农业失败似乎并未被引以为鉴。

美国前总统克林顿曾说过，粮食不是像彩电那样的普通商品，无论谁这样看待粮食都是“没有理智的疯狂”。但中国的种子市场几乎是完全敞开的，如今的种子市场已经取代了曾经的全国良种繁育推广体系，中国农民日益依赖种子市场，每年购买种子已经达到用种总量的80%，而不是沿用传统的方式，即使用自己保留的种子。大量使用种子市场上购买来的种子，这在事实上已经打破了中国传统的农业模式。在中国，种子这种涉及国家长治久安的物质却被当作普通商品，并且任由孟山都这样的公司一步步占领市场，中国转基因的水稻2008年底获得农业部颁发的安全证书，这样，继中国大豆之后，中国水稻也将面临巨大灾难。

在维护农民利益方面，中国奉行官方垄断市场；在种子安全方面，却奉行新自由主义市场，前车可鉴在这里却被视而不见，阿根廷成了美国的转基因试验场，爱尔兰也是因为过度依赖先正达公司的种子，被其转基因种子攻破了甜菜防线，而中国农民处境更加危险——中国仍有约6亿农民，他们虽然是世界上最大的农业团体，但却是名副其实的一盘散沙，他们没有自己的利益代表团，也没有长远眼光，政府又放开种子市场，所以，在孟山都面前，中国的种子市场是如此广阔、又如此自由。

建立粮食期货市场

没有现代期货市场，就等于没有市场，而一个没有市场的农业，就等于任人摆布。

一直以来，人们总认为粮食价格越便宜越好，在统购统销时期曾长期压价在低位，但这是一个错误，因为农民利益长期受损实际上等于在扼杀社会的基础产业；粮食也不能过量补贴，因为过量补贴会大幅刺激农业生产，导致粮食产量短期内骤增，而仓储、交通、贸易又跟不上，工业和城市也不可能在短期内消耗过多的粮食，因而会导致粮食浪费。2003 年以前合同定价过低，结果粮食产量下降，2008 年粮食补贴达到 700 亿元人民币，大幅抵消了粮食生产成本。

另外，粮食库存周转也没有及时依据市场变化进行调节。粮食库存本来就是市场调节的一个主要部分，1998 至 2003 年的粮食生产波动，粮食产量同期下降了 15%，此时粮食价格本应上涨，但相反，几年中粮食价格一直维持在一个历史较低水平，其中的一个主要原因就是库存粮食没有合理调配。1994 年以后，粮食价格上涨，中央政府为了调控粮食市场，将大量粮食收归库存，结果过度的库存导致粮食供应紧张。由于粮食生产是一个长周期过程，1994 年以后几年的粮食价格高涨促使 1997 年、1998 年粮食继续高产，此时库存已经过量，为了防止粮食在仓库中腐烂，只好投放市场，结果又造成市场供大于求，粮食价格下跌，致使 1998 年后又连续几年粮食减产，粮价同期下跌，农民积极性遭受打击，许多土地撂荒，这就是政策调节、仓库调配与市场反应三者之间的关系没有处理好，其中主要原因还是政策滞后，导致仓储周期、市场反应周期和农业生产周期处于不和谐运动中。

这些错误，背后的主要原因是过分依靠行政管理，而不是依据市场变化自行调节。

2007 年以后的两次世界性粮食危机，有一个操作平台，那就是国际粮食期货交易市场，粮食巨头们不但可以通过这个市场直接进行大宗粮食期货交易，而且可以通过这个市场传递市场信号，使得目标国家国内粮食市场间接受到影响，比如，通过芝加哥大豆期货市场可以导致中国国内超市中的食品价格上涨，其传递模式就是："芝加哥大豆期货—大连大豆期货—国内大豆现货—食品”，这种价格传导机制几乎不受国界以及各种屏蔽机制的限制，直接通过新闻媒体和价格传导就可以影响中国的终端食品消费。相反，由于中国没有这样规模的粮食期货交易市场，在两次粮食危机中就显得反应滞后，且许多应得利益无法及时得到。另外，粮食期货市场是一个全国性的交易平台，对市场的调节作用实际上比政府的行政命令还要强大，且也更加合理。

通过观察芝加哥粮食期货交易市场这样的平台，就会发现，粮食期货市场主要具备三个功能：其一，发现价格功能。发现价格功能是指在粮食期货市场通过公开、公正、高效、竞争的期货交易运行机制形成具有真实性、预期性、连续性和权威性价格的过程。粮食期货市场是对市场真实的反应，因而也是价格形成的真实反应。期货价格是在有组织的、规范化的交易平台中进行的，市场中聚集了众多的卖家和买家，他们将自己的需求信息和价格信息及市场变动趋势信息都集中到交易场内，最终形成了自由竞争的市场，这样就使得市场真实的供求因素全面、具体地呈现出来，最终形成了期货价格，这是市场供求状况和价格的准确表现。其二，风险投资功能。众所周知，期货市场是一个风险投资市场，期货本身就是对未来预期的风险投资。任何投资者，进入这个市场进行交易，首先要拿出一定数额的资金用于买卖期货合约，同时，投资者参与期货交易的目的是要赚取收益。但任何市场时刻都在变化，且粮食变动因素更繁多，因此，粮食期货市场的风险也相当大。其三，规避风险功能。规避风险是指农业生产经营者通过在期货市场上进行套期保值业务，有效地回避、转移或分散现货市场上价格波动的风险。套期保值是在期货市场买进或卖出与现货数量相等但交易方向相反的农产品期货，以期在未来某一时间通过卖出或买进期货合约而补偿因现货市场价格不利变化带来的损失。任何商品，其价格总是变化的，期货价格与现实价格也经常不一致，现实经济变化因素十分繁杂，因而现实价格与期货价格出现差价，也就是期货市场与现实市场两个市场存在两个价格，那么期货交易就充满了风险，套期保值就是利用两个市场上的这种价格关系，取得在一个市场上出现亏损，在另一个市场上获得盈利的结果。套期保值看似是一种两头投机的手段，其实这是在促进两个市场“趋同”，事实上对市场起到了稳定作用，防止市场出现巨大波动。

中国也是一个粮食大国，且自身是世界第一人口大国，但没有一个发达的粮食期货交易市场，虽然现在也建立了国内粮食期货市场，但还只是初建，在期货市场的几个主要方面都明显不足。其一，中国期货市场规模太小。目前中国粮食期货交易市场上上市交易的品种只有6种，其中主要是大豆和小麦，大豆占交易份额的70%，也就是说绝大部分粮食品种仍在市场之外，这样的粮食期货市场也就不能反映整体市场状况，不能为农民提供有效的比较价格。另外，如此少的品种，市场规模可见一斑，因而也就无法进行套期保值交易，无法规避风险。与之相比，美国目前有27种农产品期货合约和23个期权合约，期货交易对整个农业都有重要的影响，而中国的粮食期货交易对农业几乎没有影响。其二，在粮食市场的价格形成机制上，几乎还不成形。在国内期货交易市场无法发挥价格形成机制的情况下，粮食价格必然受国际粮食价格的影响，且只能被动地接受，而无法发挥主动作用。中国的粮食市场看似由中央统一管理，实际上仍然是一个非统一市场，并没有形成全国性的粮食大市场，现货交易仍局限在相对固定的区域内。而且，现货市场与期货市场之间联系十分薄弱，全国数十家农产品现货批发市场全部都是区域性的，市场价格也因此都是区域价格，没有全国性的交易市场。此外，各种市场配套也各行其是，比如粮食质量标准体系就带有鲜明的地方特色，无论现货还是期货，市场体系、价格体系、信息体系和市场组织化程度都很滞后，这些都严重制约期货市场的发展。其三，期货市场的监管仍存在不足。中国粮食期货市场的监管，仍是政策化监管，如停留在对期货品种上市的审批、政府干预二级市场价格以及监管部门缺乏独立性等；监管体系的多层次表现混乱，各级分工不明确；自律机制不规范；交易头寸限制不严，不能防止大资本投机性垄断；对违法者处罚力度不够，主要依靠行政处罚。其四，市场投资者结构不够合理。如同股市一样，很多投资者都是中小散户，而且投资心理也多是投机性的，缺乏稳定的、长期的投资者。另外，农民是农业的主体，但期货市场中几乎难得见到农民，农产品实际上基本上被中间商所垄断，然后进场交易；其他一些加工厂商，尽管有些已经是有相当实力的企业，但由于相关改革还不到位，场内套期保值交易也不完整、规范，所以这些企业也无法真正参与到市场中。从期货交易建立以来，经常可见部分合约价格巨幅波动，这些明显都是投机性炒作，这对期货交易的长期发展十分不利。

有鉴于此，中国要想真正在粮食市场（包括国内和国际）占有一席之地，确保国内粮食安全和经济平稳发展，就必须要建立一个完善的粮食期货交易市场，现在的期货交易市场不足之处，也就是应该改进之处——增加粮食交易品种、优化期货市场运营体系、改善期货市场发展的外部环境、建立全国性交易和信息平台、完善监管体制等。最后还应该说一句话，如果中国的粮食期货交易市场成为另一个股市，充满了垄断、投机、坐庄、内幕交易等，那还不如不建这样的期货市场，因为这不但不能成为促进粮食交易和粮食安全的场所，反而成为危害粮食安全的平台，其危害远远大于股市。

● 土地配置市场化

土地权利的二元分割，是中国土地资源问题的根本，如果没有勇气放弃土地垄断利益，那么中国农业和城镇化的矛盾就将一直存在。唯有市场，才能真正有效地优化土地资源配置。

由于政府拥有一级土地市场的垄断权，地方政府可以通过土地出让金和耕地占用税来获得财政收入，同时对失地农民的补偿标准过低，所以其间的利差巨大，政府获益匪浅，这一近似掠夺式的土地出让财政让政府获得滚滚财源，本应置身市场之外的政府却扮演了土地资源的占有者和出售者，并且还可以获得土地建设后的各种税赋收入，因此，城市化已然成为政府手中的经营品，所以各级政府都有极大的热情投身于土地资源的“开发”和城镇化建设。这一过程中已经出现了大量耕地被占用和土地被无效、低效利用的情况，中央政府所划定的“18 亿亩耕地红线”其实一直在被种种方式蚕食，中央政府的“红线”实际上早晚会被再次改写，这已经是可以预见的事。

另外，即便是保持了 18 亿亩耕地，然而实际上许多耕地已经并非最初 18 亿亩原有耕地。现行的土地政策所规定的耕地占用补偿制度，按照“占多少，垦多少”的原则，由占用耕地的单位负责开垦数量和质量相当的耕地。没有条件开垦或者开垦耕地不符合要求的，应当缴纳耕地开垦费，专款用于开垦新的耕地。似乎这是合情合理的制度，但实际情况并非这么简单，即便耕地在补偿量上能够达到占用数量，但所补充的耕地在质量上就很难保证，并且，新补偿的耕地所处的地理位置不同直接影响庄稼的收成。比如，交通情况、水源情况、灌溉成本、土壤酸碱度等，都不可能与原有土地一致。地理位置好、土地平整的耕地也是开发成本低、增值效益大的土地资源，所以，许多高产优质田被占用，然后由许多地理位置偏远、水利灌溉难度大、土壤质量低劣的荒地来补充，这样的耕地的粮食产量与原来的高质量耕地产量是不可同日而语的，所以，若干年后，18 亿亩耕地中会有许多这样的劣质耕地，彼 18 亿亩耕地就已非此 18 亿亩耕地了。

实际上，利用行政命令和行政手段管理市场，尤其是利益巨大的市场，从古至今就没有成功过，政府已经是不折不扣的市场参与者，所以只能是利用市场机制来“管理政府”，这才是真正的“中国特色”。市场机制，简单地说就是通过价格信号能够优化资源的配置，不同的土地得到最优化的配置和利用。

保证“18 亿亩耕地”，根本目的是为了保证中国的粮食安全，但实际上，依靠行政管理下的“红线”不可能真正有效，而只是延缓了土地的被蚕食——几年前，中央政府就曾提出“21 亿亩耕地红线”，行政决心和行政力度不可谓不大，但仅仅数年，这条红线就被突破，这已经证明，“18 亿亩耕地红线”迟早也会被突破的。

而且，即便有足够的耕地，如果农业机制和市场机制不行，那么再多的耕地也无法保证粮食安全。这一点从中国古代历史中早已被反复证明——中国古代从来不曾出现耕地短缺的现象，但饥荒屡见不鲜，其中绝大部分饥荒中都有严重的人为因素，所以，保证足够的耕地并不能保证粮食安全。最有效的办法是通过市场与完整的土地使用权和经营权来保证耕地和粮食安全，而不是靠一道道行政管制制度。

有人担心，土地交易一旦完全自由化、市场化，那么很可能会造成大量圈地、土地集中化。对于这个问题，客观地看，土地市场化后，出现相当程度的集中化不可避免，因为这是市场规律，符合市场要求，尤其是现代农业，趋势就是大面积机械化耕种，以往的小农模式早已不适应现代经济。中国历史上一直实行土地私有化，也存在土地自由交易市场，但事实上并没有出现导致农业生产退化的土地兼并，相反，适当的土地兼并有利于农业生产，比如，修建一项灌溉工程，所惠及的土地应该是具有相当面积的，而不是无数小块农地，这样整片土地的经营成本才会下降，收益也会上升。

现行的土地二元制，农业用地转为建设用地由政府统一征收、管理、出售的模式，实际上是违反市场的行为，政府本身成为交易的参与者和垄断者，这已经严重超越了政府本应扮演的角色。另外，最主要的是，通过政府征收补偿机制，农民所得补偿很低，这实际上是人为地阻止了城镇化过程中土地增值的财富流向农村，也就是阻止了城镇化成果流向农村，农村不但未能从城镇化中获得应得的利益，反而成为损失者，这对农业、农村和农民的损害相当大。土地转换用途的最佳模式，应该是通过市场自由交易，政府只起管理作用而不是参与者，由市场权利主体自行谈判，通过市场价格机制的作用，就可以让农村享受土地增值的利益，同时土地资源也可以按照市场需求分配，这也足以遏制强权的扩张与兼并行为。

通过市场行为，不但可以达到土地资源合理调配的结果，而且城市楼房价格过高的泡沫也能得到有效控制——土地转让过程中地方政府先期获取了巨额土地增值，因而开发商不得不提高最终售价，另外由于土地资源不能自由交易，只能从政府手中获得，这也等于人为地为土地资源的转让、利用设置了供应瓶颈，再加之开发商牟取暴利的天性，中国房地产市场出现大量泡沫的结果也就势所必然了。

在现行的制度安排下，政府完全控制了土地的供应，市场在土地资源的配置方面受到极大的限制，价格机制也失去作用。同时，政府一方面设置

“18亿亩耕地红线”，一方面又让地方政府参与市场、垄断土地交易，这本就是自相矛盾的。土地最有效率的用途应该由土地的边际效益决定，而边际效益要靠市场自由交易决定，政府的行政管制从根本上就扭曲了土地的供求关系，最终导致城市房地产市场出现严重泡沫、农业受到损害。与此同时，失地农民既无力购买城市的高价楼房，也无法再行购置耕地，更难以对农业进行再投资，所以，农民成了这场交易的最大受害者。

有人担心，土地市场开放后，很可能会造成土地资源的闲置和浪费，其实不然。赋予土地所有者以完整的土地权利，土地自由交易，并不会出现土地资源的大量浪费。现代市场是规模经济，市场的规模经济性表现在城市的聚集效应和市场交易成本的降低上，市场参与人数越多，竞争越激烈，效率就越高，营造和维护市场所产生的成本就能够在更大的范围内得到分摊，成本因而下降；同时，由于市场参与人数越多，交易效用越大，市场总交易效用也就越大，从而使得城市聚集本身成为一种正反馈过程——即参与人数越多，市场效益越高，从而吸引更多的人参与，效益因而更高、成本更低。依据这一经济学理论，土地市场开放后，参与土地市场的人不再局限于政府和开发商，农民也参与其间，并且通过自由交易和市场定价，土地出让给最合适购买者，农村享受到城市化进程所带来的利益，城市土地供应可以按照供需确定，房地产市场价格反而降低。但其中政府必将受损——土地财政将因此消失，因此并非市场中存在诸多疑问，而是政府是否肯放弃既得利益。实际上，政府完全可以参照国外的土地交易做法，从土地资源的开发后经济中取得应有的税收，只是这是一个缓慢的过程，且需要合理的、科学的税收体制，这与简单粗暴、垄断式的直接从农民手中征地、转让复杂得多，所以，地方政府并不愿意在这件事上“与国际接轨”，而宁愿保持“中国特色”。

● 海外种粮

我们应该看到四大粮商所采取的农业模式所具有的竞争力，想方设法创造出我们的新农业模式。

农业是一个对土地、淡水、化肥、仓储、运输、工业等各方面资源要求很多的产业，对于中国这样一个人口大国来说，人均资源很低，所以怎样合理利用国外农业资源就需要深思了，有效利用国际资源既有必要性又有合理性。

国内资源相对缺乏的现状将导致单位资源的利用成本高于世界平均水平，结果就是中国农业产品竞争力较弱，农民受益不高。在保障粮食安全的前提下，中国应该利用比较优势，出口自己的优势产品，换取国际市场中价格低廉的其他农产品；并且，也应该走出国门，到国外去发展农业。自给自足是粮食安全的基本政策，但要完全自给自足就是非理性了，也绝非上上策。中国在立足本国资源、保障自身基本粮食安全的同时，应该通过国际粮食市场和国际分工，充分利用全球土地、农业资源，合情合理地获得收益；简单的自给自足实际上是需要付出高昂的经济代价的。

中国在耕地面积、农田水利、淡水资源、耕种机械化以及化肥、仓储、运输等方面都不如美国、澳大利亚和巴西，甚至有些方面弱于非洲国家，但中国粮食连年增长，亩产量已达到331.5公斤，这已经是不俗的成绩，对非洲这样的地区来说，是一个良好榜样。

"居安思危"是中国一句传统古语，但在现代社会我们常常发现，我们经常是遭遇危机，然后才开始分析危机何以发生、以后怎么应对，实际上是"居危思安"。

我们应该建立起这样几个观念：(1) 无论我们是否情愿，我们都已经是全球经济的一部分，不可分割，也不可能隔绝，所以在粮食方面我们既要确保有自给自足的能力，又不能把我们的粮食体系与世界粮食贸易隔绝开来；(2) 我们参与全球粮食贸易，并不意味着绝对吃亏。所谓商业交易既是公平贸易中的互补，也是优劣态势下的竞争，我们完全可以创造出我们的粮食优势；(3) 参与全球粮食贸易，并不意味着四大粮商一定会给我们制造饥荒，相反，如果国内遭遇种种自然灾害而大面积减产，我们还可以从国际上购买粮食;(4) 四大粮商把很多国家都变成了他们的种植园和销售市场,这的确很可怕,但怕是没用的,我们应该看到四大粮商所采取的农业模式所具有的竞争力,想方设法创造出我们的新农业模式。

具体来说,可以归纳为以下几项:

一、建立粮食对冲基金。我们拥有世界第一的外汇储备,应该用这笔外汇建立一个粮食对冲基金,主要就是在爆发粮食危机时用于购买粮食或平抑国内粮食价格。

二、建立粮食储备。这就像是一个蓄水池,当粮食价格高涨时可以"开仓放粮",平时则"吸储粮食",且要多品种、足够量。

三、中国也应该在全球"抢购土地",在国境以外种粮,这是我们在享受全球化的好处。

四、必须要培养我们自己的粮商巨头和粮食产业链中的其他跨国公司,这才是抵御全球粮食冲击的中流砥柱。

五、需要培养我们自己的消费文化和价值观。

前面曾叙述过,美国在多哈回合谈判的时候就指责其他国家利用国营粮食企业保护本国农业,因此在 WTO 成立后,各国大型国营粮食企业都受到 WTO 框架的限制。中国的大型国营粮食企业同样也被限制,根本不大可能与西方粮食巨头抗衡,如在加入 WTO 后,自 2006 年 1 月 1 日起,大豆油、菜子油、棕榈油和芥子油等植物油不再由 STE 专营。由国营粮食企业专营的粮食品种越来越少,这就等于说粮食市场正在向跨国粮食巨头们敞开,而我们的国营粮食企业又受到限制,所以根本就不可能与这些巨头们争夺市场,甚至连这样的机会都没有。在这些粮食巨头们气势汹汹地闯进我们市场后,我们只能依靠私营企业与之对抗,但私营粮企又普遍处在婴儿期,怎么能与这些巨兽们搏斗呢?

这方面的具体建议如下:

一、如前所述,美国设计的 WTO 贸易规则也并不完美,尽管美国给自己预留了很多空间,其实发展中国家也同样能发现一些漏洞,如对转基因进行研究,这就符合 WTO"绿箱"补贴规则。(关于"绿箱"可参阅本章附录)

二、对粮食产业链实行严格控制，重新修订《外商投资产业指导目录》，将可能涉及粮食安全的方面排除在外商投资范围之外。

三、对粮食企业之间的股权收购、企业兼并、跨国参股等，要建立审查制度，并设立标准，如果高于标准，则可以引用《中华人民共和国反垄断法》第31条的国家安全审查机制进行调查，必要时可以否决。

四、应扶植私营企业进入粮食市场，为其制定相关保护政策。

回首中国几十年来的粮食政策及粮食安全，自然有其成功的一面，如总体来说，中国实现了较为稳定的粮食自给自足，并且为社会的发展提供了有力的支持，但在改革开放后，尤其是外资粮商进入中国后，中国的粮食安全出现了重大隐患，且在某些方面出现巨大失败（如大豆、食用油），而且，四大粮商在中国能够有条不紊地、按部就班地从容布局，中国对此几乎没有积极的抵御，相反，中国的粮食企业竞争力至今没有明显的提升，不要说在国际上竞争，就连国内市场也接连丧失，这不能不说中国的粮食战略存在战略性缺陷。中国在2007至2010年能够经历两次粮食危机而没有产生严重的影响（实际上已经产生了较为严重的通货膨胀），是得益于中国几十年来的粮食自给自足政策，但这种自给自足正在面临四大粮商的挑战，如果不及时调整，很难说下一次粮食危机时，中国是否还有能力应对。由粮食引发的通货膨胀已经随着经济结构的调整而演化为结构性通胀，这将长期存在，实际上，这正是国际粮食资本谋求的长远效果，粮食价格会持续上涨，中国30年来所创造的财富正在被国际粮食资本家有条不紊地吞噬。

当然，我们也不会任由国际粮食资本肆意而为，因为我们不是毫无办法，事实上，中国并不是没有对策，只是我们没有调整到位。

[附录] WTO《农业协议》国内支持措施(部分)

为消除农业国内支持措施对农产品贸易产生的不利影响,WTO《农业协议》将国内支持措施分为"绿箱"措施、"黄箱"措施和"蓝箱"措施三类,以及微量支持措施与"特殊和差别待遇条款"。

"绿箱"措施(Green Box Measures)是指,由政府提供的、其费用不转嫁给消费者,且对生产者不具有价格支持作用的政府服务计划。这些措施对农产品贸易和农业生产不会产生或仅有微小的扭曲影响,成员方无须承担约束和削减义务。这些措施主要包括:(1) 政府一般性服务,如研究、病虫害防治、培训、推广与咨询服务、检验、市场促销、基础设施服务等;(2) 由于粮食安全原因的公共存储所需费用;(3) 与生产不挂钩的直接收入支持;(4) 国内粮食援助;(5) 农业结构调整援助,如生产者退休计划,资源休作项目及投资援助;(6) 作物保险与收入安全计划;(7) 自然灾害救济;(8) 环境或储备计划;(9) 区域援助计划下的直接支付。"绿箱政策"不在削减范围。

"黄箱"措施(Amber box measures)是指,政府对农产品的直接价格干预和补贴,包括对种子、肥料、灌溉等农业投入品的补贴,对农产品营销贷款的补贴等。这些措施对农产品贸易产生扭曲,成员方须承担约束和削减义务。这些措施主要包括:(1) 价格支持;(2) 营销贷款;(3) 种植面积补贴;(4) 牲畜数量补贴;(5) 种子、肥料、灌溉等投入补贴;(6) 某些有补贴的贷款计划。协议要求各成员用综合支持量来计算其措施的货币价值,并以此为尺度,逐步予以削减。综合支持量必须涵盖 1986—1988 年平均水平,并从 1995 年开始,在 6 年内发达国家成员逐步削减 20%,发展中国家成员 10 年内削减 13%,最不发达国家不需要削减。

"蓝箱措施"(Blue Box Measures)是指,一些与生产限制计划相联系的直接支付的"黄箱措施"支持,被称为"蓝箱"的特殊措施,可得到免除减让。但其条件是必须满足下列要求之一:(1) 按固定面积或者产量提供的补贴;(2) 根据基期生产水平 85%以下所提供的补贴;(3) 按牲口的固定头数所提供的补贴。

微量(de minimis)支持措施是指对特定农产品或所有农产品的支持,实行微量允许，即在计算某一特定农产品综合支持量时，如果计算结果不超过该产品生产总值的5%（发展中国家成员为10%），则计算结果不必计入综合支持总量中；或者，在计算非特定农产品的综合支持量时，如果其计算结果不超过全部农业生产总值的5%（发展中国家成员为10%），也不必将其计入综合支持总量中，符合这些标准的国内支持计划不受削减承诺的约束。因此，这种微量支持又称为最低减让标准。最低减让标准构成了“黄箱”措施中对特定农产品或非特定农产品支持的“上限”，超过5%或10%“上限”的“黄箱”措施支持必须进行削减，低于这个“上限”的黄箱政策支持可免除削减，并可以提高到这一水平。

“特殊和差别待遇条款”(Special and Differential Treatment Provisions，简称S&D)是指在政府为鼓励农业和农村发展所提供的直接或间接的援助措施中，将发展中国家成员的一些发展计划也列入免予减让的范围：如(1) 发展中国家成员可以普遍获得的投资补贴；(2) 发展中国家成员中低收入或资源贫乏的生产者可以普遍获得的农业投入补贴；(3) 鼓励发展中国家成员生产者不生产违禁麻醉作物而提供的支持。

（引自商务部网站）

第十三章 借鉴他国良策

中国是有着 5 000 年历史的农业文明大国，但在现代，中国的粮食环境危机四伏，的确应好好借鉴日本、以色列等国的粮食安全策略。

日本的粮食安全政策

日本历来是有忧患意识的国家，因此很多方面做得很好。

在金砖经济体中，巴西粮食储备做得不错，自20世纪80年代以来，巴西一直通过粮食收购和储备来调节市场供应。在2007年第一波粮食危机爆发前，巴西就已经增加了玉米和小麦的储备，所以，当国际粮价在2007至2010年大涨的时候，欧亚国家食品价格普遍上涨了64％以上，而巴西食品价格只上涨了20％，这就是粮食储备的功劳。相反，印度虽然也是粮食生产大国，但印度的粮食储备明显做得很不到位，粮仓数量严重不足，结果是一方面有近3亿人受到饥饿的威胁，一方面却有数千万吨粮食因露天存放而发霉变质。2011年1月《印度快报》讽刺政府说，“粮食仓库吃紧，政府增加库存空间的计划正以蜗牛爬行的速度进行，这些可能会导致夏收小麦还要在露天存放”。

实际上，印度对粮食储备多年来一直没有给予足够的重视，导致连续3年无力维持小麦、大米、豆类和糖等商品额外的战略缓冲储备，这也就等于丧失了政府对食品价格的干预能力。印度粮食总产量每年约2.3亿吨，每年储备粮食8 000万吨，但国营粮食公司的仓储能力只有6 000万吨，其余2 000万吨储备粮只能堆放在露天环境中，任由风吹雨打，结果相当于任其自然毁损。

由此可见，一个国家的粮食政策不完备，必然使得粮食安全存在隐患。

1993年，日本大部分地区出现冷夏现象，秋粮歉收导致米店排起长队，日本政府一面把国家储备粮调出来投放市场，一面紧急从海外购进260万吨大米，双管齐下迅速平息了粮荒。日本当时几乎把所有的粮食储备都投放到了市场上，结果一度导致国家粮食储备不足20万吨。美国国会从1933年就粮食储备问题开始立法，最多时曾拥有一万多个联邦粮食仓库。鉴于

1993年的粮食紧张事件和2007年以来的粮食危机，日本政府于2008年也正式成立了“粮食统筹战略会议”，负责从国家战略的高度整合粮食储备。日本之所以仿照美国为粮食储备立法，是因为日本意识到了粮食对国家安全的重要性。2009年9月9日，时任日本首相的麻生太郎在英国《金融时报》上发表了题为《如何应对粮食危机》的文章，称：“当前的粮食危机只是又一个市场异常行为吗？相关证据表明，事情并非如此；我们正在向新的均衡过渡，将反映出新的经济、气候、人口和生态现实。如果确实是这样，那么粮食安全就再也不能仅仅是救济饥荒。问题肯定会变成：我们如何才能超越传统的经济和地理界限，扩大粮食产量，实现可持续的生存。”

日本之所以如此紧张，是因为日本食品自给率仅40%，不过，日本长期以来一直重视粮食安全，因此作为主要口粮的大米自给率多年来一直保持100%，这就基本消除了出现大饥荒。

众所周知，日本国土狭小，农业生产的基本条件并不好。日本国土面积为37.8万平方公里，森林面积占国土面积的近70%，山地和丘陵约占总面积的80%，耕地面积469.2万公顷(7 038万亩)，人均耕地面积不足世界平均水平的1/10。2005年总人口为1.28亿，其中农业人口832.5万人(粮农人口300万人)，占总人口的6.5%。但日本各类粮食产量、消费量以及自给率达到了较为合理的水平。据日本农林水产省综合食物局公布的数字整理(1965至2004年)，如下：

种类	产量(万吨)	消费量(万吨)	自给率
谷物总产量	950	3 600	26%
水稻	850	900	94%
小麦	80	600	13%
玉米	极少	1 600	100%
大豆	25	500	5%

走到这一步，日本也是经历了几十年的探索。

在20世纪20年代，日本的粮食是在自由状态中进行的，明治时期日本各地都有大米市场，居民就在这些市场中购买粮食。但在20年代后期至1942年，日本战争频繁，国内经济基本已经转入战时轨道，粮食生产也波动较大，尤其是在1937年大规模战争爆发后，日本粮食产量逐渐下降，在最严重时期农业产量比战前下降了40%，人均谷物量由228公斤减少到130公斤，粮食危机十分严重。1942年，日本政府不得不颁布《粮食管理法》，把大米、薯类、水产品等所有食品都纳入到统制物资之内，实行配给制。配给制一直延续到1952年，因朝鲜战争爆发，日本获得了美国大量工业订单，经济开始起飞，粮食也不再需要实行配给制，为此在1952年修改了《粮食管理法》，取消统制。但此次修改并非是回到粮食自由交易的状态，而是针对不同粮食品种作不同程度的放开：开放了小麦和大麦国内市场，但在饲料和价格方面仍实行政府管制；玉米贸易实行自由化，但大米仍由政府直接统制，对大米进口进行严格控制，以保护本国大米，目的是确保大米实现高自给率。

1961年，日本再次调整粮食政策，颁布了《农业基本法》，制定了粮食生产方面的政策和价格调控、流通管理以及产业机构等一系列政策。这次调整的目的是为了让农业适应日本工业的高速发展以及社会生活的变化。这次政策调整仍以两条为基点：一是继续鼓励农业生产，制定一系列适应新变化的粮食交易规则；二是继续确保大米的高自给率。随着日本工业化进程的发展和社会生活的变化，饮食消费结构也出现了新变化，这导致粮食和食品交易都需要做出调整。在保护大米方面，日本引进了二重米价制，成立了米价审议会，把大米收购价的核定从原来的均衡法改为收入均衡法；由于米价长期受政府控制，出现了米面价格倒挂，于是在这次调整中采取了政府补贴和费用补贴的方式调整价格差距。这次粮食政策的调整促进了日本农业的发展，尤其是大米的产量迅速提升，在20世纪60年代后期到70年代初连续几年产量超过1 000万吨，1967年总产量达到1 440万吨的历史最高水平。这不但解决了大米自给的问题，而且还出现了大量剩余。

在大米出现过剩的情况下，为减轻库存压力和财政支出，日本政府再次修改粮食政策，主要是五条：(1) 从1969年起允许部分大米自主流通，即把大米分为政府管制米和自主流通米两种，流通量由政府确定，并且在价格上实施间接干预；(2) 为了适当减少大米种植量，也采取了限制产量的办法，由政府发布大米供需预测，确定减产面积，给各地方政府提供具体的减产数量，再由地方政府下达给种植户；(3) 大米的收购也从以往的全额收购改为预约限量收购，这就给农户清晰的信息，既保证了大米的足够种植量，也让农户有自由选择的空间；(4) 粮食中间商，包括收购商、加工商、批发商和零售商的准入条件均有所放宽，扩大了粮食经营者的数量；(5) 设立自主流通米的价格和交易机制，让自主流通米在规范的程序中交易和流通，避免被资本炒作，防止对整个大米行业产生冲击。

即便日本建立了良好的大米自给机制，但在 1993 年仍突然遭遇大米风波，这就是开头所提及的“平成米骚乱”和“黑市交易”。起因是 1993 年大米产量骤减 26%，只有 783 万吨，但日本政府当时忽视了大米骤减可能产生的影响，结果出现骚乱。但实际上日本的大米虽然产量突然出现大幅下降，但并未对粮食安全构成严重威胁，因为大米储备充足，只是所储备的多为糙米，一时来不及加工，这才导致了市面上出现大米短缺现象。

随着日本经济在战后复兴，日本的社会生活日益与欧美接近，当步入发达国家行列后其饮食消费结构与欧美更为相似。与此同时，日本工业化发展不可避免地导致耕地面积缩小，粮食生产量缩减，粮食自给率从 1965 年的 86%下降到 2004 年的 70%，此后进一步下降，目前总体自给率只有 40%左右，其中谷物的自给率只有 26%多一点，唯有大米自给率保持在 90%以上。食物卡路里消费(按热量评价)自给率由 1965 年的 73%下降到 2004 年的 40%，其中谷物(含饲料)自给率由 62%下降到 27%。

按卡路里消费计算，1960 年日本人均每日热量消费为 2 291 大卡，其中大米为 1 106 大卡，占热量消费的 47%；1980 年人均每日热量消费为 2 562 大卡，其中大米为 770 大卡，占热量消费的 37%；2004 年人均每日热量消费为 2 562 大卡，其中大米为 600 大卡，占热量消费的 23%。也就是说日本传统的主食大米在日常饮食中所占比重在 44 年中已经下降了一半多。与此同时，肉类、油脂类的卡路里消费明显上升，2004 年人均每日畜产品和油脂类的消费量分别是1960年的3.5倍和4.7倍。

这种消费结构的改变，直接的影响就是日本不得不大幅进口饲料用粮和肉类、油脂，但因为日本国土狭小无法提供足够的饲料用粮和大片牧场。日本其实也深受美国饮食消费模式的影响——经济越发达，饮食消费模式改变越接近欧美；而饮食消费模式越接近欧美意味着日本越需要进口美国占据优势地位的粮食品种——小麦、玉米、大豆，这些已经基本被美欧所控制。换言之，美国首先改变了日本人的饮食消费模式，然后再把自己主导的粮食品种出售给日本。现在，日本的饲料和油脂90%需要进口。

为了改变这种相当危险的状况，日本政府制订了从2003至2015年提高粮食生产率自给率的计划。这份计划的核心是五点：其一，为本国大型粮食种植公司提供补贴；其二，支持农业相关研究，提高土地生产率；其三，加强农业种植户与食品加工企业的产业链联系；其四，宣传日本的传统饮食，重新改变饮食模式；其五，加强对本国农业产品的宣传，吸引更多的消费者购买本国食品。

大米是日本的主要口粮，只要保证大米的供给安全，日本就不会出现大饥荒。在2007年粮食危机爆发前，据北海道农政事务资料，2005年日本大米产量为833万吨，其中政府收购40万吨用于储备大米轮换。2006年6月日本全国大米总库存为260万吨，其中政府储备米为77万吨、农户自有仓储为58万吨、粮商库存为94万吨、零售商库存为31万吨。2006年大米总供给量为1 093万吨，当年消费总量为844万吨。

● 日本应对美国的粮食阴谋

日本时刻警惕美国的粮食阴谋。

乌拉圭回合之后，迫于美国的压力，日本承诺每年进口77万吨大米，这对日本国内大米是一个冲击。为此，日本政府在1995年再次对粮食政策做出调整，制定了《关于主要粮食需求及价格稳定之法律》，这也被称为《新粮食法》。政府开始有计划地退出收购，同时增加自主流通米的数量，政府只设立专项储备，解除大米种植户与政府之间的收购合约。至1999年，日本的大米贸易实现完全自由化——这似乎又回到了20世纪20年代的自由化状态，但实际上日本仍以专项储备制度时刻保持着大米的高自给率，通过政府收购大米来调节市场上的大米供应量。

日本对大米市场始终保持宏观调控，建立了完整有效的一系列调控手段，主要有：(1)首先对大米的生产和流通都公布清晰的指导信息，每年由农林水产省制订和公布粮食供需以及稳定计划，把粮食需求量、流通量、品质要求、价格等信息完整、明确地公布给种植户以及流通产业中的企业；(2)提高市场的自由化程度，保证市场内粮食可以自由流通；(3)对粮食价格进行干预，确保价格相对稳定。为了保证价格符合市场波动，日本建立了全国性的大米价格形成中心，由农林水产省与财团法人共同确定。这一价格就成为日本各地大米交易价格的基准价和调节杠杆。这三种调控手段再加上政府的专项储备制度，就能保证大米供应充足而又不会被投机性炒作。

控制大米价格是防止大米出现剧烈波动的最直接手段。在1972年以前，日本一直按照《物价统制令》对大米的收购价格和销售价格实行政府定价，此后日本按照现代粮食交易机制，废除了政府直接定价的方式，改为在交易中心招投标的方式形成价格。这显然是建立在60年代大米产量丰足的基础上的。每年7月，日本都举行一次大米交易，由此形成当年的大米价格。具体的交易方式有传真交易、网上交易、现场交易、邮递交易四种。日本政府对交易双方以及交易程度、方式等都有明确的设定，对卖方的规定有：(1)卖方必须为县级以上农协或者粮食集团企业；(2)必须拥有8 000吨以上的大米收购量；(3)收购量的三分之一必须进入价格中心交易；(4)每次交易量必须在200吨以上。对买方的规定是买方必须为政府特许的批发商。按照买卖双方的规定，卖方共有40家左右，买方共有300家左右。交易方式上，价格中心要对卖方提出最高价格限定，一般是以上年度最后三笔交易的平均数为最高限价；对买方没有限制。交易的结果还要由价格中心审查同意。

粮食补贴是任何国家保护和支持本国农业最基本的手段之一。日本过去的粮食补贴多为补贴粮食的生产和流通环节，现在则转而倾向于提高农民收入和针对农业结构调整进行补贴。日本的补贴方式共有五类：(1) 直接对田间生产者进行补贴，以稳定其收入为主。为此，日本政府建立了稳定基金，由政府和种植户按照3∶1的比例共同出资建立；当种植农户遭遇低价使得收入低于通常收入的80%的时候，其余部分由基金补贴；(2) 对粮农生产的各种基础设施进行补贴，如农户修建水渠、购买抽水机、购买农用机械、购买农用飞机等，可以获得一定补贴；(3) 对生产结构进行调整性补贴，如大米产量过剩，需要改种大豆时，就对种植大豆进行补贴；(4) 对一些农业环境较差的地方，比如土壤贫瘠地区、高寒地区、水源匮乏地区以及出现自然灾害时，都制定了相应的补贴政策；(5) 对进出口农产品贸易有针对性地补贴等；(6) 对粮食流通环节进行补贴。

在粮食储备的具体措施上，按照1995年制定的《新粮食法》，日本政府的粮食储量要保证民众2至3个月的消费量，其规模为150万吨左右，实际上通常在60万吨至200万吨之间。粮食的存储通常是由政府和民间仓储公司共同承担，政府直接管理的仓库可以储备15万吨，共计10个仓库，分布在全国各地；其余部分由通过公开招标获得资格的私营仓储企业负责代储。粮食仓储的费用由政府补贴，私营仓储企业从政府那里得到保存费用。

日本粮食仓储技术相当先进，现在已经多采取低温仓储，这就最大限度地避免了虫害，另外也能够使得储存的大米良好保存2至3年，而以往仓储大米需要熏蒸，这不但需要不少资金，而且这样储存的大米往往不能食用，只能用作饲料或者工业用料。

即便如此，突然而至的粮食危机还是让日本人大惊失色，日本农林水产省2011年8月11日公布了2010年度粮食自给率，以热量为准计算为39%，比上年度下降1个百分点。粮食自给率已连续两年下降，近4年来首次跌破40%。创下1960年有数据以来的历史第二低纪录。这让日本深感担忧，于是加快了在海外购置粮食种植地的计划。

早在19世纪末，日本就曾与墨西哥等中美国家签订协议，允许日本贫民移民墨西哥，主要从事农业生产，从1899年开始，日本又开始向秘鲁派出农场工人；1908年，日本还在巴西建立了农场，日本东棉株式会社与巴西殖民合作组织合作，在亚马孙河谷和圣保罗建起了农业聚居区；另外，日本还与哥伦比亚、巴拉圭等有类似的合作，这就是日本历史上的“农业殖民”，至今拉美还有不少日本移民的后裔。20世纪30年代，日本占领中国东北后进行了大量移民，其主要目的之一就是要在东北进行粮食生产，为日军和日本本土提供粮食。太平洋战争爆发后，日本又曾在东南亚建立农场。现在，日本再次开启“农业殖民”，先后与阿根廷、俄罗斯、乌克兰、中国、印尼、新西兰、美国、巴西等国的一些农场签订农业合作，种植玉米、甘蔗、小麦、棉花等。当然，新“农业殖民”只有农业合作，没有殖民。

为了防止粮食完全被美国垄断，日本一直在暗中支持三井物产(Mitsui & Co)、伊藤忠(Itochu)和丸红(Marubeni)等拓展粮食贸易，三大商社因而多年来一直积极进军大豆、棕榈油、小麦和玉米等农产品领域。三菱(Mitsubish)和住友(Sumitomo)也正在研究向粮食进军。

细致入微的日本人甚至已经在注意“蜂群崩溃综合征”这样的问题，因为蜜蜂是植物授粉的主要媒介昆虫，它的衰竭将对农业生产产生影响。

● 以色列的农业模式

以色列农业是世界的榜样——这是一个诞生于沙漠上的农业神话，一个农民可以养活90人，每个农民年收入近2万美元。

首先给出关于以色列农业的一组数字：西红柿每年每公顷产500吨、柑橘每年每公顷产80吨、温室大棚每公顷年产玫瑰300万支、鸡年产蛋280个、奶牛年产牛奶1万公斤；以色列农业人口为9%；另一方面，以色列国土面积27 800平方公里，其中仅有20%可以适合耕地，这其中又有一半的土地为干旱土地，必须灌溉才行。

当你走进一个以色列玫瑰温室大棚，以色列人会告诉你，温室不是用普通塑料，而是用特殊材料围建的，这种材料可以过滤阳光，把阳光中对玫瑰生长不利的部分过滤掉。在盛开的玫瑰下，有一条直径5厘米的黑色管子，这就是著名的滴灌设备。在玫瑰的根系土壤中，还有一些根须样的东西，这实际上是传感器，用以监测土壤中的水分含量、酸碱度、矿物质成分、温度等，这些数字都时刻在温室内的显示器上显示出来。另外，温室大棚中从来不使用农药。

你再走进一家牧场，你会发现，这里的挤奶车间也都由电脑控制，挤奶器上也有传感器，每头牛每次挤奶的情况都被记录下来，不但记录了时间、挤奶量、奶的品质，还随时记录了奶牛的健康状况。而且，每头奶牛的饲料、淋洗等情况也一一记录在案。

以色列农业如果用一句话总结的话，那就是精密的农业科技与高度集约化的农业生产模式的完美融合。

以色列的建国是在极其不利的战争环境下进行的，农业发展也经历了诸多艰苦。在20世纪50年代，来自全世界的大量犹太移民涌入以色列，四周强敌环伺，经济遭受封锁，农业是否自给自足成了以色列能否生存下去的关键。以色列为此制定了在全国进行垦荒和兴建定居点的政策。但是以色列国土狭小，且可耕地仅占20%，又有一半都是半沙漠状态，以色列境内又没有大河流，淡水资源匮乏——以色列年降水量约200毫米，人均水资源量不足世界人均水平的3%，国土面积的三分之二都是沙漠和山地，实际上只有北部加利利湖周围平原和约旦河谷适宜农业。因此尽管以色列努力鼓励农业发展，但农业似乎已经无法再提高了。

然而，60年代发明了滴灌技术后，以色列农业获得了突飞猛进，粮食产量骤然上升。至70、80年代，以色列改变了农业的产业结构，不仅生产粮食，而且可以利用有限的土地生产花卉、种植蔬菜水果、发展畜牧业等。此外，农业也广泛使用高科技，管理水平也为世界最先进之列。

1962年，一个以色列农民在给庄稼浇水的时候，发现在水管漏水的地方庄稼长势特别好。他仔细观察了一阵，发现漏水处的水总是在一个点上滴漏，地表湿润面积很小，因而水分蒸发很少，但地面下却很湿润，因为水分持续滴漏下来，且就在植物根系四周，因此相当于把整个根系浸泡在营养液中，所以此处的庄稼长势最好。

这一发现立即得到以色列政府的大力支持，迅速开始对滴灌（dropping irrigation）技术进行研究，仅仅两年后，闻名世界的以色列耐特菲姆(NETAFIM)滴灌公司就诞生了。现在，以色列的滴灌技术已经相当成熟，每一株庄稼的旁边都有一个滴灌孔，所滴的也不仅仅是水，化肥、农药等都已经掺进水中，一起送入植物根系。现在，以色列的大部分农田都已被滴灌网所覆盖，滴灌网所使用的塑料管、接头、过滤器、控制器等早已标准化生产。而且，滴灌网时刻由控制中心的电脑监控，庄稼的生长情况和病虫灾害等都在控制中心的电脑屏幕上显示着。何时进行滴灌、哪种农作物的水中该放入多少化肥、农药都由电脑自动执行。

滴灌技术的普及给以色列农业带来了巨大效益——以色列在30多年里农业用水量一直保持在30亿立方米，但农业产量却翻了5番，这的确是一个伟大的奇迹。

在农业模式方面就是高度集约化，即农业科技研究者、农业直接经营者、粮食产业链的每一个环节，都在高度的统一调配中，同时又给每个经营者和企业充分的市场空间和自由。

以色列农业经营者分为基布兹（公有制集体农庄）、莫沙夫（合作社）和莫沙瓦（个体农户）三种形式。基布兹类似于中国以前的“共产主义公社”，所有成员的衣食住行均由农庄提供和管理，其奉行的原则是“各尽所能，各取所需”。基布兹所有生产资料都归集体所有，所有收入（包括成员个人收入）也全部归集体所有，基布兹给每个成员按月发放生活津贴；生活所有必需品也都实行供给制；基布兹内部实行民主管理；每个基布兹的领导者都是推选出来的；每个成员也有加入和退出的自由。实际上，这种方式诞生于1909年，一群来自东欧的犹太移民在加利利湖边定居下来，迫于当时艰苦的环境，他们只有采用这种一切公有的“抱团”方式才能生存。没想到这种方式不但延续下来，而且现在以色列已经有约300个这样的农业组织，平均每个基布兹大约有600至700人，拥有500公顷土地。

莫沙夫是以家庭为基本生产单位，它既是一个村庄，也是一个农业合作组织，其特点是土地和水资源归国家所有，但家庭拥有经营权；其他生产资料和收入归农户家庭，但教育、医疗、文化、产品销售等由莫沙夫负责。

莫沙瓦就是个体农户了。

以色列农业主要依靠基布兹和莫沙夫两种组织，基布兹从生产到销售完全统一管理；莫沙夫的农户与粮食公司签订有销售合同，而全国农业也高度集约化管理，实行订单制，国家对农业生产有严格的规划。

以色列农业不同于美国等西方国家的地方就是在土地、水资源等方面不实行私有化，土地归属国家，不允许自由买卖；水资源也由国家支配，实行高度集约化管理，城市用水、居民用水以及农田用水都有严格的指标，超标用水要交纳昂贵的费用。城市的污水处理也有严格的规定，以色列的污水处理水平相当高，污水处理率也很高，其净化后完全可以用于农业灌溉。正是如此，可以这样说——如果全球都采用以色列农业模式，那么可以供养3倍于现在的全球总人口。

以色列的农业模式其实给中国带来莫大的启发，尤其是对西部和北部沙漠地区——以色列用短短50年时间就把沙漠改造成了良田，在水资源十分匮乏的情况下出现了大片沙漠田园，这种奇迹完全是建立在出色的农业模式下。

● 全球范围内的“耕地争夺战”

一场世界范围内的耕地争夺战早已打响，中东产油国、新兴经济体韩国、粮食依赖大国日本、粮食需求激增的中国以及一些欧美投资基金等都是这场争夺战的主角。

面对短短几年内两次粮食危机，一些粮食进口大国不由地紧张起来，他们担忧会出现“第三次粮食危机”、“第四次粮食危机”，为此，他们纷纷开始制定自己的粮食保障战略。一场世界范围内的耕地争夺战早已打响，中东产油国、新兴经济体韩国、粮食依赖大国日本、粮食需求激增的中国以及一些欧美投资基金等都是这场争夺战的主角。于是，一些拥有土地的发展中国家和贫困国家又有了新买卖可做，他们也纷纷行动起来，把现有耕地和未开发的土地出租、出售给外国，用以吸引投资。

其实，“耕地争夺战”早已打响。韩国大宇物流公司已经与非洲东南部的印度洋岛国马达加斯加政府达成租借合约，租借该国约 130 万公顷的土地，租期长达 99 年。这片土地主要用来种植玉米和棕榈树，提炼棕榈油。据 2010 年 11 月 22 日英国《卫报》报道，大宇公司计划从南非引进劳动力，在 2023 年前实现年产 500 万吨玉米的目标，同时加工棕榈油；另外还计划再租种 12 万公顷的土地。韩国还在苏丹和蒙古分别租用了 69 万公顷和 27 万公顷的耕地。

沙特在 2008 年 1 月决定，从当年开始至 2016 年取消对本国小麦生产的补贴，因为虽然从 1974 年实现了 100％小麦自给，但是这需要大量开采地下水，每年要耗资 50 亿美元；再者，如果继续目前的开采，至本世纪中叶地下水将枯竭。所以，沙特政府决定利用石油赚取大笔财富的时候，中止本国的小麦生产，转而在国外购地。2011 年 1 月，沙特成立了总额为 53 亿美元的“沙特农业海外投资基金”，目前已经在印尼和苏丹分别获取了 160 万公顷和 1.011 7 万公顷的海外耕地，另外还在与巴基斯坦和乌克兰商谈。同样，阿联酋也在四处寻求土地，已经在菲律宾、阿尔及利亚等国租借了总计 128.25 万公顷的海外耕地。

中国也于 2010 年 5 月开始在非洲和南美等地寻找耕地。欧美投资家们当然也在行动，美国著名投资家乔治·索罗斯等人早就宣布要“投资耕地”，在阿根廷购买了大量土地；摩根士丹利、俄罗斯对冲基金也在乌克兰投资土地。

其实，中国人历来不缺乏智慧，缺乏的是现代眼光。官渡之战是中国历史上以少胜多的经典战例，人们皆认为曹操是精于智谋、善于用兵才获得胜利的，其实，曹操是险中求胜，正是曹操听从了袁绍谋士许攸的计策，出奇兵袭击乌巢——袭击乌巢的意义在于烧毁了袁军的主要囤粮地，粮败则军败，曹操才获此大胜。我们应该看到，美国正在逐步控制世界粮食，所以即便全世界与美国为敌，也许美国也胜券在握，这就是美国为什么总是无所畏惧的主要理由。

结语：先天下之忧而忧

一直以来，中国将小麦、玉米、水稻和大豆作为四大主粮，并设定95%的自给率，这保持了多年稳定，尤其是在改革开放后的30年中，粮食稳产、增产，这对工业化是一个决定性的支持。

但是，中国是世界人口第一大国，现在又成为世界第二大经济体，人口第一大国无疑是个巨大的压力，但成为世界第二大经济体也并非完全是正面意义，其负面意义也是显而易见的——经济的扩张是与资源的占有成正比的。以美国为例，美国本国的资源早已不能支撑其世界第一经济体，其对世界资源的依赖非常大，仅仅从美国对石油的依赖就能看出美国经济是多么依赖世界资源，所以，美国要维持庞大的军队，并且经常在世界各地用兵，其中一个主要的战略目的就是为了控制世界资源。美国是世界第一资源控制大国，这是其经济蓬勃发展的主要原因之一。

我们已经成为世界第二大经济体，但并非是世界第二大超级大国，甚至我们的武装力量还只是区域性的，我们的海军还属于近海海军，我们远没有美国那样的全球控制能力，但是，我们的经济发展所需的资源却已经全球化，我们对石油的依赖程度甚至已经超过美国，然而我们的海上石油运输线实际上仍控制在美国手中——美国至今控制着世界所有主要海峡和石油海上运输通道，波斯湾以及非洲主要石油输出港口也都被美国实际控制。这仅仅是石油，还有其他各种资源，美国都拥有相当强的控制能力。而今，在经历过两次粮食危机后，人们又赫然发现，原来美国又已经控制了世界粮食。控制石油，可以控制世界工业；控制粮食，可以让任何一个国家屈服，这是不争的事实。

现在，随着工业化的发展，中国的粮食进口量越来越大，在2010年，中国进口粮食已经达到9 500万吨，相当于国内粮食总产量的17%。由于农业生产增产十分缓慢，且生产周期长，因此中国的粮食产量不可能在短时间内大幅度增产，而工业化进程也不可能停滞不前，这就决定了中国未来粮食进口的规模越来越大。两次粮食危机已经告诉我们，世界粮食供应和价格都掌握在美国跨国粮商手中，而粮食在产业链条中的基础地位，决定了粮食的任何价格波动都会影响其他产业产品的价格，所以，粮食价格决定了社会商品价格，而美国可以通过控制粮食价格的波动，直接控制他国的国内商品价格，换言之，美国已经掌握了中国的市场价格控制权。

美国自身是粮食生产大国，又掌握着世界粮食资源，因此，完全可以保持国内的低粮价，并通过购买中国等国家的低廉商品保持低通胀率，这就给美国发展提供了低成本环境，相反，其他国家的发展却处在高成本状态中，美国的竞争力优势无形中就已经凸显。

在这种强势竞争压力下，中国要想继续保持主粮 95％的自给率，并且还保持工业化进程，艰难程度可想而知。比如，中国要保持这样的自给率，那么到 2020 年中国的粮食总产量就必须达到 5.8 亿吨，2010 年总产量是 5.46 亿吨，似乎产量增幅要求并不大，但实际情况是，中国的土壤环境、水资源、工业用粮以及其他农业生产要素的增长都不容乐观，一句话，看似简单，实际上中国的粮食安全前景难以预测。而且，这是在平稳增长的理想状态中，如果再发生全球性粮食危机，那么中国的粮食生产又将受到冲击。另外，不要忘记，中国的粮食生产已经有相当部分控制在四大粮商手中，中国的主要粮食之一的大豆已经陷落，所以，中国的粮食安全的确危机四伏。

尽管如此，但并非已经到了悬崖的边缘，中国现在仍掌握着粮食生产的主动权，粮食生产要素也保持总体稳定，且国内粮食生产还有相当大的发展空间，国外也有施展的空间，双空间的存在就给中国粮食安全以回旋余地，关键就看我们怎样释放我们的智慧了——任何战略对抗，优势都是相对的，而非绝对的，中国目前的确处在战略被动位置，但只要制定适当策略，就已经成功了一半。我们已经走过了 30 年，已经走在崛起的路上，但这是上坡路，需要我们付出更大的努力才能登临顶峰。接下来的 30 年会更加艰难，纵观世界各大国的崛起之路，没有谁是一帆风顺的。

图书在版编目(CIP)数据

粮食狼烟/白海军著.—上海:东方出版中心,2012.10

ISBN 978-7-5473-0520-1

Ⅰ.①粮… Ⅱ.①白… Ⅲ.①粮食问题—研究—世界 Ⅳ.①F316.11

中国版本图书馆CIP数据核字(2012)第193393号

粮食狼烟

出版发行:东方出版中心
地　　址:上海市仙霞路345号
电　　话:021-62417400
邮政编码:200336
经　　销:全国新华书店
印　　刷:昆山亭林印刷有限公司
开　　本:710×1020毫米 1/16
字　　数:235千
印　　张:17.25
印　　数:0,001-4,250
版　　次:2012年10月第1版第1次印刷
ISBN 978-7-5473-0520-1
定　　价:38.00元

检